LOCAÇÃO
Questões Processuais e Substanciais

Paulo Restiffe Neto
Paulo Sérgio Restiffe

LOCAÇÃO
Questões Processuais e Substanciais

5ª edição

MALHEIROS
EDITORES

LOCAÇÃO

Questões Processuais e Substanciais

1ª edição, 1979; 2ª edição, 1981; 3ª edição, 1985; 4ª edição, 2000.

ISBN 978-85-7420-952-4

Direitos reservados desta edição por
MALHEIROS EDITORES LTDA.
Rua Paes de Araújo, 29, conjunto 171
CEP 04531-940 – São Paulo – SP
Tel.: (11) 3078-7205 Fax: (11) 3168-5495
URL: www.malheiroseditores.com.br
e-mail: malheiroseditores@terra.com.br

Composição
Scripta

Capa
Criação: Vânia L. Amato
Arte: PC Editorial Ltda.

Impresso no Brasil
Printed in Brazil
07.2009

Sumário

Apresentação

O intérprete deve descobrir na lei a sua força oculta.

O método prático de *questionamentos*, que notabilizou a aceitação das quatro anteriores edições esgotadas (*Locação – Questões Processuais*), foi conservado nesta obra, que focaliza, discute e apresenta solução atualizada para cerca de duas centenas de pontos controvertidos da legislação locatícia em vigor e das leis correlatas que sucessivamente foram modelando a locação típica de imóveis e as variantes atípicas em expansão.

As reflexões que caracterizam esta edição substitutiva, refundida e ampliada na sua estrutura, para abranger temas inéditos que afetaram o instituto da locação, representam estudo predominante de construção interpretativa e integrativa dos aspectos relevantes de natureza processual e outros de direito substancial e contratual da Lei de Locações.

Consideram-se também as alterações legislativas pontualizadas, com reflexos, por exemplo, na fiança e outras garantias locatícias, na solidariedade, no direito de retenção por benfeitorias, nas várias espécies de locação, inclusive quanto à ação renovatória em pontos sensíveis, no *leasing* imobiliário, na locação de espaço em *shopping center*, na nova prescrição reduzida relativa a aluguéis e nas peculiaridades da locação de imóveis em regime fiduciário, com ou sem anticrese – todas, novidades, à luz das significativas interveniências do Código Civil de 2002, como deveres anexos e regime de adesão mitigada, da nova Lei de Falências, da Lei do Sistema Financeiro Imobiliário/SFI e das reformas processuais de maior repercussão nas várias espécies de ações locatícias examinadas neste livro, na perspectiva da autonomia privada e do valor social da livre iniciativa.

Houve inclusão do florescente contrato *built to suit* (construção sob modelo indicado pelo locatário) nos perfis alternativos, dentro e fora da regência da Lei de Locações.

No presente trabalho, que representa a 5ª edição – agora intitulado *Locação – Questões Processuais e Substanciais* –, buscou-se priorizar interpretação coerente dos temas sedimentados e das inúmeras inovações e circunstâncias negociais interferentes. Aprofundou-se nos aspectos em que o novo texto legal absorveu a evolução de tendências de maior repercussão esboçadas no sistema locacional e suas garantias, para solução de dificuldades sinalizadas na jurisprudência de transição, algumas das quais já passaram pelo crivo dos tribunais, inclusive do STJ e do STF, cujas posições, fixadas em inúmeros julgamentos, vão apresentadas ao longo dos respectivos temas.

Os Autores

1

O Regime Legal das Locações enriquecido pelo Código Civil de 2002, Reforma Processual e outras Normas Interferentes

1.1 Questões de relevo após a Constituição de 1988, Código de Defesa do Consumidor, regime de adesão mitigado, Código Civil de 2002 e reformas processuais interferentes na relação locacional. 1.2 Locação. Direito pessoal temporário de trato sucessivo: posse sem animus domini *que não gera usucapião. 1.3 Conceito de "imóvel urbano", em oposição a "imóvel rural". 1.4 Deveres anexos ou laterais de conduta de locador e locatário. 1.5 Arrendamento (de imóvel) rural e ação de despejo. 1.6 Competência relativa de foro definida pela Lei de Locações.*

1.1 Questões de relevo após a Constituição de 1988, Código de Defesa do Consumidor, regime de adesão mitigado, Código Civil de 2002 e reformas processuais interferentes na relação locacional

Amenizado o caráter emergencial protetivo do dirigismo contratual de outrora, há constatação, hoje, de acomodação social e certa estabilidade legislativa do novo direito locatício imobiliário vigente, quer na realização do negócio econômico de mercado, quer na interpretação do contrato no plano jurídico do valor social da livre iniciativa (art. 1º, IV, da CF) em face da lei, pela jurisprudência de consolidação sem solavancos, neste último ciclo inquilinário que remonta aos idos de 1991, ano de vigência da Lei 8.245, de 18.10.1991, que o próprio Código Civil de 2002 acolheu, expressamente, no art. 2.036, salvo escassas interferências e regras legais de regência para atualização ou diante de novos institutos que envolvem arrendamento imobiliário.

A Lei 8.245, de 18.10.1991, que revogou e substituiu todas as leis disciplinadoras das locações de imóveis (v. art. 90), consubstancia-se no diploma consolidador da regulamentação legal de direito substancial da locação dos imóveis urbanos bem como dos procedimentos a ela pertinentes; embora se trate de lei especial, constitui o estatuto ordinário da autonomia privada sobre locação de imóveis, despido de muitos estigmas e traços de direito emergencial e de características de excepcionalidade que marcavam a legislação locatícia, mais particularmente em matéria residencial.

Cabe observar a tendência, já esboçada em anteriores leis locacionais, inclusive na de 1979, de abolir ou superar as conotações de viés de *inquilinato*[1] que marcavam o instituto da locação de imóveis urbanos. Eliminando das ementas e epígrafes aquela referência que era característica das primeiras leis, vai o legislador na atualidade afastando aos poucos a idéia de primazia de uma das partes como centro de interesses, para tratar tanto quanto possível locador e locatário no mesmo nível formal. As expressões "lei do *inquilinato*" e "*inquilino*", na linguagem técnica e legislativa, vão entrando em desuso, cedendo lugar para os termos "*locação*" e "*locatário*", residencial ou não.

Uma circunstância que não deve escapar à percepção do observador mais atento é que a atual Lei de Locações veio a lume no mesmo ano em que passou a viger o Código de Defesa do Consumidor, cujo art. 54, com seus §§, positivou os princípios do regime de adesão contratual, isto é, quando já vigorava entre nós o sistema de proteção da parte mais frágil ou vulnerável nas relações jurídicas consumeristas e também nas contratações por adesão. É sabido que o Código de Defesa do Consumidor inspira-se em fenômeno histórico que atribui função *social* ao contrato, como decorrência da função social da propriedade, que supera a concepção clássica da autonomia da vontade e da liberdade contratual legada pelo Código Civil de 1916. Neste ponto, cumpre considerar que a coerção atual é tão marcante que o art. 421 do CC de 2002 confere função social aos contratos em geral, *verbis*: "A liberdade de contratar será exercida em razão e nos limites da função social do contrato". E o art. 422 complementa que "os contratantes são obrigados a guardar, assim na conclusão do contrato, como em sua execução, os princípios de probidade e boa-fé".

A função social da propriedade – recorde-se – já provinha da Constituição de 1988 (art. 170, III), estando agora disciplinado seu exercício

1. Na evolução histórica da legislação locacional, os ciclos inquilinários revelam a tendência de profundas alterações a cada período de mais ou menos 15 anos: Código Civil, de 1916; Lei de Luvas, de 1934, antecedida do Decreto 19.573, de 1931; Lei 1.300, de 1950, com as 6 leis subseqüentes de sua prorrogação sucessiva; Lei 4.494, de 1964; Lei 6.649, de 1979; e, finalmente, a Lei 8.245, de 1991(esta, atualmente em vigor, ao lado do Código Civil de 2002, que também trata do gênero "Locação de Coisas", arts. 565-578). Ressalve-se que o Decreto-lei 4, de 7.2.1966, tratava de locações não-residenciais.

"em consonância com as suas finalidades econômicas e sociais", nos arts. 1.228, §§ 1º *et seq.* do CC de 2002, para alcançar o direito contratual, consoante também a livre iniciativa constitucionalmente assegurada, máxime o relativo à síntese "propriedade imobiliária destinada à contratualidade locatícia", que tem por característica a restituição da coisa ao locador após a cessação da relação locatícia que gerava o aluguel sobre a coisa cedida onerosamente ao gozo temporário do locatário, presente o fator "circulação econômica de riquezas".

A transição ou a reversão do princípio ou da idéia ordenadora, que, na anterior lei, protegia o locatário residencial contra a denúncia vazia – instituto que pela lei atual foi reintroduzido, mas com limitação e sob certas cautelas ou condições de tempo e modo de comportamento das partes –, não constituiria, em si, fator de dissonância com o então recém-criado Código de Defesa do Consumidor, não fossem os casos de contratação por impressos contendo cláusulas de indisfarçável adesão, incluindo renúncia antecipada de direitos resultantes da natureza do negócio (arts. 114 e 424 do CC de 2002), selecionadas pelo locador, pelas mãos das suas administradoras de imóveis. Mas a contrapartida prevista no art. 54, § 2º, do CDC[2] já está – como sempre esteve – especialmente no sistema legal de purgação da mora por falta de pagamento (art. 62 da Lei 8.245/1991), em que pese a se cuidar de mora *ex re*, com tratamento privilegiado de mora *ex personae*, isto é, com oportunidade tradicional de reparação útil ao credor que assegure o prosseguimento da relação locatícia, de execução ou trato continuado.

Parece que o ressuscitamento da denúncia vazia não representa mais que uma expressão do fatalismo dos ciclos históricos que se alternaram no Brasil do século XX a cada período, de aproximadamente 15 anos, como espelho fiel das necessidades sociais de determinadas épocas. No momento esse fenômeno aponta para a escassez, por insuficiência flagrante de incentivos à altura das novas necessidades, no mercado, de cerca de uma dezena de milhões de moradias condignas, apesar de todos os estímulos à indústria de construção civil (como a iniciativa inserida no art. 86) e o reforço da segurança jurídica e dos direitos e garantias do locador.

A Lei 8.245/1991 é, enfim, o estatuto unificador do direito substancial das locações de imóveis urbanos, assim como dos procedimentos a elas pertinentes, cuja regência só não abrange: (a) as locações de imóveis de propriedade da União, dos Estados e dos Municípios, de suas autar-

2. Texto do § 2º do art. 54 do CDC: " Nos contratos de adesão admite-se a cláusula resolutória, desde que alternativa, cabendo a escolha ao consumidor (...)".

quias e fundações públicas, que continuam reguladas pelo Código Civil e pelas leis especiais – que, em relação à União, é o Decreto-lei 9.760, de 5.9.1946; (b) as locações de vagas autônomas de garagem ou de espaços para estacionamento de veículos; (c) as locações de espaços destinados a publicidade; (d) as locações em apart-hotéis, hotéis-residência ou equiparados, assim considerados aqueles que prestam serviços regulares a seus usuários e como tais sejam autorizados a funcionar; (e) o arrendamento mercantil imobiliário, conceituado como *leasing* imobiliário, em qualquer de suas modalidades, que estejam abarcadas pelo sistema da Lei 6.099, de 12.9.1974, com as alterações introduzidas pela Lei 7.132, de 26.10.1983, bem como pela Resolução 2.309, de 28.8.1996, do Banco Central do Brasil, e outras normas editadas pelo Poder Público; e (f) as locações de imóveis rurais ou contratos de arrendamento rural, submetidos ao Estatuto da Terra.

Todavia, com o advento do Código Civil de 2002 alterou-se o panorama, ao ficar positivada no art. 425 a licitude da estipulação de contratos atípicos, modelados pelas partes, e não pela lei, puros ou mistos, em princípio de natureza empresarial, como tem ocorrido no mercado imobiliário em constante evolução, do que é exemplo o novel e complexo contrato atípico denominado *built to suit* ("construído para servir"), que voluntariamente as partes estabelecem fora do regime locatício de Lei 8.245/1991.

Assim, quanto às locações sob "b" e "c", seguem a disciplina do Código Civil; e as sob "d", do Código Civil e do Código de Defesa do Consumidor.

Interessante notar a equivalência do art. 1.188 do CC revogado com o art. 565 do atual CC, que é a fonte de onde emana o conceito geral de "locação" de coisas, aplicável para imóveis: "Na locação de coisas, uma das partes se obriga a ceder à outra, por tempo determinado ou não, o uso e gozo de coisa não fungível, mediante certa retribuição". Por fim, o art. 2.036 dispôs que " a locação de prédio urbano, que esteja sujeita à lei especial, por esta continuará a ser regida".

Excetuados os casos de não-abrangência acima indicados, todos os demais regimes locatícios de imóveis urbanos sujeitam-se à normatividade da Lei 8.245/1991, e que são: as locações residenciais, as para temporada e as não-residenciais, como lojas, escritórios, imóveis comerciais ou industriais, espaços em *shopping centers*, os destinados a hospitais, casas de saúde, de ensino, asilos, templos religiosos, repartições públicas, sociedades civis com fim lucrativo ou não, etc., conforme a regência de cada espécie; inclusive o *built to suit* na versão locacional típica de empreendimento imobiliário edificado pelo locador sob medida e encomenda para servir ao desenvolvimento de atividades específicas do locatário solicitante.

Aplicam-se, supletivamente, na forma do reenvio constante do art. 79, no que for omissa a Lei de Locações, as normas do Código Civil e do Código de Processo Civil. Essa aplicação supletiva do Código Civil é a chave do liame que atrai o contrato locatício e o põe sujeito aos cânones das "Disposições Gerais" do "Título V – Dos Contratos em Geral" da "Parte Especial", inclusive das já referidas normas de ordem pública dos arts. 421 e 422 (*função social* e *boa-fé objetiva*), para realização da justiça contratual, no seu "sentido ético e solidário", de que fala Judith Martins Costa.[3]

As próprias locações para fins comerciais ou industriais com fundo de comércio ou de empresa, que, pelo art. 1º, § 2º, da Lei 6.649/1979, continuavam regidas pela Lei de Luvas no concernente à renovação do contrato e à fixação do novo aluguel e sua revisão trienal, segundo as condições e forma de processamento do revogado Decreto 24.150, de 20.4.1934, submetem-se quanto ao mais, hoje, às regras do estatuto fundamental das locações, que é a Lei 8.245/1991. A atual lei rege a locação empresarial protegida, também sob a epígrafe "Da Locação Não-Residencial" (arts. 51-57), onde ficam mantidas expressões tradicionais como "imóveis destinados ao comércio" ou "fundo de comércio".

A antiga jurisprudência do STF cristalizara-se na Súmula 375, redigida nestes termos: "Não renovada a locação regida pelo Decreto n. 24.150, de 20.4.1934, aplica-se o direito comum, e não a legislação especial do inquilinato".

A Lei 8.245/1991 trouxe nova alteração, ante a revogação expressa do Decreto 24.150/1934 – Lei de Luvas – e a incorporação do regime de toda a locação não-residencial ao seu âmbito legal. Com isso, o regime especial da locação teve aplicação imediata e direta à locação empresarial, e não mais subsidiária. A orientação da Súmula 375 do STF, portanto, entrando em descompasso com o regime legal da atualidade, não tem mais incidência literal; mas seu sentido permanece: a locação da Lei de Luvas que perca a proteção do direito de renovação fica submetida ao regime *comum* de retomada pelo esquema de denúncia vazia, transposto do Código Civil para os arts. 55 a 57 da atual Lei de Locações Urbanas.

3. Judith Martins Costa, estudo sobre "Obrigações no novo Código Civil e o seu sentido ético e solidarista", in *Estudos em Homenagem ao Professor Miguel Reale*, São Paulo, LTr, 2003.

O Direito Brasileiro não exige forma especial para a constituição da relação jurídica de locação de imóvel, que pode ser contratada por escrito ou não. Entretanto, há certas diferenças relevantes de efeitos jurídicos entre o regime escrito e o verbal, inclusive quanto ao prazo e suas conseqüências.

Também não dispõe expressamente a lei especial sobre a prova da locação imobiliária, disciplinando a matéria as regras do direito comum – e, por isso, impondo-se o ônus da prova a quem invoca a locação e pretenda, pois, beneficiar-se.

O contrato escrito, quando adotado, constitui-se em prova da locação e de seu prazo de duração. Para que o locatário possa amparar-se pelos benefícios da locação empresarial e obter renovação da locação não-residencial é indispensável o contrato escrito, nos mesmos moldes do revogado Decreto 24.150/1934, espelhados no art. 51 da Lei 8.245/1991.

A locação não se presume, pois pode a posse direta do não-proprietário decorrer de depósito, comodato ou posse não qualificada, por isso que a prova da locação incumbe a quem a alega. E, como título extrajudicial apto para o efeito de fundar execução por aluguéis, a lei exige a prova documental constituída por contrato escrito (art. 585, V, do CPC). Note-se que são exigíveis, além do aluguel, os encargos e acessórios, tais como taxas e despesas de condomínio. Neste ponto, é importante que o contrato especifique o que está elencado pelo conceito de "encargos", de modo a lhe ensejar executividade sem percalços.

No rigoroso sistema processual, de execução-embargos, não há como admitir executividade de obrigação verbal, sem *título* executivo extrajudicial, que pressupõe documento escrito, ante a indispensabilidade de preenchimento dos requisitos de certeza, liquidez e exigibilidade (*nulla executio sine titulo*). Na atualidade, ainda, o procedimento monitório, que foi inaugurado com a Lei 9.079, de 14.7.1997, poderia não ser viável, vez que exige "prova escrita" como requisito seu, nos termos do art. 1.102-a do CPC.

De todo modo, das mais recentes reformas do Código de Processo Civil, algumas delas são úteis ao regime procedimental locatício, como se verá ao longo deste trabalho.

Ademais, a lei especial locatícia não contém qualquer norma extravagante que pudesse outorgar executividade à pretensão por aluguel decorrente de locação verbal, não-escrita.

Uma coisa é a ação de despejo, cabível tanto em locação ajustada verbalmente como por escrito (exemplo: art. 47); outra coisa é a execu-

tividade da pretensão de cobrança do aluguel, que depende de contrato escrito, solene – isto é, com assinatura do obrigado.

Enfim, cobrança de aluguel sem contrato escrito só é possível por ação cognitiva condenatória. Nos Juizados Especiais, em que a oralidade é um de seus princípios norteadores, admite-se a cognição condenatória de acerto baseada em alegação verbal, inclusive quanto à locação. Se preenchidos requisitos para ação monitória, por essa via especial, em tese, é também cabível a cobrança judicial do aluguel de locação verbal.

A Lei 8.953, de 13.12.1994, instituiu novo título executivo extrajudicial no inciso II do art. 585 CPC: "(...); o instrumento de transação referendado pelo Ministério Público, pela Defensoria Pública e pelos advogados dos transatores". E isso não foi alterado pelas Reformas de 2005 e 2006 (respectivamente, Leis 11.232 e 11.382).

Significa isso que mesmo sem preexistir contrato escrito de locação pode, em tese, a executividade do aluguel decorrer de superveniente transação instrumentalizada na situação descrita no aludido texto do diploma processual, superveniente à Lei de Locações.

1.2 Locação. Direito pessoal temporário de trato sucessivo: posse sem **animus domini** *que não gera usucapião*

A temporariedade é característica do contrato de locação: por mais longo, jamais será perpétuo – o que exclui vestígio de direito real sobre a coisa locada.

Vejamos a conceituação do contrato de locação, como espécie de negócio jurídico, inserido no direito das obrigações, cujo vínculo (obrigacional) é por natureza transitório, vale dizer, regido pelos fatores "tempo" e "restituição", subsumido em prazos, que são o intervalo entre o termo *a quo* e o termo *ad quem*.

O art. 565 do CC sintetiza o conceito contratualístico de "locação" quando dispõe que: "Na locação de coisas, uma das partes se obriga a ceder à outra, por tempo determinado ou não, o uso e gozo de coisa não fungível, mediante certa retribuição". Não a conceitua a Lei Locatícia que "regula" o instituto (art. 1º) da locação de imóvel urbano.

A pessoa que cede ou transfere o uso e gozo temporários da coisa locada chama-se *locador* ou, também – porque, de regra, é titular do domínio –, *senhorio*, na locação predial. A pessoa que recebe a posse para uso e gozo da coisa locada alheia, por natureza sem *animus domini*, chama-se *locatário* (igualmente designado de *inquilino* em leis anteriores, quando o objeto da locação seja imóvel residencial urbano) (nesse sentido: Luiz da Cunha Gonçalves,[4] Orlando Gomes,[5] Vicente Sabino Jr.[6] e Pontes de Miranda[7]).

"Locação" é substantivo que provém da raiz latina *loc* nos vocábulos *locus*, *locare*, *locatio* ("local", "locar", "locação"), cujo étimo também se reveste das formas abrandadas *log* e *lug* em "logar", "lugar", "alugar", "aluguel". Daí a *locatio rerum* ("locação de coisas"), espécie de *locatio conductio* do Direito Romano. E "aluguel" (do Latim *locarium*) ou "merce" é a remuneração ou retribuição que se paga pelo uso da coisa alheia localizada.

Pela definição legal, o contrato de locação pode ser conceitualmente resumido e expresso como sendo bilateral, relação jurídico-negocial consensual, oneroso, comutativo, temporário, de natureza pessoal, sem ser *intuitu personae*, com sede jurídica no campo do direito das obrigações, por isso mesmo sem característica alguma de direito real, qualquer que seja o prazo de duração (art. 3º da Lei 8.245/1991). Nele deparam-se, sempre, quatro elementos essenciais: *res*, *tempus*, *pretium* e *consensum*.

Sobre a temporariedade – determinada ou não –, característica da locação, o art. 565 do CC não deixa margem a dúvidas, sobretudo à luz da norma específica de aprazamento do art. 3º da Lei 8.245/1991 – o que exclui qualquer vestígio de direito real, que tem como efeito a perpetuidade. Daí que, por mais longa que possa ser a duração da locação, finda a relação locatícia, haverá restituição obrigatória, pelo locatário e demais ocupantes (art. 23, III), e jamais se desnaturará ou se converterá em figura jurídica diversa pelo só decurso do tempo de uso por posse titulada; o que arreda qualquer idéia extravagante que conduza ao direito de aquisição de domínio ou direito real sobre a *res locata*, que é, e sempre foi, por sua natureza, inusucapível – a mais sagrada proteção do *dominus* institucionalizada no dever de restituir imposto ao locatário.

É tão evidente e entranhada no entendimento comum essa solução, que raramente ocorre controvérsia sobre o tema, como se constata em Nery e Nery: "Posse exercida por locatário, comodatário e afim. Não adquire a propriedade por esse meio o locatário, comodatário e quem quer que detenha em nome alheio a coisa que pretende assenhorear ju-

4. Luiz da Cunha Gonçalves, *Princípios de Direito Civil*, vol. 2, p. 1.027, e *Dos Contratos em Especial*, São Paulo, Ática, p. 298.

5. Orlando Gomes, *Contratos*, n. 204.

6. Vicente Sabino Jr., *A Locação no Direito Brasileiro*, Rio de Janeiro, Freitas Bastos, n. 19.

7. Pontes de Miranda, *Tratado de Direito Privado*, t. XL.

dicialmente (TJBA, *JB* 79/87)".[8] Ou, ainda, na mesma obra, acórdão do extinto 2º TACivSP, 4ª Câmara, ACi 467.659 (rel. Des. Celso Pimentel, j. 3.9.1996), *JTACivSP* 162/445: "Posse direta *a non domino* – Inquilino – Usucapião – Inadmissibilidade. Prescrição aquisitiva alguma favorece a quem, na condição de inquilino, possui imóvel *a non domino*, pois não se legitima a invocar usucapião".

Nem a averbação do contrato de locação na matrícula do imóvel converte a relação jurídica de direito pessoal em direito real. O registro, pois, não opera alteração da sua substância, apenas publiciza a relação obrigacional locatícia geneticamente bilateral de posse temporária onerosa de fruição, que não gera usucapião ("tomar pelo uso"), ausentes os elementos desse modo originário de aquisição da propriedade, sobretudo a causa hábil e o *animus domini* ("como seu"), por contradição nos termos.

O registro comum previsto do contrato de locação no cartório de títulos e documentos produz efeitos limitados de publicidade da relação locatícia perante terceiros, não eficácia de direito real.

O que o registro imobiliário, além da publicidade, outorga é exclusivamente o *efeito de direito real à preferência* do locatário para aquisição do imóvel alienado no curso da locação – e não mais que isso –, e nos estritos limites dos arts. 27 *et seq.* da Lei 8.245/1991, em especial para os fins dos arts. 8º (continuidade da locação em caso de venda a terceiro) e 33.

No regime da atual Lei 8.245/1991, ocorrendo a prorrogação da locação (residencial) que fora celebrada, de início, por escrito e por prazo igual ou superior a 30 meses, e que venha a se converter para prazo indeterminado, então, "o locador poderá denunciar o contrato a qualquer tempo, concedido o prazo de 30 (trinta) dias para desocupação" – consoante o § 2º do art. 46. Ou seja, a lei de 1991, no intuito evidente de acabar com o caráter de indefinitividade e indeterminabilidade de tempo que as locações residenciais em geral assumiam, adotou a possibilidade de retomada do imóvel, nos casos de locação prorrogada por tempo indeterminado, sem haver necessidade de motivação (*causa petendi*), isto é, por denúncia vazia, desde que a locação – repita-se – tenha sido celebrada por escrito e por prazo igual ou superior a 30 meses; ou, se verbal ou sem prazo determinado, após cinco anos (art. 47, V) de vigência ininterrupta.

8. Nery e Nery, *Código Civil Comentado*, São Paulo, Ed. RT, art. 1.238, casuística, n. 11.

Frise-se: não se está falando, aqui e agora, das regras peculiares de direito transitório para denúncia ou resolução das antigas locações residenciais (arts. 77 e 78).

Situação similar ocorre nos contratos novos de locação para temporada, caracterizada pela duração máxima de 90 dias, agora regulados nos arts. 48 a 50 e 59, III, da Lei 8.245/1991, nos quais, findo o prazo estabelecido, presume-se a prorrogação da avença por tempo indeterminado caso não haja oposição formal do locador nos 30 dias seguintes ao fim do prazo ajustado; oposição, esta, a ser feita pela via da ação de despejo, para eficácia de viabilizar desocupação liminar – art. 59, III. O locador, ocorrendo a prorrogação e conseqüente conversão para locação residencial comum, somente poderá denunciar o contrato, sem motivação, após 30 meses de seu início (art. 50 e seu parágrafo único).

Na locação não-residencial, sem proteção renovatória, o contrato por prazo determinado cessa ante seu termo final, como regra geral (art. 56, *caput*). No entanto, presume-se prorrogada por prazo indeterminado a locação se o locatário, em que pese ao fim do prazo ajustado, permanecer no imóvel locado por mais de 30 dias, sem oposição do locador (art. 56, parágrafo único). Quanto ao contrato de locação não-residencial comum por prazo indeterminado a regra estabelecida é a clássica: poderá ser denunciado sem motivação pelo locador, o qual – note-se – não tem necessidade de aguardar lapso de tempo algum para a denúncia (art. 57). A denúncia deve ser por escrito; e ao locatário são concedidos 30 dias para desocupação.

A perpetuidade inerente ao direito real – ou, por raciocínio inverso, a perpetuidade que resulta do direito real – não tem lugar na relação de locação precisamente porque, apesar das restrições exclusivamente inspiradas no bem comum ou em razões concernentes à função social da propriedade, ao locador sempre será possível retomar o imóvel por motivos indicados na lei e pela obrigação de restituir imposta ao locatário, seja a locação por prazo determinado, seja por prazo indeterminado, nas condições também previstas em lei, ou ainda por denúncia vazia, se a locação for por prazo indeterminado, ou reaver por injúria, isto é, por infração legal ou contratual cometida pelo locatário no curso mesmo de prazo certo da locação.

O efeito de direito real à preferência que a lei – registrado no cartório de imóveis o contrato – assegura ao locatário e ao sublocatário (arts. 27 *et seq.* e 33) na aquisição do imóvel locado, em igualdade de condições com terceiros, não se confunde com qualquer direito real propriamente dito sobre o imóvel; antes, constitui forma de reafirmação de direito *personalíssimo* e natural *sui generis* em relação a terceiros. Aliás, com mais precisão pode ser dito que a característica da *impessoalidade* (*intuitu familiae*) é que também impera, visto que nem a morte dos agentes extingue a locação (arts. 10 e 11).

Também não se reveste de qualquer cunho de direito real, senão uma vez mais de direito pessoal, impessoalizado, a sucessão na locação, seja a transferência aos herdeiros no caso de morte do locatário (art. 11 e seus incisos), seja o prosseguimento ou sub-rogação em razão de extinção do vínculo ou da sociedade conjugal por separação de fato, judicial ou divórcio ou, ainda, em razão da dissolução da sociedade concubinária (art. 12).

1.3 Conceito de "imóvel urbano", em oposição a "imóvel rural"

Como consta da ementa da Lei 8.245/1991, "dispõe sobre as locações dos imóveis urbanos e os procedimentos a elas pertinentes".

A conceituação da expressão "*prédio* urbano" vinha ministrada pela doutrina e jurisprudência desde o advento da Lei 1.300/1950. Mas, para melhor compreensão, por exclusão, do conceito de "prédio urbano", convém lembrar a definição de "imóvel rural" contida no art. 4º do Estatuto da Terra – Lei 4.504, de 30.11.1964: "imóvel rural [*é*] o prédio rústico, de área contínua, qualquer que seja a sua localização, que se destina à exploração extrativa agrícola, pecuária ou agroindustrial (...)".

Por isso, assiste razão a Oswaldo Opitz e Sílvia Opitz[9] quando afirmam que não é a situação do imóvel que qualifica o prédio em rústico ou urbano, mas a finalidade natural que decorre de seu aproveitamento, dando-se a distinção mais pelo uso, a qualidade do sujeito, a comodidade e a destinação do prédio que pela localização, matéria e forma de qualquer edificação. Os prédios urbanos ou se destinam a fins residenciais ou a fins não-residenciais que não estejam abrangidos pelo conceito de "prédio rústico de destinação rural", em sentido amplo, emprestado pelo Estatuto da Terra.

O STJ vem decidindo que: "Se os arrendatários não cumprem as obrigações assumidas em contrato de arrendamento agrícola e nem

9. Oswaldo Opitz e Sílvia Opitz, *Comentários às Leis do Inquilinato* [*anteriores*], p. 10.

pagam as sacas dos cereais colhidos na área arrendada, a ação devida para a retomada do imóvel rural é a de despejo, nos termos do art. 32 do Decreto n. 59.566/1966, e não a de reintegração de posse, cf. AgR na MC n. 1.407-SP, rel. Min. Bueno de Souza, *DJU* 27.10.1998" (4ª Turma, REsp 399.222-GO, rel. Min. Jorge Scartezini, j. 9.3.2.006, ementa no *DJU* 64, 3.4.2006, p. 346).

A Lei 8.245/1991, abandonando a terminologia pretérita relativa a "prédio", adotou a denominação "imóvel", a qual é mais abrangente e consentânea, inclusive coincidente com o conceito da expressão italiana – *immobile urbano* –, que se refere às construções urbanas (*fabricati urbani*) – como anotou Luís Antônio de Andrade.[10] A adoção do vocábulo "imóvel", mais genérico em seu significado que o vocábulo "prédio", não induz a que a regência da atual Lei de Locações foi ampliada no seu campo de atuação. O CC de 2002 refere-se a "imóvel" no art. 576, §§ 1º e 2º, ao tratar da locação em geral.

De todo modo, o critério prático definitivo a ser seguido foi ministrado há décadas pelo STF (*RF* 150/163 e *DJU* 8.6.1953, p. 1.570): a Lei de Locações (então, Lei do Inquilinato) não pode ser invocada para proteger a locação de terreno baldio, com barracas, quiosques de feiras, sem construção, ou em que se levantou edificação provisória, como seja um parque de diversões – "construções volantes", conforme Colin, Capitant e Josserand, citados por Luís Antônio de Andrade.[11]

Orlando Gomes lembra que "os imóveis por sua natureza e por acessão física artificial denominam-se *prédios*".[12]

Os arts. 79 a 81 do CC distinguem quatro categorias de imóveis: (a) por natureza ; (b) por acessão física ; (c) por acessão intelectual; e (d) por determinação legal.

A utilização da expressão "imóvel urbano", como ocorria antigamente em relação ao *prédio urbano*, portanto, tem em referência a destinação econômica do bem, independentemente de sua localização no campo ou nas cidades, observados outros critérios identificadores tradicionais para perfeito enquadramento na regência da atual Lei de Locações dos Imóveis Urbanos. Ou seja, como lembra Gildo dos Santos, *rústica* é a propriedade imobiliária situada no campo ou na cidade que tenha por

10. Luís Antônio de Andrade, no seu clássico *Locação Predial Urbana*, t. I, São Paulo, Max Limonad, 1956, p. 12.

11. Idem, ibidem.

12. Orlando Gomes, *Introdução ao Direito Civil*, 13ª ed., atualizada por Humberto Theodoro Jr., Rio de Janeiro, Forense, 1999, p. 217, n. 132.

destinação a agricultura, em todas as modalidades de exploração agrícola ou agrária;[13] concluindo por enfatizar que relevante para fins de classificação do prédio urbano é, pois, sua destinação, e não sua localização.

1.4 Deveres anexos ou laterais de conduta de locador e locatário

Os arts. 22 e 23 arrolam – no Título I, Capítulo I, Seção IV, da Lei 8.245/1991 – os deveres do locador e do locatário. Trata-se de obrigações específicas, correspondentes, reciprocamente, aos direitos desses contratantes, que se não esgotam na enumeração dominante elencada nesses dispositivos, tanto que infinitas outras previsões estão contidas, por óbvio, de começo a fim, no regramento do diploma locacional. Além disso, há deveres locatícios previstos nos arts. 565 e ss. do CC ora em vigor, que se acoplam àqueloutros. Cabe consignar que na relação locatícia a interpretação de cláusulas contratuais dúbias deve ser favorável ao locatário, não só por tradição, mas também porque, de regra, age como aderente.

Em face dessa constatação, mostra-se dispensável, neste momento e local, o exame de questões específicas que o espectro da matéria suscita, avultando o interesse de atenção, aqui e agora, de referência à generalidade ou teoria do direito obrigacional no plano das relações contratuais – ou seja, ainda que sucintamente, no plano dos *deveres anexos ou laterais* dos contratantes. Alcança até o plano de revisão do princípio da *relatividade* dos efeitos do contrato (em *relação* a terceiros), implicando a tutela externa do crédito, como assentado na *Conclusão* 21 do STJ, em homenagem à cláusula geral da função social do contrato, que se atualiza e concretiza nas funções interpretativas, supletivas (integrativas) e corretivas – estas, de controle jurisdicional das cláusulas abusivas; o que, aliás, dulcifica o relacionamento dos atores da contratualidade que exprime o exercício da cidadania.

O Código Civil de 2002, ao dispor, no art. 2.036, que a locação de prédio urbano que esteja sujeita à lei especial por esta continua a ser regida, quis significar que incidem nas relações jurídicas locatícias as regras específicas do direito locacional de imóvel urbano consubstanciadas na Lei 8.245/1991; mas, evidentemente, sem exclusão da incidência também das normas supletivas locacionais de direito geral, próprias da

13. Gildo dos Santos, *Locação e Despejo*, 5ª ed., São Paulo, Ed. RT, 2004, art. 1º, item 3.

codificação civil, inclusive os princípios de ordem pública, cláusulas gerais e conceitos em aberto ou legais indeterminados.

Como observa a professora Desa. Rosa Maria B. B. de Andrade Nery,[14] a moderna visão do direito privado, estampada no Código Civil brasileiro de 2002, principalmente em virtude da incidência do comando emergente das normas contidas nos arts. 421 e 422, impõe ao julgador, cuja figura agiganta-se, o dever jurídico de reinterpretação, para averiguar a estrutura de validade e se o negócio jurídico concluído entre as partes foi pautado pelos princípios da boa-fé objetiva e da função social do contrato, que se põem em nosso ordenamento como cláusulas de ordem pública, aplicáveis *ex officio* pelo juiz (art. 2.035, parágrafo único), mesmo que o negócio tenha sido concluído antes da vigência do sistema semi-aberto de normas do Código Civil de 2002, porque o importante é que seus efeitos, produzidos após a vigência deste, subordinam-se aos "preceitos de ordem pública (...), para assegurar a função social da propriedade e dos contratos", como, de resto, infere-se também do art. 79 da Lei 8.245/1991, que adota a subsidiariedade do Código Civil e do Código de Processo Civil, como função de garantia jurisdicional aos direitos previstos na Lei de Locações.

Registre-se, por resumo de tudo, que a boa-fé é referida no Código de 2002 como "norma impositiva de conduta leal, geradora de um dever geral de correção que domina o tráfego negocial, pois, desde logo, a boa-fé vem posta como cláusula geral dos contratos" – adverte Judith Martins Costa;[15] isto é, de todos os contratos, em razão da função social estatuída no art. 421, inclusive os de locação imobiliária, em quaisquer de suas modalidades ou formas de constituição.

Enfim, o direito contratual rege-se pelos princípios da autonomia privada dos contratantes, da boa-fé (subjetiva e objetiva), da justiça contratual e da função social (interna e externa), que asseguram a dignidade da pessoa como valor supremo. Até porque – conforme, ainda, Rosa Maria B. B. de Andrade Nery[16] – a função e a razão de ser do Direito é o equilíbrio que só ele sabe *proporcionar*.

14. Rosa Maria B. B. de Andrade Nery, *Vínculo Obrigacional: Relação Jurídica de Razão (Técnica e Ciência de Proporção)*, tese de Livre-Docência, São Paulo, PUC/SP, 2004, p. 294.

15. Judith Martins Costa, estudo sobre "Obrigações no novo Código Civil e o seu sentido ético e solidarista", cit., in *Estudos em Homenagem ao Professor Miguel Reale*, p. 353.

16. Rosa Maria B. B. de Andrade Nery, *Vínculo Obrigacional: Relação Jurídica de Razão (Técnica e Ciência de Proporção)*, cit., p. 294.

Se assim é, os deveres anexos ou laterais de conduta – isto é, de proteção, solidariedade, informação e demais direitos fundamentais (art. 3º, I, da CF) – são impositivos, tendo em vista facilitar o adimplemento das obrigações pelos próprios contratantes.

E mais: consoante as *Conclusões* 24 e 25 do STJ, a boa-fé objetiva deve ser observada pelas partes também nas fases pré e pós-contratual, de modo que a violação dos deveres anexos implica inadimplemento, independentemente de culpa.

Essa "nova ideologia no direito das obrigações" – na obra citada, referida pela professora Judith Martins Costa –, inspira, ancora e ilumina a nova contratualidade no direito locatício.

1.5 Arrendamento (de imóvel) rural e ação de despejo

Reportando-se ao que se expôs no item 1.3, *retro*, sobre o conceito de "imóvel rural" ou "prédio rústico" dado pelo art. 4º, I, do Estatuto da Terra (Lei 4.504, de 30.11.1964), que é o destinado à exploração extrativa agrícola, pecuária ou agroindustrial, qualquer que seja sua localização, resta conferir alguns pontos de definição do *arrendamento* (do imóvel) *rural* constante dos arts. 3º e 13 do Decreto (regulamentador) 59.566/1966, cujo art. 3º revela: é contrato agrário; de prazo mínimo de três anos; para assegurar estabilidade na exploração continuada; mediante certa retribuição ou aluguel pelo uso e gozo do imóvel rural.

Pelo art. 275, II, "a", do CPC, "observar-se-á o *procedimento sumário*: (...) II – nas causas, qualquer que seja o valor, de *arrendamento rural* (...)" (e de parceria agrícola).

Portanto, o procedimento do rito sumário é o padrão adotado para quaisquer ações cabíveis. Do que decorre que não é a ação de reintegração de posse, mas sim a de despejo com rito sumário, qualquer que seja o fundamento do término do arrendamento, a ação do arrendador para retomar do arrendatário o imóvel. E os recursos obedecem, em regra geral, ao regime processual comum (e não ao da Lei de Locações Urbanas), admitida antecipação de tutela em situações próprias. Aplicam-se todos os institutos compatíveis com a natureza contratual dessa espécie de relação econômica e negócio jurídico, inclusive quanto à competência do juízo comum ou do Juizado Especial Cível, facultativa, e – frise-se – eventual antecipação de tutela, se presentes os requisitos, etc.

1.6 Competência relativa de foro definida pela Lei de Locações

Em disposições gerais, a Lei 8.245/1991 dispõe, no art. 58, II, que "é competente para conhecer e julgar tais ações [*de despejo, consignatória, revisional e renovatória, mencionadas no "caput"*] o foro do lugar da situação do imóvel, salvo se outro houver sido eleito no contrato".

A regra residual é a competência de foro do lugar da situação do imóvel (*forum rei sitae*), que destoa da regra geral da competência territorial dos processos comuns (art. 94 do CPC) sobre ação pessoal ou imobiliária fundada em direito pessoal, em geral do foro do domicílio do réu. Aquela regra especial, por sua vez, sofre ressalva prevista na própria formulação do inciso II do art. 58 da Lei Locatícia, que antepõe a prevalência do foro voluntário contratual (de eleição livre e não abusiva) estabelecido pelas partes, com boa-fé, no interesse destas; por isso, competência relativa para efeitos técnicos processuais da Súmula 33 do STJ, inclusive de prorrogação, quando não argüida eventual exceção declinatória de propositura.

O STJ em 15.3.1994 já bem solucionava a questão, pela 6ª Turma, no REsp 37.303-SP (rel. Min. José Cândido de Carvalho Filho), conforme ementa no *DJU* de 2.5.1994: "Exceção de incompetência – Denúncia vazia – Lei n. 8.245/1991 (Locação de Imóveis Urbanos) – Art. 58, inciso II. Podem as partes eleger, no contrato, foro diverso daquele da situação do imóvel".

Essa proteção à parte mais frágil, que alcança o sublocatário no seu âmbito jurídico, está conforme ao art. 51 do CDC, que já vigorava quando entrou em vigor a Lei 8.245/1991, e, sendo de adesão, a contratação está prestigiada no art. 54 do mesmo CDC e nos arts. 423 e 424 do CC de 2002.

Pode, todavia, ser observada, excepcionalmente, pela prudência do juiz, a declinação de ofício, quando evidente a casuística prevista no parágrafo único – de ordem pública – do art. 112 do CPC, visando a minimizar a dificuldade gerada para o aderente por conta de cláusula esdrúxula de eleição de foro para ação locatícia, a ser declarada nula.

2

Locação e Arrendamento Mercantil por "Leasing" Imobiliário

2.1 Locação típica, cujas características a distinguem da normatividade de locações comuns. 2.2 Cabível é a ação de reintegração de posse, e não a ação de despejo, desde que precedida de notificação para constituição do arrendatário em mora (Súmula 369 do STJ).

2.1 Locação típica, cujas características a distinguem da normatividade de locações comuns

O conceito tradicional de "locação" emana das fontes codificadas.

O CComercial, nos agora revogados arts. 226 a 230, instituiu a locação mercantil de coisa. Admite-se, pela generalidade do conceito, a locação de coisa móvel ou imóvel, tendo como retribuição pelo uso e gozo o pagamento de *aluguel* e não de *preço parcelado*, com aplicação subsidiária das regras gerais da locação de coisas, em vigor pelos arts. 565 a 578 do CC de 2002.

Com o advento da Lei 6.099, de 12.9.1974 – com as modificações da Lei 7.132, de 26.10.1983, e da Lei 9.532, de 10.12.1997 –, que dispôs sobre o tratamento tributário sem IOF das operações de arrendamento mercantil, como custo dedutível dos rendimentos do arrendatário, passou o *leasing*, inclusive o imobiliário, a ter regulamentação específica na dinâmica do atual direito positivo brasileiro, com o complemento da Resolução 2.309,[1] de 28.8.1996, e outros atos normativos do Banco Central do Brasil sobre as operações de arrendamento mercantil, através de contratos trilaterais, porque envolvem, de regra, além do arrendador

1. A Resolução 2.309, com as alterações posteriores, que revogou a anterior Resolução 980, de 13.12.1984, no art. 11 de seu Anexo, admite a constituição de arrendamento mercantil sobre bem imóvel – *leasing* imobiliário –, o qual será adquirido pela entidade arrendadora para fins de uso próprio da arrendatária, segundo as especificações desta última, permitida operação com pessoa física e jurídica como arrendatária.

e do arrendatário, o fornecedor, com direitos e obrigações distintos correspondentes a cada posição contratual.

Daí, adianta-se que tanto o proprietário arrendador, que transfere a posse de fruição ao tomador arrendatário e as ações porventura cabíveis, quanto este último têm legitimidade para agir contra o fornecedor; e também o tomador arrendatário pode, outrossim, agir, escolhendo entre o arrendador e o fornecedor, ou ambos, conforme o caso, para pleitear ou defender seus direitos decorrentes da natureza de rede contratual da operação trilateral de consumo ou de adesão.

A Lei 8.245/1991, no art. 1º, parágrafo único, "b", remeteu à lei especial a regência do *leasing* imobiliário ("arrendamento mercantil"); reenvio que foi reiterado no art. 37 da Lei 9.514, de 20.11.1997. Também os arts. 5º, § 2º, 36 e 38 desta última (Lei do Sistema Financeiro Imobiliário/SFI) trazem referências aplicáveis ao *leasing*.

Essa nova modalidade de instituto jurídico, introduzida na década de 60 do século passado como espécie de negócio fiduciário e espelhando desde o início uma operação financeira peculiar, expandiu-se de maneira surpreendente na economia nacional, de início por aplicação limitada a bens móveis, maquinarias e equipamentos de produção, e logo depois para unidades industriais completas, clínicas, supermercados, hotéis, lojas, escritórios, bancos etc., enfim, até a totalidade do imóvel, abrangendo terreno, edificações e equipamentos industriais, no elastério de compreensão da idéia básica de arrendamento mercantil, segundo especificações da arrendatária e para uso próprio desta.

2.2 Cabível é a ação de reintegração de posse, e não a ação de despejo, desde que precedida de notificação para constituição do arrendatário em mora (Súmula 369 do STJ)

A lei era omissa, em relação às operações de imóveis, quanto às ações cabíveis ao locador para reaver o objeto do contrato, qualquer que fosse o fundamento do término da relação de arrendamento. A doutrina e a jurisprudência que se formaram em torno do instituto inclinaram-se para a ação de natureza possessória, manejável desde que, antes, constituído em mora regularmente, através de prévia notificação, apta a produzir efeitos resolutórios, não a purgasse, tornando-se inadimplente o arrendatário aderente possuidor direto, por surpreenderem o esbulho caracterizado na retenção da posse sem justo título após operada a resolução extrajudicial do contrato.[2] Especificamente, é a ação de reintegração

2. Acerca da resolução do contrato de arrendamento mercantil, cabe a incidência do Código de Defesa do Consumidor, especialmente com observância da regra do art.

de posse, com medida liminar antecipatória de tutela, quando, mesmo existente cláusula resolutória expressa, venham justificados os requisitos legais à sua concessão, conforme a exigência da Súmula 369 do STJ, inclusive o esbulho de menos de ano e dia – certo que a posse indireta ficara reservada ao arrendador. A primeira manifestação nesse sentido, considerada pioneira pelos tratadistas da matéria, encontra-se em decisão proferida por Paulo Restiffe Neto em 16.6.1973, quando judicava na 9ª Vara Cível de São Paulo, e que se encontra recolhida em quase todas as monografias que se sucederam e nos repertórios de jurisprudência, a exemplo da *RT* 468/154, *RF* 250 e do nosso livro *Garantia Fiduciária*, capítulo sobre *leasing*.

Essa orientação supridora da omissão da lei abriu caminhos à solução também do problema de retomada do objeto do contrato nas operações de *leasing* imobiliário. A via adequada é a genérica comum de natureza possessória, e não a ação de despejo, própria das locações puras.

De notar que em um caso de arrendamento mercantil, ação de reintegração de posse por mora, o STJ já entendia, desde os primeiros recursos examinados, que era necessária a notificação prévia, nestes termos: "O recurso merece provimento, pois, nos termos da jurisprudência assente em ambas as Turmas da Seção de Direito Privado, afigura-se imprescindível a notificação do arrendatário que supostamente estiver em atraso, com a especificação dos valores devidos, atualizados monetariamente, para se configurar a sua constituição em mora, sob pena de inviabilizar-se o ajuizamento da ação possessória por parte da arrendadora" (4ª Turma, REsp 236.788-SP, decisão monocrática do Min. César Asfor Rocha, 5.6.2001, *DJU* 20.6.2001, invocando precedentes que remontam a 1998).

Em determinado caso de ação de despejo por falta de pagamento intentada por empresa de *leasing* (arrendadora) para retomada de imóvel objeto de contrato de arrendamento mercantil imobiliário, abrangendo terreno e edificações sobre ele implantadas, de natureza industrial, com cláusula de opção de compra do imóvel em favor da arrendatária ao fim do prazo estipulado, a 1ª Câmara do extinto 2º TACivSP deu provimento a recurso da arrendatária para julgar extinto o processo por carência da ação de despejo, que foi considerada via imprópria. Trata-se do AI 54.932, de São Paulo, julgado em 15.3.1977, por votação unânime, compondo

54, § 2º. Nos contratos de *leasing*; a Súmula 369 do STJ converge para essa solução, ao dispor que: "No contrato de arrendamento mercantil – *leasing* –, ainda que haja cláusula resolutiva expressa, é necessária a notificação prévia do arrendatário para constituí-lo em mora".

a Turma Julgadora os Juízes Lair Loureiro, Ênnio de Barros e Lothário Octaviano (relator).

À luz da superveniente Lei de Locações Imobiliárias Urbanas (Lei 8.245/1991), nada mudou que desautorize a jurídica orientação citada. Muito ao contrário, seu art. 1º, parágrafo único, "b", que exclui, peremptoriamente, de sua regulamentação o arrendamento mercantil, em qualquer de suas modalidades, veio a corroborar aquela solução, que foi reiterada novamente pela Lei 9.514, de 20.11.1997 (Lei da Alienação Fiduciária sobre Imóveis, art. 37: "Às operações de arrendamento mercantil de imóveis não se aplica a legislação pertinente à locação de imóveis residenciais, não-residenciais ou comerciais").

Impende considerar que também assiste ao arrendador, como credor, valer-se alternativamente de outros meios procedimentais de satisfação do seu direito de cobrança dos locativos; inclusive por execução fundada em título extrajudicial, quando presentes os requisitos caracterizadores da executividade, caso em que não há penhora do bem objeto do arrendamento, pois, à evidência, é de propriedade do arrendador, e não do arrendatário.

Por outro lado, o art. 5º da Lei 8.245/1991, da mesma forma que o art. 4º da anterior Lei 6.649/1979, ao instituir a ação de despejo como exclusivo remédio processual assegurado ao locador para reaver o imóvel alugado, qualquer que seja o fundamento do término da relação locatícia, evidentemente teve em consideração as locações, em sentido próprio estrito, por ela reguladas, e não negócios jurídicos de outra natureza estruturados embora sobre a locação, mas de objetivos e efeitos peculiares diversos, que lhes confiram tipicidade e autonomia como categoria jurídica nova, como é o caso do arrendamento mercantil (*leasing*) de imóvel.

É certo – como afirma Calmon de Passos em parecer oferecido naqueles autos – que as normas pertinentes à locação de coisa são invocáveis para disciplina jurídica do *leasing*, mas com os temperamentos que a natureza mista do contrato reclama e considerando o caso concreto a decidir, sempre que esteja em primeiro plano o que nesse contrato diga respeito ao uso da coisa e à contraprestação devida em razão desse mesmo uso.

Não se pode perder de vista que o *leasing* é, hoje, no direito positivo brasileiro (Lei 6.099/1974, com as alterações de 1983), um contrato imobiliário típico e nominado pela Lei 9.514/1997 como "arrendamento mercantil", que vem estruturado sobre a locação, para alcançar não os efeitos específicos da locação, mas precipuamente fins especiais, diversos, correspondentes à estrutura jurídica peculiar do novo instituto, extravasantes dos limites do negócio que lhe serviu de molde.

Hoje, *legem habemus*, a atual legislação pertinente à locação de imóveis residenciais, não-residenciais ou empresariais não se aplica às operações de arrendamento mercantil de imóveis, conforme estabelece seu art. 1º, parágrafo único, "b" bem como foi reiterado no citado art. 37 da Lei 9.514/1997, que dispõe sobre o Sistema de Financiamento Imobiliário/SFI e institui a alienação fiduciária sobre coisa imóvel e dá outras providências; lei, esta, que alude ao instituto do arrendamento mercantil imobiliário por mais duas vezes (§ 2º do art. 5º e art. 36).

Ante a ausência de disciplina processual específica – mas, como a todo direito corresponde uma ação, que o assegura (art. 75 do CC de 1916; art. 189 do CC de 2002) –, bem como a expressa exclusão de aplicabilidade das regras sobre locação imobiliária, inclusive das regras processuais – afastando-se, assim, por completo, a utilização da ação de despejo –, é mais congruente, em especial agora, não se utilizar em suprimento de remédio jurídico específico, mas sim comum, o que conduz à adequação do remédio conatural ministrado pelo direito processual para reaver a posse, que é a *ação de reintegração de posse*, nos casos de *leasing* de imóveis, com base em inadimplemento caracterizado no plano extraprocessual por interpelação ou notificação prévia desatendida, cabível, de regra, liminar antecipatória de tutela, com variantes próprias das circunstâncias de cada caso em particular.

Na atualidade, com o término da relação de arrendamento imobiliário, é fácil saber que o meio procedimental de que se pode valer o arrendador é a ação de reintegração de posse, e não a ação de despejo, ante o que inovadoramente dispõe o art. 1º, parágrafo único, "b", da Lei de Locações, em harmonia com os arts. 36 e 37 da Lei 9.514/1997, que excluem do regime do arrendamento mercantil a legislação pertinente à locação. Diante dessa exclusão, que torna apenas subsidiária a regência locacional, remete-se a solução dos litígios envolvendo arrendamento mercantil imobiliário ao Código de Processo Civil, como ordenamento geral.

Uma última observação diz respeito à solução, em caso de efetiva resolução contratual com reintegração de posse, quanto à devolução, ou não, dos valores pagos a título de VRG; tem prevalecido, em certas circunstâncias, a devolução parcial, salvo se nada tenha sido apurado ou convencionem as partes de maneira diversa.

Mas é da máxima importância para compreensão do acima ponderado que a propriedade plena dos bens, na vigência do arrendamento mercantil, é do arrendante, que, por isso, no caso de efetivada a reintegração da posse, tem a faculdade de aliená-los a terceiros, sendo inadmissível o pleito de abatimento do produto obtido com a venda extrajudicial junto ao débito do arrendatário decorrente do não pagamento das prestações (ou aluguéis) durante o período em que esteve na posse dos bens – como decidido pela 14ª Câmara Cível do TJRS, em 21.12.2006, no AI 70017557372, de que foi relatora a Desa. Judith dos Santos Mottecy. Desse julgado extrai-se ainda a nota esclarecedora de que "as características do contrato de arrendamento mercantil – misto de compra e venda, financiamento e locação –, ao mesmo tempo em que tornam inexigíveis quaisquer quantias atinentes às prestações vincendas à restituição, ante o predomínio da locação no aspecto, também mantêm o bem como de propriedade do arrendante enquanto não houver a sua aquisição" – seguindo-se a conclusão: "ou seja, as prestações, enquanto não adquirido o bem, como *in casu*, são equivalentes a aluguéis, fato que impede a compensação do valor obtido com a venda dos móveis de propriedade da arrendante com os aluguéis devidos pelo arrendatário no período de uso desses (...). Quanto aos aluguéis vincendos, não configurando o *leasing* um mútuo ou financiamento propriamente dito, onde não se dá a entrega pura e simples de certa importância em dinheiro, para ser devolvida após determinado lapso de tempo, é incabível a pretensão da arrendante de pleitear o recebimento de prestações ou aluguéis vincendos, após a rescisão do contrato e a reintegração na posse do bem" (*RTTJRS* 261/150-152, junho/2007).

3

Notificação na Lei 8.245/1991 e no Plano Civil-Processual: o que Mudou

3.1 Emprego da notificação, hipóteses e sua eficácia. 3.2 É de 30 dias, como regra geral, o prazo de notificações. 3.3 Casos de retomada que prescindem de notificação prévia. 3.4 Forma, mais ou menos livre, das notificações e avisos, inclusive pela via eletrônica. 3.5 A notificação deve ser assinada pelo notificante ou por procurador com poderes. 3.6 Caso de dispensa de notificação (Súmula 14 do extinto 2º TACivSP). 3.7 Efeitos da manifestação de oposição do locador à prorrogação da locação (art. 575 e parágrafo único do CC de 2002). 3.8 Suspensão temporária da eficácia da denúncia do contrato de locação na hipótese inovadora do parágrafo único do art. 473 do CC de 2002.

3.1 Emprego da notificação, hipóteses e sua eficácia

O instituto da *notificação* é tão importante, que dele cuidam e dispõem o Código Civil, o Código de Processo Civil e a Lei de Locações. E para constituição em mora do arrendatário no contrato de arrendamento mercantil, ainda que haja cláusula resolutiva expressa, a Súmula 369 do STJ exige notificação prévia antes do ajuizamento da ação de retomada pelo arrendador, se caracterizado o inadimplemento pela não-purgação.

Com a permissibilidade de retomada dos imóveis dados em locação por denúncia, surge o largo emprego da *notificação* para determinados casos, pela forma escrita, essencial para assegurar a certeza e validade do ato (art. 104 do CC de 2002), que pode ser procedida pela via extrajudicial ou judicial, indiferentemente.

Trata-se de medida cautelar específica nominada que vem estatuída no art. 873 do CPC: "Nos casos previstos em lei processar-se-á a notificação ou interpelação na conformidade dos artigos antecedentes" (arts. 867-872, que regulam a notificação judicial).

É o meio de cientificação, extrajudicial ou não, a alguém de uma manifestação de vontade concernente à intenção de exercitar uma oposição ou pretensão de ressalva ou conservação de direitos, por vezes conclamando o destinatário à abstenção ou prática de alguma coisa, sob cominação de sujeição aos efeitos legais em caso de desatendimento do preceito enunciado pelo notificante.

No direito locatício a notificação é importante via legal para a comunicação de vontade que seja externada entre si pelas partes envolvidas na relação *ex locato*.

Serve especialmente a notificação à denúncia do contrato de locação, por prazo indeterminado, em certos casos, valendo também, evidentemente, para comprovar quaisquer outras comunicações formais de vontade entre os contraentes.

A lei atual trouxe de volta a permissibilidade limitada de retomada dos imóveis dados em locação residencial por denúncia vazia, ou seja, por resilição unilateral imotivada – já que a lei de 1979 havia suprimido esse poder do locador. Com isso, passa a ser considerável o incremento ao emprego da *notificação*, ou aviso, que nessa hipótese tem sua mais larga utilização no direito locacional.

A denúncia vazia é o meio de fazer cessar a vigência da locação por prazo indeterminado; e exprime-se pela denominada *notificação premonitória*, porque constitui pressuposto para o exercício da ação de despejo a não-desocupação do imóvel no prazo legal então assinado ao locatário notificado.

Já a notificação ao término do prazo determinado não caracteriza tecnicamente denúncia vazia, e sim manifestação de oposição à prorrogação da locação cessante de pleno direito pelo decurso do tempo.

Mas há vários outros casos de notificação na Lei 8.245/1991.

O art. 65 adota a notificação como forma do início do prazo para execução do despejo decretado judicialmente.

Para a extinção de usufruto ou de fideicomisso, a denúncia da locação, residencial ou não, exercitável em 90 dias, por notificação, faz-se com o prazo de 30 dias para desocupação (art. 7º e seu parágrafo único).

O art. 8º e seu § 2º prevêem, em caso de alienação do imóvel durante a locação, o exercício do direito de notificação-denúncia no prazo de 90 dias pelo adquirente, com o prazo de outros 90 dias assinado ao locatário para a desocupação.

Já o art. 13, § 2º, cuida de ônus da contranotificação, que incumbe ao locador, para manifestar sua eventual oposição, ao ser notificado pelo locatário da ocorrência de cessão, sublocação ou empréstimo do imóvel locado.

Outras hipóteses de notificação:

– Notificação pelo locador, assegurando preferência ao locatário para aquisição do imóvel, sem prazo (art. 27), por se tratar de oferecimento prévio da oportunidade de negócio a realizar-se, com indicação de todas as condições do negócio, especialmente as referidas no parágrafo único.

– Oposição do locador residencial (§ 1º do art. 46), tratada no Capítulo 27 deste livro.

– Oposição do locador de residência para temporada (art. 50, *caput*) contra a permanência do locatário no imóvel após decorrido o prazo contratual, para que não se converta em locação residencial comum prorrogada por prazo indeterminado.

– Oposição do locador de imóvel não-residencial por prazo determinado (art. 56, parágrafo único) à prorrogação presumida da locação para prazo indeterminado.

Cabe a denúncia vazia da locação comercial por prazo indeterminado (art. 57). Na realidade, a notificação é o instrumento escrito da denunciação, que implica a concessão de 30 dias ao locatário para a restituição do imóvel não-residencial ao locador.

Como exposto no item 3.1, a notificação prevista na Lei 8.245/1991 é o meio de cientificação a alguém de uma manifestação de vontade concernente à intenção de exercitar uma oposição ou pretensão de ressalva ou conservação de direitos, por vezes conclamando o destinatário à abstenção ou prática de alguma coisa, sob cominação de sujeição aos efeitos legais em caso de desatendimento do preceito enunciado pelo notificante.

O art. 58, no seu inciso IV, traz a seguinte disposição geral, no "Título II – Dos Procedimentos", que inclui a *notificação*: "desde que autorizado no contrato, a citação, intimação ou notificação far-se-á mediante correspondência com aviso de recebimento, ou, tratando-se de pessoa jurídica ou firma individual, também mediante telex ou fac-símile, ou, ainda, sendo necessário, pelas demais formas previstas no Código de Processo Civil".

No direito locatício, como se viu, a notificação é importante via legal para a comunicação de vontade que seja externada entre si pelas partes envolvidas na relação *ex locato*.

Serve especialmente a notificação à denúncia do contrato de locação por prazo indeterminado, servindo, evidentemente, para quaisquer outras comunicações de vontade entre os contraentes.

Na atualidade, pela Lei 11.419, de 19.12.2006, que, alterando o Código de Processo Civil, cuida da informatização do processo judicial, passa-se a admitir a comunicação ou transmissão de atos e termos processuais por meio eletrônico (art. 9º), conforme se vê ainda do § 2º do art. 154 do CPC, a que se reporta o art. 58, IV, da Lei 8.245/1991.

3.2 É de 30 dias, como regra geral, o prazo de notificações

Dando início pela exceção à regra geral, registre-se que o art. 835 do CC de 2002 estabelece um caso de notificação com prazo de 60 dias para que opere a exoneração da fiança em curso, locatícia ou não, *verbis*: "O fiador poderá exonerar-se da fiança que tiver assinado sem limitação de tempo, sempre que lhe convier, ficando obrigado por todos os efeitos da fiança, durante 60 (sessenta) dias após a notificação do credor".

O locatário pode valer-se da notificação, nos termos do art. 6º da Lei 8.245/1991, que dispõe: "O locatário poderá denunciar a locação por prazo indeterminado mediante aviso por escrito ao locador, com antecedência mínima de 30 (trinta) dias".

Já para a denúncia da locação por prazo determinado o locatário ficará dispensado da multa por devolução antecipada do imóvel se esta decorrer de transferência de serviço prestado a terceiro (não ao locador) para outra localidade, desde que a notificação ao locador se faça por escrito, com prazo mínimo de 30 dias (art. 4º, parágrafo único) de antecedência.

Para o locatário não há, enfim, restrição à denúncia da locação, quer residencial, quer não-residencial. Se por prazo determinado, pagando a multa pactuada, segundo a proporção prevista no art. 924 do antigo Código Civil, que corresponde à eqüitatividade ou razoabilidade, consoante os arts. 413 e 572 do CC de 2002 – todas, normas de ordem pública, com função recuperadora; e, na sua falta, a que for judicialmente estipulada (art. 4º, *caput*) em ação própria, posterior à devolução voluntária do imóvel ao locador, obviamente se antes não chegarem os contratantes a um acerto extrajudicial.

O legislador, adotando o vetusto critério da *proporcionalidade*, modernizado pelo da eqüitatividade , sancionou a evolução de uma nova tendência timidamente esboçada no art. 3º da Lei 6.649/1979 (conforme o veto parcial aposto ao final do texto do art. 3º da anterior Lei Locatícia). E a base dessa louvável orientação, reforçada com a então recente implantação dos princípios de defesa do consumidor e do aderente, está na idéia de minorar as responsabilidades da parte mais frágil da relação locatícia – o locatário – quando tenha inadimplido parcialmente a obrigação quanto ao tempo de duração da locação; mas ganhou peso institucional de modernidade, sobretudo para impedir que a sobrecarga da pena indenizatória total produzisse para a parte contratualmente mais poderosa – o locador – um enriquecimento sem causa (não estamos, aqui, falando de enriquecimento *ilícito*, mas apenas *sem causa*, que é também intolerável).

O locador, a seu turno, pode denunciar, a qualquer tempo, a locação residencial que, inicialmente ajustada por escrito e por prazo igual ou superior a 30 meses, ante o fim do prazo estabelecido, se tenha eventualmente prorrogado por tempo indeterminado, por não convir sua continuidade, notificando o locatário e concedendo o prazo de 30 dias para desocupação (art. 46 e seus §§ 1º e 2º).

Na locação curta, para temporada, o legislador reservou uma surpresa: ocorrendo a prorrogação do contrato, equivalente nos seus efeitos à conversão dessa curta locação em residencial comum de tempo indeterminado, somente após decorridos 30 meses do seu início poderá o locador denunciá-la sem indicar motivos ou pelos permissivos de retomada do art. 47. Naquela hipótese, decorrido o prazo de 30 meses, poderá o locador notificar o locatário da intenção de resilir o contrato converso, concedendo, *ipso facto*, 30 dias para desocupação (art. 50 e parágrafo único).

Nos casos de locação não-residencial por período indeterminado o locador pode, por escrito, denunciar o contrato, concedendo, igualmente, prazo geral de 30 dias para o locatário desocupar o imóvel (art. 57).

Durante a vigência de qualquer locação de prazo determinado não é permitido ao locador, em hipótese alguma, reaver o imóvel alugado antes do vencimento do prazo estipulado no contrato (art. 4º, primeira parte). Será, aí, ineficaz eventual denúncia infringente, qualquer que seja o meio de comunicação utilizado.

Para o locador a denúncia nas locações *não-residenciais* por prazo indeterminado deve sempre assegurar ao locatário o prazo de 30 dias para desocupação (art. 57, inspirado então no art. 1.209 do CC de 1916).

Ainda para o locador, a denúncia nas locações *residenciais*, verbais ou por escrito, com prazo indeterminado ou prorrogado sem determinação de tempo será também o geral de 30 dias (art. 46, § 2º), como antes indicado.

Como também para o locatário o prazo para denúncia das locações, residenciais ou não, por prazo indeterminado é de 30 dias (art. 6º da Lei 8.245/1991), antes da desocupação, dele poderá ser exigido pelo locador 1 mês de aluguel, correspondente ao aviso prévio resilitório omitido.

Prevê a lei, ainda, que, rescindida ou finda a locação, resolvem-se as sublocações (art. 15) – tema que requer reflexões.

A anterior Lei 6.649/1979, em seu art. 28 e parágrafo único, dispunha que, permanecendo sublocatários no prédio, teriam estes, mediante aviso ou notificação, o prazo de 90 dias para desocupação voluntária. Este era um caso excepcional de prazo de notificação superior ao trintídio, porque excepcional era a própria hipótese, de notificação do locador aos sublocatários, para segurança dos interesses destes, que, sofrendo os efeitos da cessação da locação, tinham *ex lege* resolvidas suas sublocações em face do locatário sublocador.

A regra especial estabelecida na lei anterior para desocupação em prazo excepcional do sublocatário não foi reproduzida na atual lei de 1991. Assim, como anota Francisco Carlos Rocha de Barros,[1] o prazo para o sublocatário desocupar o imóvel será o mesmo que for concedido ao locatário na ação de despejo. Logo, na denúncia da lei atual está implícito o dever do locador de dar aviso também aos sublocatários legítimos, para desocupação voluntária.

O desatendimento da denúncia no prazo assinado expõe os sublocatários à ação de despejo (v. Capítulo 21, "Questões Processuais e Substanciais sobre Sublocação"), movida pelo locador diretamente aos sublocatários na hipótese de ter havido desocupação apenas pelo locatário.

A permanência do sublocatário no imóvel, já extinta a locação celebrada pelo locador com o locatário, permitirá a concessão de liminar, em ação de despejo movida pelo locador contra o sublocatário, para desocupação em 15 dias (art. 59, § 1º, V). Antecipa-se, aqui, tema de outro tópico: a legitimação processual ativa do locador nessa hipótese é *ex lege* (arts. 15 e 59, § 1º, V), independentemente de inexistir relação *ex locato* direta ou voluntária deste com o sublocatário, eis que o consentimento (art. 13) não induz obrigação do locador em face do sublocatário, mas sim responsabilidade unilateral e subsidiária deste perante o locador, como no caso do art. 16, pela importância que dever ao sublocador quando este for demandado e pelos aluguéis vincendos.

1. Francisco Carlos Rocha de Barros, *Comentários à Lei do Inquilinato*, São Paulo, Saraiva, 1995, p. 71, item 4.

3.3 Casos de retomada que prescindem de notificação prévia

Tratando-se de locação não-residencial em curso sem prazo determinado, ao locador a notificação prévia constitui pressuposto inarredável para a utilização da ação de despejo, cujo exercício fica na dependência do não-atendimento voluntário do pedido de desocupação pelo locatário no prazo legal assinado na denúncia; caso em que é a permanência no imóvel que revela resistência e justifica a propositura da ação de despejo (art. 57).

Tratando-se, porém, de locação não-residencial com prazo determinado, que cessa, de pleno direito, findo o prazo estipulado, a retomada independe de notificação ou aviso (art. 56, então inspirado no art. 1.194 do CC de 1916, correspondente ao art. 573 do CC de 2002); pode o locador ingressar direto com a ação de despejo, imediatamente, dentro de 30 dias, como já admitia a jurisprudência e, hoje, infere-se da norma do parágrafo único do art. 56, desde que não haja o retomante manifestado qualquer forma de assentimento que presuma ou caracterize a prorrogação, com o locatário na posse do imóvel (art. 1.195 do CC de 1916, correspondente ao art. 574 do CC de 2002).

Para a locação residencial regida pelo art. 47 – isto é, quando ajustada verbalmente, ou por escrito mas com prazo indeterminado, ou ainda por escrito e com prazo inferior a 30 meses –, findo o prazo estabelecido, prorroga-se *ex lege*, neste último caso, automaticamente, por prazo indeterminado.

Nas três hipóteses o locador só pode reaver o imóvel motivado num dos permissivos legais enumerados expressamente no art. 47 da Lei 8.245/1991, ou imotivado, quando a vigência ininterrupta da locação ultrapassar cinco anos (inciso V do mesmo art. 47).

Para o exercício da ação de retomada, que é a ação de despejo de denúncia cheia ou justificada, não há exigência de prévia notificação, pois a lei não prevê notificação prévia ou outro procedimento como pressuposto à retomada que não o da própria ação de despejo, nos exatos termos do art. 5º da Lei 8.245/1991: "Seja qual for o fundamento do término da locação, a ação do locador para reaver o imóvel é a de despejo".

Igualmente, para a locação residencial submetida ao regime do art. 46 (escrita, e com prazo determinado igual ou superior a 30 meses) a resolução do contrato, findo o prazo ajustado, opera-se independentemente de notificação ou aviso. Mas, como eventual inércia do locador caracteriza presunção de assentimento à prorrogação por prazo indeterminado se o locatário continuar na posse do imóvel, a oposição do locador deve ser exteriorizada formalmente nos primeiros 30 dias subseqüentes ao vencimento do contrato. Neste caso, a só notificação mostrar-se-á necessária mas insuficiente se houver renitência do locatário, sendo indispensável a subseqüente ação de despejo (art. 5º).

Note-se que a incidência do art. 63, §§ 1º, "b" e 4º (prazo menor e execução provisória, mas caucionada), é restrita à eventualidade prevista só no § 2º do art. 46, desde que não tenha o locatário-réu manifestado a concordância nos autos para auferir os benefícios privilegiados do art. 61, nas condições e oportunidade ali estabelecidos.

Já o exercício direto da ação de despejo, nos 30 primeiros dias do vencimento do contrato, independentemente de notificação ou aviso, não só caracteriza a mais formal oposição como constitui o único meio eficaz para a resolução objetiva (jurisdicional) da locação e efetivação coercitiva da retomada do imóvel pelo locador (art. 5º), sem a submissão do locador diligente aos acima apontados percalços reservados na ação de despejo fundada no § 2º do art. 46, como se vê do art. 61, *caput*, cuja ocorrência prejudica a incidência do art. 63, § 1º, "b".

A notificação prévia com prazo de um mês, do revogado art. 1.209 do CC de 1916, não se aplicava à retomada motivada de imóvel residencial, porque tal dispositivo regulava a denúncia vazia exclusivamente (dizia: "por não convir ao locador continuar a locação"). A regência procedimental minuciosa e exaustiva da retomada de imóveis residenciais nos casos de motivo justo (denúncia cheia), legalmente autorizados, por ação de despejo, independentemente de notificação prévia, nos incisos do art. 47, abrangendo todas as hipóteses, inclusive as do art. 9º, encontra-se nos arts. 60 *et seq.*

3.4 *Forma, mais ou menos livre, das notificações e avisos, inclusive pela via eletrônica*

A forma aberta de emissão da notificação (e aviso), de que tratava o vetado art. 9º da anterior Lei Locatícia (Lei 6.649/1979), não foi disciplinada diversamente no art. 58, IV, da atual Lei 8.245/1991 – é livre, em termos. É o que também enfatizara a fundamentação ao veto presidencial aposto no art. 9º da antiga lei, que, na redação aprovada pelo Congresso, enumerava restritivamente as formas pelas quais poderiam as notificações e avisos ser feitos; e que eram as notificações mais comumente adotadas: judicial, por intermédio do cartório de registro de títulos e documentos e por registrado postal com aviso de recebimento/AR. Qualquer forma de comunicação atualmente é válida, desde que se mostre meio seguro, que possa servir como prova – isto é, se não prejudicar os interesses de certeza e compreensão do destinatário da manifestação de vontade; sobretudo se, consoante a regra inovadora do art. 58, IV, se tratar de forma autorizada em contrato escrito.

Como dito no final do item 3.1, há agora também notificação pela via eletrônica, no processo informatizado, dos atos processuais.

3.5 A notificação deve ser assinada pelo notificante ou por procurador com poderes

Pelos efeitos inerentes à notificação (ou ao aviso), exige-se que seja assinada pelo próprio notificante quando extrajudicial, ou por advogado com poderes através de instrumento de mandato anterior ou contemporâneo ao ato jurídico a ser praticado. Não se admite mandato verbal ou implícito para atos escritos, que exigem instrumento público ou particular (art. 657, *in fine*, do CC de 2002).

À parte prejudicada, destinatária da notificação, incumbe impugnar a validade ou eficácia da notificação imperfeita ou que não tenha chegado ao seu conhecimento, como matéria preliminar em contestação, antes de discutir o mérito, nos termos do art. 301 do CPC. E ao juiz cabe, outrossim, decidir, inclusive conhecendo de ofício da matéria, na forma do art. 267, § 3º, combinado com o § 4º do art. 301 do diploma processual.

A jurisprudência do passado remoto orientava-se no sentido de negar validade à notificação extrajudicial assinada pelo advogado sem procuração, por aplicação dos arts. 132 e 1.291 do CC de 1916, como se verifica em julgado inserto na *RT* 383/238, da 5ª Câmara Civil do antigo TACivSP, relator o Juiz Medeiros Jr., mantido pela 1ª Turma do STF ao reconhecer a ineficácia da notificação naquelas condições (*RTJ* 46/271). Hoje, a comprovação do mandato é suprível na eventual futura ação de despejo, com a inicial documentada.

Nesse sentido, aliás, firmou-se a jurisprudência do extinto 2º TACivSP, sumulada no Verbete 16, cujo texto foi, em 16.4.1999, mantido pelo Plenário da Corte: "Em caso de notificação premonitória desacompanhada de procuração, consideram-se ratificados os poderes para a prática do ato com a juntada do competente instrumento de mandato ao ensejo da propositura da ação".

3.6 Caso de dispensa de notificação (Súmula 14 do extinto 2º TACivSP)

Disciplinando o esquema de retomada de imóvel não-residencial, dispôs a Súmula 14 do extinto 2º TACivSP, editada na vigência do art.

5º da Lei 6.649/1979 (art. 1.194 do CC de 1916), cuja orientação jurisprudencial vem sendo mantida por interpretação do novo texto símile (art. 56, *caput*, da Lei 8.245/1991), *verbis*: "É dispensável a notificação premonitória quando o pedido de retomada de prédio não-residencial se dá logo após o término do contrato, notadamente se a ação é ajuizada dentro de 30 dias". Essa dispensabilidade não é, pois, *tout court*.

Portanto, para a Súmula 14, ao pressuposto de se tratar de locação não-residencial, *de prazo determinado*, cessa esta de pleno direito, findo o prazo estipulado, independentemente de notificação ou aviso ao locatário, desde que, nos termos do parágrafo único do art. 56 da atual Lei Locatícia, o locador manifeste sua oposição à permanência do locatário no imóvel e, pois, sua oposição à continuidade ou prorrogação, ajuizando diretamente a ação de despejo no prazo de 30 dias.

A primeira observação é que o conceito de "notificação *premonitória*", expressão que tem conotação mais adequada para manifestar *denúncia* (do art. 57), evidentemente de locação de prazo indeterminado, não reflete a oposição à continuidade da locação não-residencial de prazo determinado findo (art. 56, parágrafo único). Este dispositivo cuida não de *denúncia*, mas de *oposição* à conversão-prorrogação da locação finda para prazo indeterminado. Daí que, em lugar da expressão "notificação premonitória", melhor será o emprego, agora, da expressão "notificação opositória", ou outra equivalente a esse sentido inequívoco da atual lei, de manifestação de contrariedade do locador à prorrogação da locação.

Sobre os efeitos do desatendimento pelo locatário à notificação opositória, veja-se, adiante, item 3.7.

A segunda observação é que o art. 56, *caput*, e seu parágrafo único equivalem, respectivamente, aos arts. 1.194 e art. 1.195, ambos do antigo CC, correspondentes aos arts. 573 e 574 do CC de 2002. E, assim, a recíproca da Súmula 14 é a seguinte: será indispensável a notificação, como forma eficaz de manifestação de oposição no trintídio, para que não se opere a prorrogação da locação, caso a ação de despejo só venha a ser proposta tardiamente, com fundamento na simples expiração do prazo contratual, após 30 dias do seu término.

A diferença fundamental entre a lei atual (art. 56 e seu parágrafo único) e a lei revogada (art. 5º e seu parágrafo único) é que agora foi inserido um elemento novo no esquema: a prorrogação, ou não, da locação ao término do prazo estipulado depende do comportamento de ambas as partes: (a) permanência do locatário; e (b) exteriorização, ou não, de oposição formal do locador, no prazo de 30 dias, a essa permanência a título de prorrogação.

Como já aludido no item 3.3, *retro*, o exercício direto, nos primeiros 30 dias, da mais solene forma de caracterização da *oposição* prevista na lei, que é a propositura da ação de retomada, dispensa de direito a notificação, porque não a exigem, no caso de expiração do prazo determinado para a duração da locação não-residencial, nem o art. 573 do CC de 2002 nem o *caput* do art. 56 da Lei 8.245/1991. Mas o rigor legal na atualidade está em que, não tendo sido adotada a notificação, para manifestação da *oposição*, impõe-se que a via da ação de despejo deva exteriorizar-se com seu ajuizamento dentro, ainda, rigorosamente, do trintídio pós-vencimento do prazo contratual, sob pena de se operar a prorrogação *ex lege*, isto é, por presunção legal da permanência consentida do locatário no imóvel.

Daí, a última observação sobre o texto mantido da Súmula 14: a expressão adverbial "notadamente" poderia, à luz do art. 56 e seu parágrafo único, propiciar confusão e certa ambigüidade na observância do prazo decadencial de 30 dias, quando esse "abrandamento" de prazo peremptório de decadência é que é juridicamente impossível.

A conclusão, então, é que, dispensada a utilização, até o final no trintídio, da notificação pelo locador, por não ser essa a única forma exigível de oposição formal à continuidade da locação ora em exame, a propositura direta da ação de despejo deve ocorrer fatalmente dentro daquele prazo decadencial impreterível de 30 dias, como última maneira de obstar a que se opere a prorrogação ou a conversão *ex lege* da locação para prazo indeterminado.

No caso, importa não perder de vista a Súmula 101 do STJ: "Proposta a ação no prazo fixado para o seu exercício, a demora na citação por motivos inerentes ao mecanismo da Justiça não justifica o acolhimento de argüição de prescrição ou decadência". Aliás, o Enunciado 22 do extinto 2º TACivSP, que é explícito para ação renovatória, serve, por analogia, para a ação de despejo com base no art. 56 e seu parágrafo único.

O simples decurso do prazo decadencial opera a transferência do regime da retomada automaticamente do art. 56 para o art. 57, alterando-se a causa de pedir. Ou seja, o motivo para a futura retomada será outro, porque deixa de ser por cessação da locação (mais tecnicamente, por expiração do prazo estipulado para duração certa da locação não-residencial), para cuidar-se de retomada por *denúncia vazia* do imóvel da locação já previamente convertida por norma cogente para prazo indeterminado. E esta espécie imotivada de resolução da locação só se opera por inafastável via premonitória escrita (art. 57), assegurados 30 dias para a desocupação voluntária antes da propositura da ação de retomada imotivada, ou por mera conveniência do locador, sob pena de se caracterizar *carência do pedido de despejo*, se ajuizada antes do decurso desse novo trintídio.

E o ajuizamento da ação de despejo nesta última hipótese – isto é, depois de prorrogada a locação por ausência de oposição hábil em tempo oportuno – pode ocorrer sem problema após o decurso daquele novo trintídio, porquanto "a notificação premonitória (que é a da denúncia vazia) não perde a eficácia pelo fato de a ação de despejo não ser proposta no prazo do art. 806 do CPC", como, de resto, dispõe também a Súmula 18 do extinto 2º TACivSP, a partir da realidade de que a notificação é conceitualmente um procedimento preparatório (premonitório) exauriente, isto é, sem cunho de provisoriedade.

3.7 Efeitos da manifestação de oposição do locador à prorrogação da locação (art. 575 e parágrafo único do CC de 2002)

A Lei de Locações não contém regras similares quer às do antigo art. 1.196 do CC de 1916, quer às do art. 575 e seu parágrafo único do superveniente CC, que dispõe:

"Art. 575. Se, notificado o locatário, não restituir a coisa, pagará, enquanto a tiver em seu poder, o aluguel que o locador arbitrar, e responderá pelo dano que ela venha a sofrer, embora proveniente de caso fortuito.

"Parágrafo único. Se o aluguel arbitrado for manifestamente excessivo, poderá o juiz reduzi-lo, mas tendo sempre em conta o seu caráter de penalidade."

Essas normas, que visam a dar conseqüência efetiva à cessação de pleno direito da locação findo o prazo determinado, têm perfeita aplicação coerente subsidiária na omissão da Lei 8.245/1991, nos termos do art. 79 desta, agravando os riscos do locatário em mora específica nos aspectos indicados.

É que a regular oposição do locador à prorrogação implica o dever (e não apenas a faculdade) de restituir pelo locatário (art. 23, III) no prazo trindidiário estabelecido em lei; a inexecução gera mora e enseja penalidade, como bem caracterizada, agora, no texto codificado; isto é, a retenção indevida do imóvel atrai congruentemente o agravamento da responsabilidade por dano, estabelecida para o devedor em mora, até na forma do art. 399 do mesmo estatuto civil, inclusive por caso fortuito ou de força maior, afastado e suspenso, por isso, o princípio *res perit domino*.

3.8 Suspensão temporária da eficácia da denúncia do contrato de locação na hipótese inovadora do parágrafo único do art. 473 do CC de 2002

Ao disciplinar o direito potestativo da resilição unilateral dos contratos (que "resilir" é "ir à ré" – isto é, não deriva de inadimplemento da outra parte, mas da livre manifestação de vontade) no *caput* do art. 473, o CC de 2002 deu seqüência inovadora relevantíssima no parágrafo único, *verbis*: "Se, porém, dada a natureza do contrato, uma das partes houver feito investimentos consideráveis para a sua execução, a denúncia unilateral só produzirá efeito depois de transcorrido prazo compatível com a natureza e o vulto dos investimentos". Ver-se-á que a norma de suspensão é bivalente, aplicando-se a proteção em favor da parte, seja o locador ou o locatário, que tenha despendido valores com os investimentos à execução do contrato.

Se presente a casuística fática descrita em norma de ordem pública, de ter o locatário feito no imóvel objeto da locação investimentos consideráveis para a execução do contrato, dentro do regime da Lei Locatícia, a denúncia unilateral pelo locador (quando autorizada for), enquadrável no texto codificado, sujeita-se à suspensão temporária da sua eficácia, para que só produza efeito contra o notificado depois de transcorrido prazo compatível com a natureza e vulto dos investimentos do locatário, com todas as conseqüências de direito, inclusive no plano jurisdicional.

Reciprocamente, se os investimentos imobiliários consideráveis houverem sido feitos pelo locador para execução do contrato de construção por encomenda, com edificação ajustada sob medida e por indicação do locatário do gênero e perfil econômico mercadológico aziendarista do *built to suit* (contrato em que será "construído para servir"), é evidente que eventual resilição precipitada, pelo locatário, da locação contratada, sob condição suspensiva ou não, não pode implicar prejuízo ao locador, seja na fase prévia de edificação, seja depois da efetiva posse de fruição; hipótese em que não estaria afastada a suspensão temporária da eficácia da denúncia do contrato de locação pelo locatário – solução de continuidade eqüitativa, esta, que se sobrepõe ao privilégio genérico que o art. 4º da Lei 8.245/1991 concede ao locatário, de pagar somente a multa pactuada.

4

Vênia Conjugal

4.1 Vênia conjugal para locação aprazada por 10 anos ou mais. 4.2 A aplicação da vênia conjugal a todas as espécies de locação atua nos dois pólos da relação locatícia. 4.3 Vênia conjugal e as razões do instituto. 4.4 A omissão da vênia não desobriga os contratantes infratores. 4.5 Sentido da expressão "vênia conjugal" e sua dispensa para os casados em regime de separação absoluta de bens. 4.6 Vênia conjugal nos contratos de prazo menor. 4.7 Vênia conjugal em fiança locatícia.

4.1 Vênia conjugal para locação aprazada por 10 anos ou mais

A disposição da última parte do art. 2º da revogada Lei 6.649/1979, que introduziu inovação ao direito tradicional (art. 1.200 do CC de 191916) ao fazer depender de vênia conjugal – ou seja, de consentimento conjunto do casal (casamento civil; ou religioso com efeito civil – art. 1.515 do CC de 2002) – o contrato de locação que viesse a ser ajustado após a entrada em vigor da Lei 6.649, de 16.5.1979, por prazo determinado, de 10 anos ou mais, enseja análise por vários ângulos, visto como vem reproduzida no art. 3º da lei atual (Lei 8.245/1991), com um parágrafo único acrescido, de cunho esclarecedor e de sanção da norma: "Ausente a vênia conjugal, o cônjuge não estará obrigado a observar o prazo excedente". Ou seja, a violação não implica nulidade, mas ineficácia relativa, parcial – isto é, só no que exceder aquele prazo –, cabendo aos interessados, que são o cônjuge não-anuente ou seus herdeiros oponentes, argüi-la, do lado do locador ou do locatário.

4.2 A aplicação da vênia conjugal a todas as espécies de locação atua nos dois pólos da relação locatícia

Cumpre considerar que a exigência de vênia conjugal deve ser entendida para locação de imóvel de qualquer natureza, residencial ou não.

E atua nos dois pólos da relação jurídica, atingindo o locador e o locatário que sejam casados, isto é, pessoas físicas como sujeitos da relação locatícia (e não pessoas jurídicas com representantes legais casados); e desde que já casados ao tempo do ajuste do prazo supradecenal.

A exigência de consentimento conjugal é restrita e não tem razão de ser em contratos de prazo menor sucessivamente ajustados que acabem produzindo total de tempo superior a 10 anos. Da mesma forma não incide a dependência venial para a prorrogação *ex lege* que conduza contratação de prazo menor à somatória de prazo superior a 10 anos. A condição, por ser de índole restritiva, só prevalece para contrato em que as partes queiram fixar prazo determinado igual ou superior a 10 anos, de uma vez, num só ato jurídico, originariamente.

4.3 Vênia conjugal e as razões do instituto

Uma das razões práticas da instituição do requisito da anuência do cônjuge do locador ou do locatário, homem ou mulher, que havia definhado na vigência da Lei 6.649/1979, com a extinção da denúncia vazia residencial, está revigorada com o retorno da denúncia vazia na Lei 8.245/1991. A exigência foi introduzida na tramitação do projeto nas Casas Legislativas do Congresso dentro do esquema legal que mantinha o poder de denúncia vazia para imóveis residenciais. As locações de longa duração (como foram caracterizadas as de prazo igual ou superior a 10 anos), por se constituírem em casos excepcionais e gravosos, principalmente para o locador – porque durante o prazo estipulado para a duração do contrato não pode o locador reaver o prédio locado (art. 4º, primeira parte) –, reclamavam, com mais veemência, maior formalismo, consubstanciado na co-participação conjugal. De todo modo, prevalece a razão superior que inspirou a necessidade de vênia conjugal: é natural que, visando a lei a resguardar também os interesses da parte locadora, fizesse depender a eficácia ou validade do prazo supradecenal para o cônjuge à sua vênia expressa, pois em caso de morte do locador, transferindo-se a locação a terceiros, ao cônjuge sobrevivente e/ou herdeiros (art. 10) transmitir-se-lhes-iam as restrições atinentes ao emprazamento.

4.4 A omissão da vênia não desobriga os contratantes infratores

Agora a lógica é de lei expressa (art. 3º, parágrafo único).

A invalidade ou ineficácia por omissão de vênia conjugal não diz respeito às partes que hajam firmado o contrato de locação, pelo qual ficam obrigadas mesmo sem observância do mandamento legal, senão a terceiros: o próprio cônjuge que não foi chamado a emitir sua anuência e herdeiros, se e quando assumirem a posição de sucessores dos direitos e obrigações contratuais, estarão exonerados de observar o prazo excedente não anuído, com todo o cortejo de conseqüências jurídicas em potencial decorrentes.

Mas as circunstâncias de cada caso hão de ser consideradas. A omissão é suscetível de ocorrer de um só dos lados ou de ambos; mas desde que ou enquanto não ferir direitos concretos de terceiros afigura-se irrelevante. Ademais, a violação não contamina a integridade do contrato de locação, não o descaracteriza, nem altera os direitos e deveres das partes principais e coobrigadas, mas, sim, unicamente, fere a cláusula estipuladora do prazo, assim mesmo no que exceder do decênio, porque a lei só faz depender de vênia conjugal a validade do prazo no que for superior a 10 anos. Quer isto dizer, por exemplo, que um contrato de locação com prazo de 12 anos firmado com violação ao art. 3º vale perfeitamente em tudo e para todos, exceto quanto ao próprio prazo parcial que ultrapassar o limite de dispensa da vênia conjugal.

Do lado do locatário o dispositivo teve em conta sua obrigação de pagar multa em caso de devolução do prédio antes do vencimento do prazo estipulado (art. 4º). Essa responsabilidade só obriga, todavia, os sucessores se tiver havido vênia conjugal, pois quanto aos contratantes infratores não lhes cabe invocar a própria infração para se eximirem. No caso de morte do locatário, ou de separação judicial ou divórcio, a lei assegura ao cônjuge sobrevivente ou herdeiros e dependentes que habitem no prédio – arts. 11 e 12 – o direito de continuidade da locação, mas com as obrigações correspondentes ao prazo determinado, inclusive pelo tempo que exceder de 10 anos, desde que tenha havido oportuna vênia conjugal do seu lado.

Se a violação da vênia conjugal ocorrer do lado do cônjuge locador, não poderá este, num contrato de 15 anos, alegar ao final de 10 anos a invalidade da cláusula e promover retomada (por denúncia), desprezando o tempo restante. Para o locador que omitiu a vênia do seu cônjuge aplica-se a proibição de retomar o prédio alugado antes do vencimento do prazo estipulado – no exemplo configurado, antes do término do 15º ano (art. 4º). Só pode invocar ineficácia o cônjuge do locador falecido se não participou da violação, aliás caracterizada justamente por preterição da sua vênia; e logo que decorridos 10 anos assiste-lhe opor-se e promover a retomada que possa caber, isto é, sem se sujeitar a aguardar o escoamento dos anos excedentes.

A exigência de vênia conjugal para contrato de locação de prazo superior a 10 anos não transforma o cônjuge anuente em co-locador, ou co-locatário, se não for por sê-lo conaturalmente. A vênia, que é licença convencionada por lei a ser emprestada pelo cônjuge da parte contratante, funda-se noutra causa e produz efeitos específicos e limitados. De regra, como o marido é o cabeça-do-casal e tem a administração dos bens e interesses da sociedade conjugal, a ele cabe habitualmente assumir a posição de locador ou de locatário, embora pudesse participar a mulher diretamente a seu lado, não só para dar vênia, mas para assumir a posição de co-locadora ou co-locatária. Por isso às vezes há coincidência e absorção de posições do cônjuge como parte. Nesse caso, se já é parte, supérflua a simples vênia. Enfim, se há vênia, de lógica é porque o cônjuge anuente não figura como parte na relação locatícia, e como tal não pode demandar nem ser demandado diretamente em ação relacionada com a locação. Mas é assegurado ao cônjuge que seja chamado a conceder vênia em contrato de locação, como terceiro com interesse jurídico, o direito de intervir, por exemplo, nos processos que visem a rescindir a locação, na qualidade de assistente (art. 50 do CPC), ainda que a Lei de Locações não tenha expressamente previsto a hipótese.

4.5 Sentido da expressão "vênia conjugal" e sua dispensa para os casados em regime de separação absoluta de bens

Deliberadamente a lei optou pela utilização da expressão "vênia conjugal", por ser de compreensão mais abrangente que "outorga uxória" ou "consentimento marital", incluindo estes dois limitados conceitos ou, ao menos, não excluindo qualquer deles, trate-se de casamento civil ou religioso com efeitos civis (arts. 1.515 e 1.516 do CC de 2002). Basta atentar para o sentido de gênero neutro que os arts. 11 e 12 emprestam ao vocábulo "cônjuge" para se ver a cuidadosa técnica empregada pelo legislador na adoção da expressão "vênia conjugal". E a casuística jurídica imensurável presente e futura abre possibilidade de exemplos de posições de locador e locatário nem sempre e necessariamente ocupáveis pelo cônjuge varão.

Na esteira da Lei 6.649/1979, cujo art. 2º introduziu o instituto da obrigatoriedade da vênia conjugal no direito locatício na vigência do regime de casamento do Código Civil de 1916, o art. 3º da Lei 8.245/1991, fazendo depender também de vênia conjugal o contrato de locação de prazo igual ou superior a 10 anos, ainda inspirava-se no regime de bens do casamento do antigo Código Civil, então em vigor, segundo o qual em qualquer deles, sem exceção, inclusive no da separação, era indispensável para alienação imobiliária a outorga conjugal (art. 276 do CC de 1916). Daí, por extensão, o direito locacional ter adotado o instituto cautelar da vênia conjugal para as locações de longuíssimo prazo de duração.

Sucede que, a partir da vigência do art. 1.647 do CC de 2002, nenhum dos cônjuges pode, sem autorização do outro, *exceto no regime da separação absoluta*, alienar ou gravar de ônus real os bens imóveis. Institui-se, inovadoramente, a partir da vigência do art. 1.687 do CC de 2002, a liberdade plena a cada cônjuge, sozinho, no específico regime de separação absoluta de bens, de alienar, gerir, locar – enfim, praticar administração exclusiva e livremente dos bens imóveis do seu distinto e separado patrimônio; por isso mesmo, até sem necessidade de participação do outro cônjuge, que nem sequer é cogitado para ser nomeado inventariante dos bens do cônjuge falecido, como se infere do texto do art. 990, I, do CPC.

Por todo o exposto, já não se aplica a disciplina do art. 3º e do seu parágrafo único da Lei 8.245/1991, da vênia conjugal para locação de imóvel, embora direito pessoal, aprazada de 10 anos ou mais, em que um dos cônjuges casados no regime de separação absoluta de bens figure como locador ou locatário.

4.6 Vênia conjugal nos contratos de prazo menor

A exigência de vênia conjugal para os contratos de prazo igual ou superior a 10 anos não implica necessariamente a ilação de ser dispensável ou vedada a vênia conjugal em contratos de prazos menores, porque o art. 3º não revoga disposição alguma da lei específica sobre comunhão, administração, nem impede que lei estranha à locação disponha no sentido da exigência, como não obsta à vontade das partes de se inserirem na relação jurídica em termos de solidariedade.

Sobretudo entre locadores pode haver interesse de participação efetiva dos cônjuges na relação jurídica. Registre-se que o art. 10 da Lei 8.245/1991 mantém na essência o que dispõe o art. 577 do CC de 2002 (art. 1.198 do CC de 1916) quanto ao pólo do locador, de modo que, morrendo este, transfere-se a locação aos seus herdeiros, e morrendo o locatário opera-se sub-rogação (art. 11, I e II, da Lei 8.245/1991). É típica hipótese em que pode haver interesse lícito na participação de ambos na relação locatícia em solidariedade ativa, e com isso impedir que a locação, em caso de morte de qualquer deles, se transmita aos herdeiros, mas continue com o cônjuge supérstite co-locador. Idem para os mesmos objetivos em caso de divórcio ou separação judicial dos cônjuges locadores, caso omisso nas Leis 6.649/1979 e 8.245/1991; aí, não basta a simples vênia, mas sim a intervenção e assinação como co-locador.

A doutrina mostra as várias situações do cônjuge em relação ao contrato de locação: (a) de co-locatário, assinando ambos nessa qualidade – caso, aliás, em que se entende que são solidários, se o contrário não se estipulou; (b) de responsável como coobrigado, ou comunheiro na dívida, sem se inserir na relação jurídica da locação; (c) de terceiro alheio à locação e à dívida. Segundo Pontes de Miranda, a regra é que só se dispensa a declaração de vontade do outro cônjuge quando a eficácia só atinge o declarante ou cabe, inteiramente, nos poderes de administração, não tendo havido, na feitura, atribuição de direitos, especialmente à mulher.[1]

4.7 Vênia conjugal em fiança locatícia

O art. 37, II, da Lei 8.245/1991 arrola a fiança locatícia, isto é, a fiança civil prestada em contrato de locação, como uma das modalidades de garantia previstas para locação imobiliária; mas a Lei de Locações não disciplina esse instituto. E quanto ao trato da vênia conjugal, por conseqüência, limita-se o diploma locacional à sua regência para as partes do contrato de locação, e não para seus fiadores – matéria própria do Código Civil (arts. 1.642, IV, 1.647, III, e 1.650).

Sobre o tema, veja-se item 38.3, *infra*: "Outros Temas sobre Fiança Locatícia: Vênia Conjugal, Nulidade e a Evolução da Súmula 332 do STJ".

1. Pontes de Miranda, *Tratado de Direito Privado*, t. XL, § 4.363, ns. 4 r 5.

5

Implicações da Solidariedade nas Locações de Pluralidade de Locadores ou de Locatários

5.1 O pressuposto da solidariedade é a pluralidade subjetiva; mas esta não conduz necessariamente àquela. 5.2 Considerações prévias sobre a solidariedade. 5.3 Repercussões processuais da solidariedade. 5.4 Questões que a solidariedade suscita.

5.1 O pressuposto da solidariedade é a pluralidade subjetiva; mas esta não conduz necessariamente àquela

O § 5º do art. 1º da revogada Lei 6.649/1979 dispunha que: "Havendo mais de um locador ou mais de um locatário, entende-se que são solidários, se o contrário não se estipulou". O art. 2º da Lei 8.245/1991 repete aquele texto claro e definitivo, que dá ensejo a várias considerações.

A regra é nova no direito locacional, remontando sua origem à idéia lançada no Anteprojeto do Código Civil, art. 568, na seção sobre locação de prédios urbanos, onde era dito: "Havendo mais de um locatário, entende-se que são solidários, se o contrário não se estipulou". O Código Civil de 2002 não incorporou a inovação, o que veio de suceder com a Lei 6.649/1979 e com a Lei 8.245/1991, art. 2º, extensiva aos locadores; tema presente apenas nas regras gerais sobre obrigações solidárias no CC de 2002, arts. 264 a 285.

Constitui-se numa das mais úteis quão complexas novidades.

A solidariedade encerra duas ordens de relações jurídicas: uma externa, dos solidários com a outra parte; uma interna, dos próprios solidários entre si.

O art. 265 do vigente CC fixa critério de que: "A solidariedade não se presume; resulta da lei ou da vontade das partes". E não se presume da simples pluralidade de sujeitos, conforme Carvalho Santos, porque a solidariedade constitui exceção às obrigações conjuntas, derrogando o direito comum, agravando a situação do devedor, que passa a responder até pela culpa do co-devedor.[1] Mostra ainda o abalizado autor que, tratando-se de obrigação única, existe uma conseqüente *unidade* de prestação, de forma que da integralidade da obrigação decorre que *cada devedor é obrigado* pela *dívida* toda, e *cada credor tem direito* a ela toda.[2]

Não pertence ao ramo da solidariedade *legal*, mas sim ao da *voluntária*, a solidariedade prevista na Lei de Locações.

A solidariedade na relação locacional situa-se antes e acima de tudo no plano do Direito e da obrigação/responsabilidade pecuniária, e menos no plano da posse ou fruição do uso do imóvel pelos locatários solidários: uns podem ter a posse, outros não, inclusive nenhum, se houver sublocação total.

Ao dizer o art. 2º da Lei 8.245/1991 que "entende-se que são solidários, se o contrário não se estipulou", não se afasta a lei especial do critério tradicional do Código Civil de que a solidariedade não se presume. No caso, ela resulta da *vontade das partes* contratantes manifestada inequivocamente quando para uma mesma locação haja mais de um locador ou mais de um locatário, "se o contrário não se estipulou". O normal numa contratação de locação de imóvel em que haja pluralidade de sujeitos, quer na qualidade de locador ou na de locatário, é que sejam solidários, pois decorre de lei (parágrafo único do art. 264 do CC de 2002) que "há solidariedade, quando na mesma obrigação concorre mais de um credor, ou mais de um devedor, cada um com direito, ou obrigado à dívida toda". O anormal e extraordinário seria aquela concorrência de mais de um locador ou de mais de um locatário numa mesma locação, com aparência natural de solidariedade, mas em que não quisessem os contratantes sujeitar-se aos efeitos jurídicos da solidariedade transparente: aí, sim, haveriam de expressamente estipular o repúdio à ordem natural das coisas, clausulando a manifestação de vontade excepcional que arrede a solidariedade.

Na ressalva da parte final do art. 2º – "se o contrário não se estipulou" – descortina-se amplo campo de alternativas pela adoção da expressão "o contrário". Pode subentender-se, aí, o estrito sentido de "se o oposto *[à solidariedade]* não se estipulou"; ou, com mais racionalidade, em sentido lato de "se diferentemente *[da solidariedade]* não se estipulou".

Não cabe, aqui, abrir o leque casuístico das possibilidades de que disponham os contratantes: acenamos só com a idéia mais próxima à

1. Carvalho Santos, *Código Civil Brasileiro Anotado*, vol. XI, p. 179.
2. Idem, p. 184.

solidariedade, que é a das obrigações divisíveis ou indivisíveis dos arts. 257 a 263 do CC de 2002 em caso de locação com pluralidade de locadores ou de locatários.

A bem dizer, para fazer justiça à inovação contida no texto em exame, supriu uma lacuna da regência locacional. Nessa matéria, em que se surpreendem efeitos jurídicos insuspeitados a cada dobrada, é bom que a lei preveja ou proveja soluções adequadas.

Um exemplo ilustrativo de efeitos jurídicos que podem decorrer de uma situação ou de outra numa locação de pluralidade de sujeitos: se três pessoas tomam um imóvel residencial como locatários expressamente não-solidários, o contrato deverá estabelecer se cada um responde só pela sua quota-parte junto ao locador, e não fica obrigado pela dívida toda, ou se apenas um fica constituído obrigado universal pela locação frente ao senhorio, sem que os demais se reputem intrusos nem sublocatários, mas locatários com obrigações autônomas ou reduzidas. É tão anômala a hipótese, que há de ficar perfeitamente descrita a situação e caracterizada a vontade dos contratantes, sob pena de se entender que assumiram os locatários direitos e obrigações solidárias. Quando se fala em "direitos solidários" dos locatários não se está mais que ressaltando o óbvio: sendo o contrato de locação bilateral (contendo direitos e obrigações recíprocas), o locatário é beneficiário das obrigações que o contrato e a lei incumbem ao locador, e vice-versa.

5.2 Considerações prévias sobre a solidariedade

A solidariedade no pólo do locador pode ser considerada, no tocante ao direito de receber o aluguel, como ativa, e ocorre quando existem vários locadores na posição de credores de uma mesma obrigação. Forma-se uma relação de direito entre eles em que cada qual, perante os demais, é credor apenas de uma parte, mas perante o devedor comum representa todos para receber o crédito ou assegurar sua solução, por inteiro (art. 267 do CC de 2002). O mesmo direito que assiste a cada credor de exigir a solução do débito também tem o devedor de pagar a qualquer deles, à sua escolha – como ensina Carvalho Santos ao comentar o texto que corresponde ao atual art. 268 do CC. Esse direito do devedor subsiste, limitado, todavia, até que um dos credores exerça o direito de cobrar a quantia devida, judicialmente. Aí cessa a faculdade de escolha do devedor: só poderá pagar ao credor que o tenha acionado, em favor de quem milita a prevenção, com restrição da atividade dos demais credores. Pagamento a outrem nessa altura é ineficaz, exceto quanto à parte daquele a quem pagou ou dos que se aproveitaram, ou ainda se o pagante, desconhecendo a ação de um, por não citado, pagou a outro não-acionante.

A conseqüência do pagamento do locativo ou da dívida a um dos co-locadores solidários é sua extinção, como decorre do art. 269. O dispositivo significa que o pagamento feito a um dos credores solidários extingue *inteiramente* a dívida, isto é, no sentido de que não pode ser oferecido pagamento de parte – o que, por outro lado, não impede que o credor exija ou receba de um ou alguns dos devedores solidários parcialmente a dívida comum, caso em que os demais devedores continuam obrigados solidariamente pelo resto (art. 275).

Ao alegar pagamento a credor solidário, caberá ao pagante provar a solidariedade, sob pena de incidir na máxima de que "quem paga mal paga duas vezes". Do lado do credor solidário, para poder exigir pagamento e obrigar o devedor, terá de provar sua qualidade. Para ambas as partes, enfim, e na prática, o problema da prova da solidariedade entre pluralidade de locadores ou pluralidade de locatários é de fácil solução, pois se encontra no próprio contrato escrito de locação.

5.3 Repercussões processuais da solidariedade

Podem apresentar-se situações casuísticas as mais variadas à luz dos dispositivos do Código Civil sobre solidariedade e da lei especial.

Se algum co-locatário solidário satisfaz a dívida por inteiro – ou seja, pelos demais –, sub-roga-se no crédito para exigir de cada um dos co-devedores a sua quota (art. 283), podendo exercitar as vias comuns de ressarcimento e até a via executiva para reembolso, que pelo título extrajudicial (contrato escrito de locação – art. 585, V, do CPC) cabia ao credor originário. É evidente que ao pagante não se abre a via da ação de despejo contra os demais co-locatários, porque a sub-rogação é no crédito, e não na titularidade da locação; vale dizer, a qualidade do locador não se transfere a ninguém, muito menos ao co-locatário. Só o locador é legitimado para reaver imóvel alugado através de ação de despejo (art. 5º da Lei 8.245/1991), inclusive por falta de pagamento dos aluguéis.

O fato de cada co-locatário solidário responder pela dívida toda dá margem à interpretação ampliativa equivocada de ser prescindível a citação de todos em ação de despejo. Solidariedade induz litisconsórcio. A solidariedade litisconsorcial passiva observada pelo autor-credor no processo de conhecimento estende-se às eventuais fases de liquidação e de cumprimento da sentença (que são prosseguimento da fase cognitiva), conforme os arts. 475-A e 475-I do CPC.

Quanto à ação de despejo movida pelo locador, seja por mora ou qualquer infração legal ou contratual, seja por denúncia da locação, deve ser proposta contra todos os co-locatários. O efeito da sentença que declara rescindida a locação e decreta o despejo alcança a todos; inclusive fiadores, que ficam exonerados para o futuro, pela extinção da relação locatícia afiançada. Essa afirmação está de acordo com a doutrina mais rigorosa, que remonta a Chiovenda, pois tal sentença implica desconstituição, rescisão da relação locatícia, e é sabido que todos os que participam da formação da relação jurídica de direito material, do contrato, devem participar do seu desfazimento, de sua extinção, do distrato.

Apresenta-se aí caso típico de litisconsórcio necessário, porque todos os co-locatários solidários são obrigados e respondem por inteiro, em razão da natureza da relação jurídica estabelecida pela locação solidária, com o correspondente direito de cumprirem a obrigação ainda que sob os efeitos da mora, podendo exercitar, conforme o caso, essa faculdade legal de emenda para evitar a rescisão contratual e conseqüentes danos por que devam responder.

Ao juiz apresenta-se configurada hipótese de decisão da lide de modo uniforme para todas as partes contratantes solidárias, ficando a eficácia da sentença na dependência da citação de todos os litisconsortes no processo. A regra do art. 47 do CPC é de ordem pública e se sobrepõe, à evidência clara, ao direito particular de natureza material, assegurado ao credor no art. 275 do CC, de exigir de um ou alguns a dívida comum. Uma coisa é reclamar pagamento de um; outra, obter o despejo de todos; lá, por premissa conserva-se o vínculo, aqui, busca-se a ruptura da relação locatícia, para todos os contratantes.

Se o locador não tomar a iniciativa, o juiz impor-lhe-á submissão ao litisconsórcio (parágrafo único do art. 47 do CPC), sob pena de declarar extinto o processo. Se o juiz for quem dispensou a formação do litisconsórcio necessário, deixando de fora da lide algum ou alguns locatários solidários, a sentença não terá eficácia para os ausentes da relação processual, não fazendo coisa julgada com referência a eles, que não podem ser prejudicados (art. 472 do CPC). E por isso não pode ser executada contra os terceiros. Estes, não tendo sido partes no processo, podem opor embargos de terceiro, que são ação mandamental, por turbação na posse, nos termos do art. 1.046 do CPC, ou ainda podem socorrer-se de mandado de segurança por violação do direito líquido e certo de serem citados na causa para requererem purgação da mora ou se defenderem regularmente, e também podem recorrer como terceiros prejudicados (art. 499 do CPC), pugnando pela manutenção da relação locatícia e a posse pacífica do imóvel locado.

Na ação de cobrança do débito o que se passa é diferente, pois a sentença é de efeitos limitados, mantida a relação locatícia com posse. Não desponta a cogência do art. 47 do CPC, do que resulta poder o credor exercer o direito de escolha do art. 275 do CC. Ao devedor solidário acionado em simples cobrança assiste o direito, também menor, de promover um litisconsórcio coacto, valendo-se da faculdade de chamamento (ao processo de conhecimento ou de execução) de todos (de "todos", note-se) os devedores solidários quando o credor exigir de um ou alguns deles, parcial ou totalmente, a dívida comum, nos expressos termos do inciso III do art. 77 do CPC. Todos, aliás, podem intervir conjuntamente em litisconsórcio facultativo, nos termos do art. 46 do CPC, independentemente de citação.

Se houver ação de consignação em pagamento conexa com ação de despejo por falta de pagamento, impõe-se a formação do litisconsórcio nesta última entre os locatários solidários, ante a possibilidade de ser decretado o despejo, com ruptura do vínculo, que a todos visa a alcançar.

O que se falou sobre ação de despejo por falta de pagamento aplica-se, quanto à inarredabilidade do litisconsórcio entre todos os co-locatários solidários, à ação de despejo por qualquer outro fundamento. No caso de retomada por denúncia cheia, motivada, por duas razões: a sentença de despejo haverá de produzir efeitos entre todos os locatários, seja para a expulsão do prédio retomado, seja para fins inversos, de cobrança de multa por desvio de uso. Esse direito é assegurado a qualquer dos locatários solidários, contra qualquer dos locadores solidários. Mas, se algum locatário ficar marginalizado pelo locador (ou locadores), na ação de despejo, poderia ele exercitar o direito emergente como "prejudicado" (terceiro prejudicado), se não integrou a relação processual principal de onde emerge o preceito. Ou seja, se a sentença não produz eficácia de coisa julgada senão entre as partes entre as quais é dada, mas prejudicando terceiros (art. 472 do CPC), pode o locatário (na hipótese, credor da multa) cobrar da parte que o prejudicou em ação própria (do autor da ação de despejo). Essa dificuldade ficou resolvida pelo parágrafo único do art. 44 da Lei 8.245/1991, assegurado agora ao "prejudicado" reclamar a multa em processo próprio, e não nos autos da ação de despejo. Quer dizer, ainda que o locador exclua da ação de despejo quem deveria integrar a lide, não exclui os direitos do prejudicado, que pode agir autonomamente em processo próprio contra o retomante.

Rectius, para exceção de retenção por benfeitorias, máxime, por exemplo, se precisamente o locatário que as fez, expressa e previamente autorizado pelo locador, foi aquele não incluído na ação de despejo.

O raciocínio conduz ao litisconsórcio necessário evidente dos locatários no pólo passivo em toda e qualquer ação de despejo.

E várias outras razões concorrem ao reforço do entendimento, como se verá em prosseguimento.

Argumento lógico confirmatório do ponto de vista ora sustentado – da indispensabilidade do litisconsórcio passivo entre todos os co-locatários solidários em ação de despejo, seja qual for o fundamento do término do contrato – vem oferecido pela própria lei, no § 2º do art. 59. Aí é mandamentalmente imposto que: além de se citar o locatário (*rectius*, os locatários, se mais de um houver), dar-se-á ciência do pedido aos sublocatários, que poderão intervir no processo, como assistentes do réu. Cria a lei para o sublocatário a figura processual da *assistência coacta*, uma vez que: "Verifica-se a assistência litisconsorcial, também rotulada de qualificada, quando o direito em litígio, sendo também do assistente, dá a este legitimação para discuti-lo sozinho ou em litisconsórcio com outros seus co-titulares. Ou, ainda, quando esse direito está sendo discutido por um substituto processual" (STJ, 4ª Turma, REsp 26.845-3-RJ, rel. Min. Sálvio de Figueiredo Teixeira, *DJU* 5.12.1994).

Não bastasse o primeiro mandamento, genérico, de citação de quem seja locatário e, portanto, de quem deva ser parte principal no processo, para se submeter aos efeitos do julgado, a integração à lide de quantos sejam locatários solidários haveria de fazer-se ao menos por eqüidade. É que a lei assegura intervenção no processo de despejo até a quem (sublocatário) figura em plano jurídico inferior na relação locatícia, na qualidade de terceiro com interesse juridicamente protegido, na posição de assistente (e assistente litisconsorcial do locatário, como se depreende do conceito inserto no art. 54 da lei processual em combinação precisa com o disposto no art. 15 da Lei 8.245/1991).

A situação dos locatários, sendo *principal* no contrato de locação em relação à dos sublocatários, que é acessória ou secundária, não pode ter tratamento sequer igual, quanto mais inferior. E a solidariedade de direito material não foi instituída para prejudicar, senão para ajudar, confortar, apoiar, unir nos mesmos interesses (basta ver o significado do vocábulo) os solidarizantes entre si, para aumentar a segurança do destinatário, que é o outro contratante (locador). Assim, não faz sentido de justiça que na projeção processual fique desnaturada ou transfigurada a idéia de origem da solidariedade.

A solidariedade *estabelece tão íntima ligação na mesma obrigação* – como afirmam Carvalho de Mendonça e Carvalho Santos – que realmente se forma uma só *unidade* de credor ou de devedor. Mas se na locação a posição do credor (locador) é por natureza de tal modo diversa que por vezes autoriza dispensar litisconsórcio no plano processual, com o devedor (locatário) sucede o oposto; e, pelos efeitos jurídicos inerentes à ação de despejo, com maioria de razão se há de ter em consideração aquela *unidade* que se constitui na mais importante característica do litisconsórcio necessário, que existe sempre, quando, por disposição de lei ou pela natureza da relação jurídica, o juiz tiver de decidir a lide de modo uniforme para todas as partes (art. 47 do CPC) – isto é, despejo para todos.

Até mesmo por espírito prático e por conveniência do locador-autor da ação de despejo, deve ele tomar a iniciativa técnica de incluir todos os locatários na relação jurídica processual, para não vir a ser surpreendido depois com alguma medida opositória da parte dos co-locatários solidários relegados que, por isso, se tornem terceiros interessados e prejudicados. Abrem-se-lhes várias vias.

A todos os co-locatários assiste o direito de defender a manutenção do contrato e a posse do imóvel locado. Cada excluído pode interpor recurso como terceiro prejudicado (art. 499, *caput* e § 1º, do CPC), tem legitimidade para propor ação rescisória da sentença (art. 487, II, do CPC) e pode opor-se à execução por embargos de terceiro (art. 1.046 do CPC).

A propósito da embargabilidade, o STF firmou jurisprudência no sentido de que, se quem tinha de ser parte não foi citado, terceiro é, enquanto não entra na relação jurídica processual; e Pontes de Miranda invoca essa orientação para lecionar que o que não figura na sentença e, tendo de ser citado, não o foi, de modo que deixou de ocorrer litisconsórcio necessário, é terceiro com legitimação para embargar, porque tal terceiro entra na classe dos que são excluídos da eficácia pela própria sentença.[3]

Estabelecer critérios rígidos para solucionar os problemas que a introdução do instituto da solidariedade no regime locacional venha a suscitar é impraticável; nem é fácil compor um sistema para enquadrar previamente a casuística imensurável que desponta.

Em princípio a solidariedade interna se estabelece entre pessoas situadas no mesmo plano jurídico (ou locadores ou locatários) – e é o que se infere do art. 2º da Lei 8.245/1991. Tal princípio sofre exceções, particularmente no pólo passivo (locatários), a exemplo dos terceiros

3. Pontes de Miranda, *Comentários ao Código de Processo Civil de 1973* (art. 1.046), pp. 21, 23 e 26-27.

coobrigados por garantia fidejussória (arts. 37 e 40), nos termos dos arts. 204, § 3º, 828, II, e 838 do CC e das estipulações contratuais.

Já o sublocatário não responde solidariamente ao locador, a não ser que expressamente assuma a posição especial de coobrigado solidário. A regra geral, oriunda do art. 1.202 do CC de 1916, para o sublocatário é a de não-estabelecimento de direitos nem obrigações entre ele e o locador, respondendo *subsidiariamente* no caso do art. 16.

As considerações expostas, entremeadas de alguma exemplificação, servem apenas ao escopo de demonstrar que a introdução solene em lei do instituto da solidariedade em ambos os pólos das relações locatícias, dando cobertura jurídica a uma situação de fato preexistente tão comum, abre caminhos novos que hão de ser percorridos pelo intérprete com certa segurança desde que recorra aos princípios, especialmente tenha presentes as regras pertinentes às obrigações solidárias. E na repercussão processual dos efeitos da solidariedade atente-se para as regras de direito processual atinentes à pluralidade subjetiva, eficácia da coisa julgada, interesse de terceiros etc.

5.4 Questões que a solidariedade suscita

Ao deparar com situações a resolver de locações com pluralidade de locadores e/ou de locatários, a primeira atitude prática de cautela será proceder à releitura da lei ou das disposições concernentes ao caso concreto mentalizando *no plural* as regras que se refiram no singular ao locador, ou locatário, conforme o caso, para tentar encontrar saída ou resposta jurídica equânime para o problema então aflorado.

Registram-se algumas questões suscitáveis.

Se vários forem os locatários, em locação sob regime de solidariedade, veja-se como resolver as situações deparáveis nos seguintes aspectos da Lei 8.245/1991, enumerados exemplificativamente:

(a) *Denúncia para pôr fim à locação por parte do locatário* – Um, alguns, ou todos os co-locatários solidários farão notificação ao locador para a denúncia abrigar a todos, uniformemente?

Há necessidade do consentimento de todos (art. 278 do CC), por implicar término da locação e, pois, da própria solidariedade. Uma vez denunciada eficazmente a locação pelos co-locatários solidários, ficam uniformemente obrigados a restituir o imóvel locado ao locador, sujeitando-se, se não o fizerem no prazo que eles próprios se fixarem, à ação de despejo por parte do locador ("por denúncia do locatário").

(b) *Consentimento prévio do locador para cessão de locação, sublocação e empréstimo do prédio* – Um, alguns ou todos os co-locadores hão de dar o consentimento?

No pólo dos locadores solidários (conceituados como credores solidários), qualquer deles tem o poder de dispor, inerente ao poder de administração implícito em cada condômino ou co-locador. É o suficiente, em princípio, para afastar a clandestinidade do ato, salvo se houver oposição expressa dos demais co-locadores solidários.

(c) *Denúncia da locação pelo locador* – Se a solidariedade for entre locadores, não basta seja feita por um, quando se tratar de denúncia cheia, porque o desvio de uso gera responsabilidade civil e até penal. Todos figurarão, até para coibir abusos – por exemplo: um co-locador ajuíza a ação e outro pratica o desvio de uso.

Se a solidariedade for entre os locatários, pelos mesmos efeitos de sujeição, a denúncia deve ser feita a todos os co-locatários solidários, pois implica término da relação de locação e da relação de solidariedade; o desatendimento enseja despejo com efeitos de sucumbência e submissão à força do julgado por parte de todos os locatários de locação indivisível; a qualquer deles também assistirá o direito de cobrar multa do locador retomante que desviar o prédio do fim indicado, ou de opor exceção de retenção por benfeitorias.

(d) *Transferência da locação aos herdeiros do locador por morte deste* – Este é o caso, de regra, que mais propicia obrigação solidária no pólo ativo. Mas no exemplo figurado representa-se uma hipótese em que já preexistia solidariedade de locadores que não seja de marido e mulher, e um dos co-locadores solidários vem a falecer. O art. 270 do CC prevê a hipótese e as soluções, conforme se trate de obrigação divisível ou indivisível. Surge logo a incidência das regras de direito de sucessão hereditária. Se os locadores forem proprietários, não só o direito de locação como também o domínio sobre o quinhão do falecido passam aos herdeiros, formando-se entre estes uma sub-solidariedade ativa. O direito aos alugueres (crédito, renda) diz respeito à obrigação de valor divisível; o direito de domínio sobre o imóvel locado, bem assim sobre a relação locatícia, não.

(e) *Continuação da locação, no caso de morte do locatário* – No pólo passivo é este o caso que mais propicia obrigação solidária, ao se referire aos herdeiros necessários e às pessoas que viviam na dependência econômica do locatário. Mas no exemplo projetado representa-se uma hipótese preexistente de solidariedade entre locatários. A questão é delicada. O próprio art. 11 assegura às pessoas enumeradas o direito de continuarem a locação, conforme seja locação residencial ou não-residencial. Entretanto, tem-se de atentar para o aspecto de planos de posicionamento dos sujeitos para apuração correta, justa e adequada da preferência na sucessão. Quer-se dizer que, morrendo um de vários co-locatários solidários, não se pode perder de vista o direito dos demais remanescentes. Terão estes preferência ou precedência em relação aos herdeiros e sucessores do falecido ? Em princípio sim, pois, como locatários remanescentes, preferem aos sucessores hereditários do co-locatário falecido, como preferem os sublocatários. Mas importa saber a natureza da locação, sua destinação e uso, para se adequar a solução. Exemplo: se locação não-residencial, de comércio (empresarial), os herdeiros sucedem o falecido na própria empresa, se assim estiver convencionado, e, então, não surge problema: é o espólio o sucessor no negócio. Se for uma locação residencial os problemas são outros: se três co-locatários solidários residem num apartamento de aluguel, mas falece um deles que era separado de fato de mulher e filhos, seria adequado virem viúva e filhos a residir no imóvel, excluindo os demais co-locatários da posse, ou com eles co-habitarem? Tudo depende das circunstâncias que às partes, e ao juiz, sucessivamente, cabe examinar.

O art. 12 sugere outra série de problemas da mesma ordem de complexidade. Ajunte-se a situação do art. 27 e §§ (preferência do locatário à aquisição do prédio locado), sendo vários os locatários em regime de solidariedade, se o direito é exercitável por todos (incluindo os sucessores do falecido co-locatário solidário), se pelos remanescentes em comunhão, ou isoladamente.

Tudo o que sinteticamente aqui se revelou de solidariedade em relação aos locatários estende-se, no que for cabível, aos sublocatários entre si, de vez que o art. 14 dispõe que se aplica à sublocação o disposto quanto à locação, no que couber.

6

Locação e Desapropriação

6.1 Desapropriação de imóvel em regime de locação. 6.2 Imissão de posse.

6.1 Desapropriação de imóvel em regime de locação

Depois de estabelecer a regra geral e absoluta no art. 5º de que, seja qual for o fundamento do término da relação de locação, a ação do locador para reaver a posse do prédio alugado é a de despejo, estatuiu o parágrafo único o que aparenta ser exceção mas que, em verdade, dá conseqüência ao enunciado de caráter absoluto, reafirmando-o. É dito ali: "O disposto neste artigo não se aplica se a locação termina em decorrência de desapropriação, com a imissão do expropriante na posse do imóvel". Antes de se efetivar a imissão do expropriante na posse, a ação de despejo em curso pode ter prosseguimento e não se suspende.

Se houve expropriação e imissão de posse, extingue-se, rompe-se de direito e de fato, a relação locatícia, pela retirada da coisa do domínio de disponibilidade privada para integrá-la à utilidade pública do Poder estatal, com o conseqüente afastamento *ex lege* da figura do locador. Com o desaparecimento do objeto e de ao menos um dos sujeitos da locação, extingue-se, por razão imperativa sobrepujante da vontade das partes, extraordinariamente, a relação jurídica locatícia correspondente.

O que pretende significar o texto ao excetuar que não se aplica o despejo no caso de desapropriação em que o expropriante já se imitiu é isso mesmo, exauriente, com todas as conseqüências.

Resta, a partir da declaração estatal da utilidade pública ou do interesse social, a solução indenizatória, cabível e discutível em via própria, por quem de direito, não cabendo ao locatário imiscuir-se na via da ação expropriatória movida pelo poder público ao proprietário locador.

6.2 Imissão de posse

O problema que no momento nos ocupa diz respeito à imissão de posse. Esta, na ação expropriatória, é *erga omnes*, exercida pelo expropriante (e não pelo locador, que já não tem ação), abrangendo o locatário e todos os ocupantes do prédio expropriado. Ora, se a relação de locação termina em decorrência de desapropriação, com imissão do expropriante na posse do prédio alugado, não há mais por que falar em ação de despejo, como ação do locador para *reaver* o imóvel. A ação de despejo é do locador, e só dele, não do expropriante. E, se este já se imitiu diretamente na posse – isto é, efetivamente expeliu o locatário ocupante –, não caberia contra este nem, por óbvio, contra o expropriante, qualquer ação de retomada por parte do ex-locador, eis que até por falta de objeto resta já sem legitimidade para agir, desde que operada e esgotada a expropriação. Salvo exceção raríssima de conceder o Poder expropriante, por alguma razão de seu interesse, continuidade precária da posse ao locatário, com fruição de rendimento ao locador (anticrese às avessas), extingue-se de imediato a relação locativa. O Poder expropriante não tem, de sua parte, legitimidade ativa para agir como autor por via de despejo, mas eventualmente como interveniente, porque não é locador, ainda que autorize a continuidade da posse com o ex-locatário, com ou sem pagamento de taxa de ocupação. Não se trata de aluguel no sentido de induzir locação, porque precária a posse – do que decorre estar finda a locação (que só existia entre locador e locatário) desde a assunção do domínio pelo Poder Público. Pode este servir-se da imissão de posse ou da ação de reintegração de posse, com ou sem possibilidade de medida liminar na reintegratória, conforme a duração da ocupação seja, ou não, de força nova.

Fica reafirmado o princípio do art. 5º da Lei 8.245/1991: ao locador só assiste o exercício da ação de despejo, e de nenhuma outra; como a quem não seja locador, salvo hipóteses extraordinárias de retomada previstas em lei, não se abre a via de despejo. Com a desapropriação não só se extingue, para locador e locatário entre si, a relação locatícia, como para o primeiro ocorre a perda da posse indireta, pela expropriação do domínio em favor do Poder Público. Dessa transferência de titularidade não nasce relação locatícia nova entre Poder Público e ocupante; de modo que este último não fica exposto à ação de despejo do ex-locador, que não mais tem esse título para reaver o imóvel alugado expropriado, e nem do Poder Público, mas se sujeita ao império deste com título dominial, mesmo precário, para ser demitido pelas vias próprias asseguradas ao expropriante.

7

Curso Ininterrupto de todas as Ações sobre Locação nas Férias Forenses (Art. 58, I, da Lei 8.245/1991; EC 45/2004)

7.1 Curso das ações de despejo. 7.2 Curso das ações renovatória e revisional. 7.3 Curso das ações consignatórias. 7.4 Atividade jurisdicional ininterrupta. Nada mudou com a extinção das férias forenses, que não se confundem com feriados, recessos locais ou suspensão de expediente.

7.1 Curso das ações de despejo

Eis um tema que sempre foi problemático, com soluções cíclicas, do sim ou do não.

A ação de despejo, por exemplo, de imóvel de qualquer natureza, antes da vigência do Código de Processo Civil de 1973, tinha seu curso normal nos períodos denominados de férias forenses; e os prazos processuais para as partes fluíam normalmente e não se suspendiam pela superveniência do recesso forense, se assim dispusesse a regência da respectiva lei de organização judiciária local, de cada Estado, ao regular as atividades e o recesso dos órgãos jurisdicionais, bem como as férias coletivas dos seus membros pessoas físicas.

Com a entrada em vigor do atual Código de Processo Civil, em janeiro/1974, surgiu o problema agudo logo no início das férias forenses, com a solução inversa, fundada nos arts. 173 e 174 do então novel diploma processual, no sentido de que ação de despejo de imóvel de qualquer natureza, qualquer que fosse seu fundamento, não tinha curso na férias forenses.

Na *RT* 461/284 foi publicado Estudo da Corregedoria-Geral da Justiça de São Paulo, no sentido de que para as ações de despejo voltarem a ter processamento novamente durante as férias e os feriados haveria de surgir dispositivo expresso em lei federal, porque a lei estadual não pode reduzir e muito menos ampliar o número de processos que por exceção podem correr nas férias.

Com o advento da Lei 6.649, em 1979, a situação não se alterou, mercê do disposto no art. 47, que autorizava aplicação subsidiária do direito comum e de disposições gerais do procedimento *ordinário* no que fosse omissa a lei especial – a qual, de fato, não disciplinara a matéria.

A paralisação temporária, duas vezes por ano, do curso de impressionante acervo de ações locatícias em todo o país, por conta de norma geral do Código de Processo Civil de 1973, tornou-se motivo de relevante preocupação do legislador federal; a tal ponto que, na elaboração da nova legislação especial sobre locação de imóveis, de fato a Lei 8.245/1991 dedicou espaço em capítulo aos procedimentos para coibir a solução de continuidade do fluxo jurisdicional. E o fez por via de exclusão explícita de incidência da norma processual codificada, ao regular diretamente, de forma diversa, a tramitação contínua das ações locatícias.

Assim, na vigência da atual Lei de Locações as dúvidas desapareceram, em razão do tom peremptório do inciso I do art. 58 da Lei 8.245/1991: "os processos tramitam durante as férias forenses e não se suspendem pela superveniência delas" – disciplina, esta, que expressamente alcança as ações de despejo, de consignação em pagamento de aluguel e acessórios da locação, revisionais de aluguel e renovatórias de locação (*caput* do mesmo art. 58).

Ou seja, o legislador especial "apostou" na eficácia da nova Lei Locatícia em grande medida com o restabelecimento do fluxo jurisdicional contínuo para os processos. Adotou o critério de eliminação ou segregação de dois fatores negativos ou paralisantes: efeito suspensivo aos recursos e férias forenses.

De pouco adiantaria a retirada em abstrato do efeito suspensivo se o processo sofresse retardamento em concreto na prática da prestação jurisdicional descontínua. Houve-se, pois, com coerência a nova Lei Locacional imobiliária ao conceber a regra de tramitação e não suspensão do curso das ações a ela subordinadas durante as "férias forenses".

Em que pese o fato de a Emenda Constitucional 45/2004 ter abolido as férias forenses (art. 93, XII, da CF de 1988), haja vista que a atividade jurisdicional deve ser ininterrupta, a presente análise ainda é útil, não só porque há regra legal – no caso, art. 58, I, da Lei 8.245/1991 – como pela possibilidade concreta de, *de lege ferenda*, ser reincorporado ao sistema o recesso forense.

7.2 Curso das ações renovatória e revisional

Quanto às ações renovatória da locação e revisonal do aluguel de imóveis não-residenciais, ao tempo em que eram ainda regidas pelo art. 35 da Lei de Luvas (o revogado Decreto 24.150/1934), mas já sob a vigência dos arts. 173 e 174, III, do CPC de 1973, lavrava maior controvérsia que em relação às ações de despejo de qualquer natureza.

Exemplo dessa então notória discrepância está presente em antigo mas esclarecedor caso julgado por maioria de votos pela 4ª Câmara do então 2º TACivSP (ACi 40.483, de 25.8.1976, de que foi relator, com voto vencedor e condutor, o Juiz Paulo Restiffe Neto); houve embargos infringentes, e por três votos contra dois foi mantida a tese que orientou o acórdão embargado (cf. *JTACivSP* 52/215), que concluiu pela prevalência da norma específica locatícia (art. 35 da Lei de Luvas) sobre a regra geral do Código de Processo Civil de 1973; isto é, entendeu-se correrem nas férias forenses, não se suspendendo pela superveniência delas, as ações renovatórias e revisionais de locação.

Mas foi o STF, no RE 94.304-8-SP, Pleno, de 29.10.1981, tendo como relator o Min. Moreira Alves, por votação unânime, que pacificou as controvérsias e uniformizou o entendimento (*DJU* 25, 5.2.1982, p. 443) no sentido de que as normas relativas à fluência dos prazos processuais nas férias forenses são normas de processo, e não de organização judiciária – o que implica dizer que a competência para elaborá-las é da União, conforme outro precedente da própria Corte Excelsa (RE 87.728, Plenário). E daí a prevalência óbvia da lei federal específica procedimental locatícia sobre qualquer regra federal geral de processo.

Foi a partir dessa definitiva orientação jurisprudencial, que serviu de estímulo ao legislador na elaboração da atual Lei especial de Locações, que se tornou explícita a norma do art. 58, I, da Lei 8.245/1991, que implantou o critério uniforme de tramitação, e não suspensão do curso de todos os processos especiais indicados, durante as férias forenses (ações de despejo; de consignação em pagamento de aluguel e acessórios da locação; revisionais de aluguel, de qualquer espécie; e renovatórias de locação), não constituindo óbice que tenham ou venham a ter rito ordinário, como sucede com a previsão do art. 59, *caput*, para a ação de despejo.

7.3 Curso das ações consignatórias

Com a inclusão, na lei atual, da ação consignatória de aluguel e acessórios da locação como espécie locatícia (art. 67) autônoma, com tipicidade peculiar, que a distingue da ação congênere tradicional do Código de Processo Civil (arts. 890 a 900), operou-se um fenômeno que chama a atenção do observador quanto ao tema "curso nas férias forenses".

A ação consignatória comum do Código de Processo Civil não corria nas férias forenses e era o meio comum utilizável "por empréstimo", antes da vigência da Lei 8.245/1991, para a consignação em pagamento de aluguel e acessórios da locação, inclusive para liberação mediante depósito em juízo das chaves do imóvel pelo locatário, em caso de recusa do recebimento pelo locador.

Ora, como, antes da lei atual, as ações de despejo por falta de pagamento e de consignação em pagamento não tinham curso nas *férias forenses*, havia perfeita sintonia entre ambas sob esse enfoque.

Todavia, não era simples assim quanto ao *efeito* dos recursos: suspensivo para a ação consignatória emprestada do diploma processual e apenas devolutivo para a ação de despejo por falta de pagamento. Essa distonia tornava complexa a solução do problema do efeito da apelação antes da Lei 8.245/1991 quando reunidas por conexão para processamento e julgamento conjunto de ambas em que fosse acolhida a ação de despejo e desacolhida a consignatória em pagamento, porque a primeira comportava execução provisória e a segunda não.

Aqui surgem as questões do efeito a ser adotado e a de direito intertemporal (art. 76 da Lei 8.245/1991).

A questão do efeito do recurso era solucionada com a prevalência do mais amplo (suspensivo) para ambas as ações, favorecendo o réu do despejo (autor da consignatória). Essa a solução também para o direito intertemporal (art. 76).

Retomemos o tema "férias forenses" após o advento da Lei 8.245/1991 para as ações propostas já na sua vigência. Operou-se inversão, mas em perfeita sintonia entre a ação de despejo por falta de pagamento e a de consignação de aluguel, ambas regidas pela mesma lei; ou seja, ambas tramitam nas férias forenses. Percebe-se que essa mudança só se tornou viável com a criação da consignatória locatícia específica, sob regência processual uniforme: curso nas férias forenses tal qual o despejo, compatível com a exclusão do efeito suspensivo dos recursos para ambas (art. 58, V).

O legislador conjugou com habilidade e conscientemente três fatores relevantes: criou a consignatória tipicamente locatícia; retirou o efeito suspensivo desta, uniformizando o tratamento dos recursos; e, coerentemente, excluiu do regime de suspensão do curso dos processos nas férias forenses todas as ações locatícias regidas pela Lei 8.245/1991.

7.4 Atividade jurisdicional ininterrupta. Nada mudou com a extinção das férias forenses, que não se confundem com feriados, recessos locais ou suspensão de expediente

Com o advento da Reforma Constitucional pela Emenda 45, de 31.12.2004 – como demonstram Nelson Nery Junior e Rosa Maria de Andrade Nery – ficaram abolidas as férias forenses coletivas que existiam nos juízos e tribunais, ante a nova redação dada ao art. 93, XII, da CF, nos seguintes termos: "a atividade jurisdicional será ininterrupta, sendo vedado férias coletivas nos juízos e tribunais (...)" – restando revogado o disposto na Lei Orgânica da Magistratura Nacional, art. 66, § 1º, que estabelecia regra de férias coletivas. Tais férias coletivas forenses não se confundem, todavia, com feriados ou recessos forenses locais, nem com suspensão de expediente.

De modo que, embora não alterado o texto legislativo referente, no art. 58, I, às "férias forenses", resta prejudicada essa alusão. Fato que, de resto, coincidentemente, confirma e ratifica a regra da continuidade ininterrupta do curso das ações locatícias indicadas no *caput* do aludido art. 58 da Lei 8.245/1991.

Não se confunde, ainda, o curso ininterrupto de todas as ações com o instituto processual da suspensão do processo, mesmo envolvendo relação locatícia, em face da disciplina comum do art. 180 do CPC. Tanto assim é que, na realidade, continua em tese vigente a antiga Súmula 173 do STF: "Em caso de obstáculo judicial admite-se a purga da mora, pelo locatário, além do prazo legal" – demonstrado em cada caso particular, pelo interessado, na oportunidade e pelo modo de exercício daquele direito.

8
Valor da Causa nas Ações Locatícias

8.1 Critério histórico: "renda anual do imóvel". 8.2 Sentido expungido do critério legal ("doze meses de aluguel") e seus efeitos (art. 58, III, da Lei 8.245/1991).

8.1 Critério histórico: "renda anual do imóvel"

Com o advento do Código de Processo Civil de 1973, que não trouxe disposição específica de atribuição de valor às ações de despejo mas estabeleceu, no art. 258, que a toda causa será atribuído um valor certo, ainda que não tenha conteúdo econômico imediato, surgiu o problema do valor da causa, de difícil solução para as ações de despejo dentro das disposições de regência dos arts. 259 e 260.

A solução legal supridora só ocorreria em definitivo em 1991, na atual Lei de Locações, art. 58, III: o valor da causa em quaisquer das ações locatícias arroladas no próprio texto corresponderá a 12 meses de aluguel ou, na hipótese do inciso II do art. 47 (retomada em decorrência de extinção do contrato de trabalho), a 3 salários mínimos vigentes por ocasião do ajuizamento.

Até então prevaleceu o costume cristalizado de se atribuir valor à causa em princípio conforme a velha tradição incorporada ao nosso Direito, pela *renda anual do imóvel* – critério, aliás, encontrável na segunda parte do art. 260 do CPC de 1973; sem falar que também quanto à ação consignatória de aluguel preexistia arraigada a orientação jurisprudencial enfeixada na Súmula 449 do STF: "O valor da causa, na consignatória de aluguel, corresponde a uma anuidade".

Portanto, até a edição da Lei 8.245/1991 a tendência que se generalizou, e firmou posição nos foros e tribunais, foi a do critério da renda anual, em cujo parâmetro louvou-se o legislador especial em 1991 para fixar a regra geral no texto do inciso III do art. 58 para todas as ações locatícias, exceto unicamente o caso especial de retomada do imóvel pelo locador-empregador, em razão de extinção do contrato de trabalho do seu locatário-empregado, quando a ocupação do imóvel esteja vinculada ao emprego (art. 47, II) – em que o valor da causa deve corresponder ao critério fixo de três salários mínimos vigentes por ocasião do ajuizamento da ação de retomada.

Enfim, não pode deixar de ser atribuído valor certo à causa (art. 258 do CPC).

Como também, por outro lado, pode ser impugnado o valor atribuído; a disciplina do incidente é a do art. 261 do CPC. E o parágrafo único desse dispositivo (art. 261) complementa que, não havendo impugnação, presume-se aceito o valor que tenha sido atribuído.

Ao juiz também cabe corrigenda e determinação de retificação/adequação das custas a eventual elevação de valor, mas desde que o faça na oportunidade de exame da inicial, e não depois, se não houver impugnação (preclusão) para o réu. Perdida a oportunidade, deve o Estado-juiz curvar-se à estabilização da lide. É aí que incide a *aceitação* do parágrafo único do art. 261 do CPC ("Não havendo impugnação, presume-se aceito o valor atribuído à causa na petição inicial").

8.2 Sentido expungido do critério legal ("doze meses de aluguel") e seus efeitos (art. 58, III, da Lei 8.245/1991)

Em primeiro lugar, o que fez a lei atual no inciso III do art. 58 não foi pouco, mas, sim, de grande valia para solucionar de vez a controvérsia principal que gerava insegurança para as partes e seus patronos e que levava a freqüentes incidentes de impugnação ao valor da causa. O legislador agiu bem, sob o influxo intuitivo do resíduo sedimentado ao longo de décadas da prática forense.

Em segundo lugar, visou o texto de consolidação a amenizar os padrões de custos de demandas locatícias que, por outros critérios praticados, oneravam excessivamente tanto o vencedor como o vencido – o que tornava a justiça locacional às vezes inacessível para uma grande parcela da população (locadores e locatários). Hipervalorização da causa produz efeitos desarrazoados.

Chega-se, finalmente, à particularidade das locuções "12 meses de aluguel" ou "renda anual", "prestação anual" ou, ainda, "anuidade" – variáveis sobre o mesmo tema, mas unívocas, de resto equivalentes em seus termos.

Embora menos literária, a redação do inciso III (art. 58) é mais elucidativa do que nela o legislador pretendeu expressar: estritamente a soma das quantias do aluguel, sem inclusão, no cálculo, dos encargos ou acessórios da locação, como taxas, impostos, despesas condominiais da responsabilidade do locatário.

Enfim, é o valor originário do aluguel (renda bruta), com abstração da parcela de imposto de renda descontável eventualmente na fonte ou por outro meio de arrecadação tributária.

Essa interpretação de sentido estrito é a que melhor exprime a *voluntas legis* para o efeito de atribuição de valor à causa, porque servirá de base para a tributação de custas judiciais e como parâmetro cogitável para fins de sucumbência, em vários casos.

Há um antigo acórdão do STF adaptável à atualidade: "Ação de despejo – Valor da causa – Sua fixação, na inicial, pelo autor em importância superior ao aluguel anual do imóvel. Prevalece a estimação feita na inicial e aceita pelo réu" (2ª Turma, rel. Min. Leitão de Abreu, j. 27.8.1976, ementa no *DJU* 15.10.1976, p. 8.924).

O texto do art. 58, III, não distingue as hipóteses de oferta de prestações vencidas e vincendas para o fim de se estimar o valor da consignação, como o faz o art. 260 do CPC: sempre o valor da causa corresponderá a 12 meses de aluguel (extinto 2º TACivSP, Ag 377.420, rel. Juiz Ricardo Dip, j. 10.3.1993).

Esse valor deve ser atualizado aos 12 meses do aluguel vigente à época do ajuizamento da ação (STJ, 6ª Turma, REsp 184.452-ES, rel. Min. Hamilton Carvalhido, j. 24.8.1999, *DJU* 29.11.1999, p. 214).

Enfim, sempre o valor da causa será de 12 aluguéis, para quaisquer ações locatícias.

9

Sistemática das Ações de Despejo e as Regras sobre Desocupação do Imóvel e outros Procedimentos

9.1 Generalidades. 9.2 Casos especiais de desocupação.

9.1 Generalidades

Ao intérprete mostra-se clara a clássica técnica legislativa adotada, com algumas variantes, na Lei 8.245/1991 para as ações de despejo, qualquer que seja o fundamento do término da locação (art. 5º), com a divisão, também usual, do rito adotado, pelo motivo do pedido – seja por mora, infração contratual de outras espécies, destinação do imóvel –, com prazos de desocupação também variáveis pelas circunstâncias de duração do processo e pela natureza da locação residencial ou não, com subdivisões pelas subespécies para ambas, tudo conforme se apresenta a sistemática do capítulo das ações de despejo (arts. 59-66).

De toda essa introdução genérica decorre a constatação de que ocorreram alterações em alguns pontos no confronto com a sistemática da anterior Lei de Locações, a começar pelas disposições gerais, comuns às quatro tradicionais ações locatícias (art. 58): despejo, consignação em pagamento, revisional de aluguel e renovatória da locação.

Mas quanto às ações de despejo foi adotado o rito ordinário *ex lege*, com as modificações constantes dos arts. 59 e ss. Introduziu-se o sistema específico de antecipação liminar da tutela de despejo em determinadas situações tipificadas nos incisos I a V do § 1º do art. 59, mediante prestação de caução.

Nos artigos subseqüentes (arts. 60-62) vem subministrada a disciplina casuística, envolvendo temas variados e circunstanciais pertinentes a cada fundamento ou causa de pedir.

No art. 63 vem a fixação de uma "tabela" de prazos de desocupação voluntária quando julgada procedente a ação, em que a regra geral é a da fixação do prazo de 30 dias, com variáveis desde a redução a 15 dias (alíneas "a" e "b" do § 1º do art. 63) até a ampliação para 6 meses ou o limite de um ano (§§ 2º e 3º) quando se tratar de escolas, hospitais, asilos etc.

O art. 64 cuida da execução provisória de cumprimento da sentença decretatória do despejo e das questões incidentes, com ou sem prestação de caução correspondente ao mínimo de 12 e ao máximo de 18 meses de aluguel atualizado, em dinheiro ou, ainda, caução real ou fidejussória. E estabelece o sistema de perda para o réu como indenização mínima, devida pelo autor, em caso de reforma da decisão liminar ou da sentença de mérito de despejo.

Já o art. 65 complementa o art. 63, para indicar que o prazo assinado para desocupação voluntária é contado da data de notificação ao réu, após o qual será efetuado o despejo coercitivo.

Com essa regra, de efeito suspensivo, o art. 65 estabelece o momento a partir do qual poderá ser efetuado o despejo compulsório, até o extremo de emprego de força (policial), inclusive arrombamento; sem deixar de orientar sobre detalhes do destino dos móveis e utensílios (§ 1º do art. 63). E estabelece, ainda, vedação absoluta de execução da ordem de evacuação até o trigésimo dia de luto por falecimento de morador parente próximo do réu ou do falecimento da própria parte ré, se habitava o imóvel – proibição, esta, que tem sua eficácia no suporte extremo do art. 44, *caput* e inciso IV, e parágrafo único (penalidades criminais e civis para o caso de transgressão).

Aplicam-se subsidiariamente as normas do Código de Processo Civil (art. 79 da Lei 8.245/1991).

9.2 Casos especiais de desocupação

O art. 66 cuida do procedimento informal cabível quando ocorra abandono do imóvel locado após o ajuizamento da ação de despejo, legitimando a iniciativa do autor de se imitir diretamente na sua posse (sobre a imissão de posse prevista no art. 65, por abandono do imóvel, v. item 11.7. Sobre os prazos na ação de despejo decorrente do § 2º do art. 46, v. o Capítulo 23, *infra*).

As regras peculiares de desocupação na ação renovatória de resultado negativo para o autor-locatário (art. 74) e na ação revisional de aluguel em que ocorra acordo para desocupação (art. 70) nada têm a ver com as regras de desocupação do imóvel através de ação de despejo.

Por essa razão, nesses dois casos excepcionais, estranhos à ação de despejo, não cabem a execução provisória do art. 64 nem os prazos do art. 63, *caput* e §§ 1º e 2º. Caberá, todavia, a suspensão pelo motivo do § 2º do art. 65, como, de resto, toda a disciplina do aludido art. 65 e seus §§.

10

Efeito só Devolutivo nos Recursos Contra as Sentenças das Ações Locatícias

10.1 Apelação não suspende a execução provisória; e a reforma da sentença não restitui as partes ao "statu quo ante" se consumado o despejo. 10.2 Questões geradas pela não-suspensividade dos recursos. 10.3 Comunicação excepcional de efeito suspensivo a recursos que pela lei são dotados apenas de efeito devolutivo. 10.4 Casos de execução provisória com ou sem prestação de caução. 10.5 A conexão entre as ações de despejo por falta de pagamento e consignação em pagamento. Os recursos somente com efeito devolutivo.

10.1 Apelação não suspende a execução provisória; e a reforma da sentença não restitui as partes ao **statu quo ante** *se consumado o despejo*

Ao contrário da tendência de suspensividade que predominava na vigência da Lei 6.649/1979 (em que, salvo os casos de despejo arrolados no art. 42 da antiga lei, a sentença não comportava execução provisória), tudo, então, de conformidade com a regra geral do art. 520 do CPC, com o advento da Lei 8.245/1991 alterou-se o sistema de suspensividade recursal radicalmente, de tal sorte que não só as ações de despejo, mas todas as demais ações locatícias (consignatórias, revisionais e renovatórias) ganharam celeridade e passaram a ter seus recursos processados sem efeito suspensivo – vale dizer, ficando o cumprimento da sentença ainda sem trânsito em julgado submetido ao regime de imediata execução provisória sem intervalo, que é nota característica das executivas *lato sensu*.

E essa regra da não-suspensividade recursal estende-se também às pretensões cumuladas com os pedidos de ordem locatícia, como é o caso, por exemplo, da ação de cobrança dos aluguéis e demais encargos, ou da ação anulatória de cláusula contratual ou, ainda, pedido de indenização.

Note-se: o inciso V do art. 58 da Lei 8.245/1991 fala exclusivamente em "sentenças". Os recursos cabíveis de "decisões" como as do § 1º do art. 59 (que concedem liminar de desocupação) e de quaisquer outras decisões interlocutórias proferidas nas ações locatícias especificadas no *caput* do art. 58 regem-se não por este dispositivo, mas pelas regras comuns supletivas do Código de Processo Civil.

E o regime da execução provisória chega ao extremo de, mesmo que ocorra modificação do julgado de procedência – em caso de consumação da execução de despejo por qualquer fundamento –, tornar irreversível o retorno do despejado à posse do imóvel, por não permitir o sistema da lei o restabelecimento da relação locatícia desfeita pela sentença e exaurida com a efetiva evacuação do imóvel que fora objeto da locação. Daí ter sido estabelecida a contrapartida compensatória da caução a ser prestada pelo executor provisório, cujo valor reverterá em favor do réu a título de indenização mínima (§§ 1º e 2º do art. 64).

A única exceção indireta de não-executoriedade provisória de sentença de desocupação do imóvel situa-se na hipótese peculiar do art. 74. Trata-se de caso de não-renovação da locação, em que a lei condiciona a execução da ordem de devolução do imóvel ao trânsito em julgado, isto é, ao decurso do prazo fixado em até seis meses, tendo como referência inicial de contagem a data do trânsito em julgado; o que torna inaplicável a sistemática do efeito somente devolutivo do recurso e, pois, inviável a execução provisória caucionada.

10.2 Questões geradas pela não-suspensividade dos recursos

O efeito somente devolutivo do recurso contra sentença concessiva do despejo está na autorização da execução provisória – mas praticamente irreversível – da ordem de evacuação do imóvel, mediante contraprestação de caução, com perda do seu valor em prol do réu que sofreu o efeito imediato do julgamento se modificada a decisão ou a sentença antecipadamente cumprida.

A qualificação de "provisória" a essa peculiar execução real antecipada e sem intervalo, haja vista não sofrer solução de continuidade, sendo, como é, irreversível e definitiva no plano físico, tem em conta apenas a reverência à tradição terminológica do processo, posto que a reversibilidade inerente à reforma ou modificação do julgado exeqüendo atém-se, substitutivamente, não à esfera cósmica de retorno do despejado ao imóvel, possível em tese, mas à órbita indenizatória de natureza pecuniária.

Para melhor visualizar esse fenômeno, não deve ser abstraído o fato de que a demissão da posse do imóvel pelo réu (despejo) deve-se à perda do título que a justificava, pela resolução da relação locatícia.

A extinção do vínculo opera-se com o pronunciamento judicial que atende ao "pedido de rescisão" da locação (expressão utilizada no art. 62, I, II, IV e VI, sobre ação de despejo; e no art. 67, VIII, sobre reconvenção em ação de consignação), independentemente da ocorrência de coisa julgada. Mas só se torna irreversível se complementada no plano físico pela demissão do réu da posse do imóvel. Desloca-se, aí, a solução, quando consumado o despejo, para o plano indenizatório, porque a Lei de Locações não dispõe de norma – propositadamente, por conveniência legislativa – que dê eficácia à *restitutio in integrum*, ao *statu quo ante*.

É um caso *sui generis* em que o *efeito* (demissão efetiva da posse do imóvel) passa a constituir realidade, cuja consumação tem a eficácia de suplantar a *causa* superveniente que desautoriza o *efeito* (que é a revogação da rescisão); isto é, prevalece o resíduo da causa originária (rescisão), embora cancelada: despejo sem procedência.

É certo que, do ponto de vista conceitual teórico, o julgamento definitivo, que afaste a rescisão antes declarada por sentença recorrível e o despejo "provisório" que se seguir, como efeito consumado daquela precária causa processual posteriormente cancelada, restabelece ou reafirma a relação locatícia, cujo contrato era o título jurídico que legitimava a posse de que antecipadamente foi demitido o locatário não-inadimplente. Mas a partir da consumação do despejo, por iniciativa e sob risco do locador, a ruptura da locação, aí caracterizada por eventualidade processual contrária superveniente, como da responsabilidade civil objetiva do autor, opera-se em substituição à rescisão cancelada. É que, despedido da posse de fruição do objeto, o expelido não tem mais por que voltar a cumprir obrigações locatícias então inexistentes; nem seus bens podem ser reconduzidos ao endereço de despejo contra a sua vontade – evidentemente, salvo circunstâncias diversas do caso concreto.

Pelo sistema da legislação em vigor não se vê, sem dificuldades intransponíveis, como operar o "*des*despejo", isto é, impor a reintegração de posse do locatário no imóvel (*res*), ainda que não esteja sendo ocupado por terceiro, se o despejo mesmo é que se tornou a causa precipitadora da ruptura da locação, por ausência de um dos seus três elementos: partes, coisa e aluguel (*consensus, res et merces*).

A responsabilidade objetiva, assegurada em grau mínimo pela caução, é o mecanismo da solução indenizatória no campo do direito obrigacional, que se complementa com o ressarcimento de perdas e danos pela ruptura de risco da avença locatícia em que incorreu o locador exeqüente ao extinguir pelo despejo antecipado a posse no imóvel, que estava obrigado a garantir (art. 23, II) ininterruptamente ou sem moléstia ao locatário.

Nem o locatário está obrigado a se sujeitar à solução "retorno", como alternativa que a lei, aliás, não prevê, visto como ser-lhe-á lícito apropriar-se da caução mais perdas e danos excedentes – inclusive danos e vexames morais –, mas não pode ser coagido a se reinvestir na posse da locação rompida com o despejo; até porque seria solução reservada como direito potestativo do locatário a continuidade da locação.

Por outro lado, quando por efeito do ajuizamento da ação de despejo o locatário é expelido da posse liminarmente (art. 59, § 1º) – isto é, por decisão impreclusiva interlocutória que por evidente não terá declarado *ex initio* rescindida a relação locatícia, pois não julgou a causa, cujo mérito só à sentença, após contraditório, compete resolver –, não há dificuldade alguma em compreender que a ruptura da locação é efeito processual direto da retomada da posse pelo locador, ainda sem rescisão objetivada pelo futuro julgamento do mérito. Mas as conseqüências são as mesmas para as partes em ambas as situações (decisão liminar ou sentença de mérito) processuais de risco.

A indenização pela qual responde em grau mínimo a *caução* dos arts. 59, § 1º, 63, § 4º, e 64, *caput* e seus dois §§, é devida a título de responsabilidade objetiva, *ex processo*, pela antecipação de risco do resultado, a que a lei expõe o autor em face do réu da ação de despejo.

10.3 Comunicação excepcional de efeito suspensivo a recursos que pela lei são dotados apenas de efeito devolutivo

A suspensão do efeito executório imediato, de que é por natureza dotada a decisão liminar prevista no § 1º do art. 59, ou a sentença (arts. 63, § 4º, e 64, *caput* e seus §§), é questão processual afeta ao órgão jurisdicional da instância superior.

Para decisão interlocutória exeqüível no plano físico, a suspensividade do despejo liminar pode ser buscada com pedido próprio de índole cautelar agregado ao agravo de instrumento, na forma prevista no Código de Processo Civil, se demonstrada a presença dos requisitos essenciais (*fummus boni juris* e *periculum in mora*) para a comunicação, pelo tribunal, do efeito suspensivo ou, mesmo, do efeito ativo ao processamento do recurso originariamente na instância superior, de conformidade com o art. 558, *caput*, do CPC.

A alteração da sistemática do recurso de agravo, consoante a Lei 11.187/2005, que estatuiu como regra a forma retida, não modifica o que está até aqui afirmado, já que, como exceção, autorizada está a interposição de agravo de instrumento, entre outros motivos, contra decisão liminar suscetível de causar à parte lesão grave e de difícil reparação (art. 522, *caput*, do CPC).

E quando se tratar de apelação de sentença exeqüível, cujo processamento tem o curso da fase inicial de admissibilidade perante o juízo recorrido, militam em tese as mesmas razões de interesse na propugnação excepcional do efeito suspensivo. Se o pedido é negado pelo juízo, dessa decisão ao réu-apelante caberá pleitear, via agravo de instrumento, satisfeitos os pressupostos concernentes à obtenção do provimento cautelar, específica comunicação do efeito excepcional suspensivo ao processamento da apelação, nos termos do parágrafo único do art. 558 do CPC ("Aplicar-se-á o disposto neste artigo às hipóteses do art. 520"), para que não se consume a execução física "provisória" do despejo, que, efetivado, gera efeito de desfazimento prematuro da relação jurídica pela supressão do objeto (*res*) no plano da demissão da posse do réu. Muito comuns a ocorrência dessa situação de perigo e sua invocação quando haja conexão de ações de despejo e consignatória, em que se discute o pagamento e *mora debendi* e *mora accipiendi*.

10.4 Casos de execução provisória com ou sem prestação de caução

Podem ocorrer hipóteses, não raras, de ações de despejo fundadas nos incisos I, II e IV do art. 9º (conforme rol do art. 64, respectivamente: mútuo acordo; prática de infração legal ou contratual; e necessidade de reparações urgentes determinadas pelo Poder Público) em que a executoriedade dita "provisória" até independe de prestação de caução pelo autor vencedor. São casos agudos, indefensáveis para o locatário vencido na sentença, o que pode levar ao extremo oposto e constituir, em tese, pressuposto típico para eventual obtenção da provisão cautelar do efeito suspensivo.

Pode parecer contradição da lei, exatamente nos casos mais relevantes para a efetivação da execução provisória sem peias e independentemente de condicionamentos, suspender-lhe o curso ou a consumação. É que o réu-vencido estará muito mais exposto a prejuízos irremediáveis sem a caução do exeqüente.

Para evitar esse impacto, pode o autor vencedor oferecer espontaneamente a caução, sem que a lei estabeleça a exigência, porque não a proíbe; e, com isso, eliminar previamente um relevante motivo de perigo que pudesse ser argüido pelo vencido para obter a cautela suspensiva da execução do despejo sem trânsito em julgado.

10.5 A conexão entre as ações de despejo por falta de pagamento e consignação em pagamento. Os recursos somente com efeito devolutivo

Há duas situações clássicas que podem induzir conexidade de causas: (a) o locador move ação de despejo, com cumulação ou não do pedido de rescisão com o de cobrança dos aluguéis; e o locatário deduz pedido de consignação em pagamento; (b) e, vice-versa, o locatário move ação de consignação em pagamento e o locador responde reconvindo com pedido de rescisão, cumulado ou não com pedido de cobrança dos valores objeto da consignatória.

Havendo reunião de ações ou de pedidos conexos de rescisão da locação por falta de pagamento movida pelo locador, com ação consignatória reversa oferecida pelo locatário, a apelação interposta será recebida, conforme a atual regra geral do direito locatício, em seu efeito somente devolutivo, ensejando, *secundum eventum litis*, execução provisória do julgado que acolher o despejo.

Decididas por sentença única, em *simultaneus processus*, as duas causas, e sendo a questão da *mora do devedor*, comum de ambas, com a atual regra desapareceu a heterogeneidade de efeitos devolutivo e suspensivo, do Código de Processo Civil.

Com a regência específica inovadora da Lei de Locações prevalece a homogeneidade de efeito do recurso, porém em sentido inverso, isto é, somente o devolutivo para ambas as ações (art. 58, V).

Essa é a conclusão a que chegou, por outras palavras, a Corregedoria-Geral da Justiça do Rio de Janeiro no Enunciado XVII: "No regime da Lei n. 8.245/1991, será recebida no efeito devolutivo a apelação interposta contra sentença que julga simultaneamente ações consignatória e de despejo".

A orientação da jurisprudência do STJ, igualmente, interpretando o art. 58, V, da Lei 8.245/1991, é nesse mesmo sentido. Veja-se: "Nos termos do art. 58, V, da Lei n. 8.245/1991, o recurso que ataca decisão proferida em ação de despejo, mesmo que cumulada com outros pedidos, deve ser recebido somente no efeito devolutivo" (6ª Turma, AgR na MC 7.552-SP, rel. Min. Paulo Gallotti, j. 16.3.2004, *DJU* 5.12.2005, p. 377).

Por outro lado, a razão do processamento e julgamento conjunto encontra-se no fato de existir entre a ação de despejo por falta de pagamento do aluguel e a ação de consignação em pagamento do mesmo aluguel uma íntima *conexão por prejudicialidade*.

A premissa em que se funda a ação de despejo é a mora do devedor, mas essa mesma questão encontra-se pendente na ação de consignação em pagamento; e nesta o devedor é autor de pretensão deduzida visando a se prevenir dos riscos da mora e pela oblação liberar-se. Mas para pretender prevenir-se dos riscos da mora e pré-liberar-se dos seus efeitos o pressuposto é não estar já o devedor em mora. Se já estiver em mora não há falar em consignação por mora do credor, mas sim em purgação. Portanto, se a iniciativa de pagar é do devedor, e sustenta ele na ação consignatória que no exercício daquela atividade foi obstado – por mora do credor em receber – de cumprir sua obrigação e posto a risco de incidir em mora de solver a dívida, por isso pretende prevenir-se, não há como negar que a *causa prejudicial lógica* é a consignatória, onde se discute a mora do credor, que, se reconhecida, preexclui (prejudica) a mora do devedor, fundamento da ação de despejo. Quer isso igualmente significar que, na ordem lógica de julgamento conjunto dessas duas lides, o julgador, no plano intelectivo (isto é, antes de lançar a sentença no papel), decide precedentemente a ação consignatória, por ser a causa prejudicial, para só subseqüentemente decidir a ação de despejo, sujeita aos efeitos da prejudicialidade, *secundum eventum litis*. Se a consignatória for desacolhida, passa o juiz ao julgamento da ação de despejo, desde as questões preliminares relegadas, como carência etc.; e, se não extinguir o processo (de despejo) sem julgamento de mérito, aí, então, passará ao exame do mérito dessa causa. Ao contrário, se o juiz acolher a ação prejudicial consignatória, a ação de despejo ficará prejudicada no mérito; e constituiria absurdo, incogitável, depois de acolher a ação consignatória, a sentença acolher *também* a ação de despejo, para julgar ambas procedentes, isto é, acolhendo o pagamento mas decretando o despejo por falta do mesmo pagamento – com encargos de sucumbência distribuídos entre as partes.

Amenização relevante do rigor quanto à exatidão do valor consignável deflui da possibilidade que o inciso VII do art. 67 abre ao locatário, autor da ação consignatória, que poderá complementar o depósito inicial insuficiente, com o acréscimo de 10% sobre o valor da diferença, quando acusada pelo réu locador a não-integralidade do depósito (inciso VI do mesmo art. 67).

Portanto, a insuficiência da oferta inicial na consignatória da Lei de Locações não gera mais, na atualidade legislativa, por si só, sua imediata irreversibilidade e conseqüente desacolhimento da ação. Essa orientação flexível, aliás, tornou-se uniforme, pois também na ação de despejo por falta de pagamento, pedida e autorizada a emenda da mora, se o depósito judicial efetuado for insuficiente e o locador-autor alegar que a oferta não é integral, justificando a diferença, o réu-locatário poderá complementar o depósito, fazendo-o em prazo que lhe concede a lei, sem qualquer conseqüência prejudicial ao seu direito (incisos II e III do art. 62). Nesse ponto a legislação locatícia flexibilizou-se no sentido da maior utilidade-efetividade do processo, para pacificação de conflitos e composição dos litígios, mantendo, sempre que possível, a relação locatícia vigente.

Em resumo, a mora do *devedor* é questão comum de ambas as causas (negação dela pelo devedor como pressuposto para sua ação de consignação; e afirmação dela pelo credor como fundamento da ação de despejo), ao passo que a *mora do credor* figura como questão exclusiva da consignatória, fundamentando-a, e não entra na ação de despejo. Tanto é assim (a mora do devedor é questão comum de ambas, enquanto a mora do credor é questão exclusiva da consignatória e não integra a ação de despejo) que faz coisa julgada para o despejo a solução que, reconhecendo a ausência de mora do devedor, afirma a do credor na ação de consignação em pagamento. E não faz coisa julgada na consignação em pagamento a situação inversa, ou seja, a negação da mora do credor na ação de despejo, por não ser questão objeto da lide. Basta ler, no art. 469 do CPC, o rol de tudo quanto *não* faz *coisa julgada* e ler no art. 470 que só faz coisa julgada a resolução de questão prejudicial se a parte requerer expressamente declaração incidente e constituir pressuposto necessário para o julgamento da lide (no caso, lide de despejo). A ação consignatória, graficamente, é ativa, mais forte e mais ampla e contém questão prejudicial, ao passo que a ação de despejo é mais fraca, mais restrita e se sujeita a passivamente ficar prejudicada pela ação consignatória.

Não se altera o quadro descrito se o locador cumular na ação de despejo por falta de pagamento os pedidos de rescisão e de cobrança dos aluguéis (art. 62, I).

Uma palavra final sobre a *execução de aluguéis* e seus encargos acessórios com base no contrato (título executivo extrajudicial – art. 585, V, DO CPC): não está caracterizada como *ação locatícia*, para os fins do art. 58 e seus incisos da Lei 8.245/1991, regendo-se pelas regras gerais do Código de Processo Civil.

No mesmo sentido, com maioria de razão, não são de natureza estritamente locatícia as ações comuns de cobrança de aluguel contra locatário, sublocatário, fiador etc.

Entendemos, mesmo, que se na ação de despejo houver cumulação de pedidos de rescisão e cobrança e ocorrer desistência ou extinção parcial (só do pedido de rescisão), e a originária esvaziada ação de despejo prosseguir somente em relação ao pedido de cobrança, deixam de ter incidência as disposições gerais próprias das ações especiais locatícias enumeradas no art. 58 e seus incisos da Lei 8.245/1991; caso em que se aplicam as regras gerais do Código de Processo Civil, sobretudo quanto aos efeitos dos recursos interpostos contra as sentenças, sendo até o caso de, por técnica cartorial, promover-se a alteração da autuação e dos registros processuais.

11

Execução de Despejo e Temas Correlatos

11.1 Execução de sentença que decreta o despejo, cumulada ou não com cobrança de aluguéis. Forma (art. 62, I e VI, da Lei 8.245/1991). 11.2 Cabem embargos à execução de sentença de despejo? E impugnação ao cumprimento do despejo? E se houver cumulação com pedido de cobrança de aluguéis?. 11.3 Excepcionalmente admite-se impugnação ao cumprimento de despejo, mesmo sem cogitar da cumulação de pedidos (art. 62, I e VI, da Lei 8.245/1991). 11.4 Efeitos de recurso interposto contra decisão de rejeição liminar da impugnação ao cumprimento. 11.5 Execução por quantia certa dos aluguéis. 11.6 Consignação judicial das chaves do imóvel livre e desocupado, pelo procedimento do Código de Processo Civil. 11.7 Imissão de posse por abandono do prédio em ação de despejo cumulada ou não com cobrança de aluguéis.

11.1 Execução de sentença que decreta o despejo, cumulada ou não com cobrança de aluguéis. Forma (art. 62, I e VI, da Lei 8.245/1991)

O inciso III do art. 23 da Lei 8.245/1991 erige regra de vedação, no sentido de que não é lícito ao locatário reter o prédio alugado, nesta linha: "(...) é obrigado a: (...) III – restituir o imóvel, finda a locação, (...)".

Pela natureza específica da ação de despejo e por estar ela disciplinada em lei especial, apenas subsidiariamente, ou no que for omissa a lei de regência, aplicar-se-á o direito comum (art. 79) – vale dizer, o Código Civil e o Código de Processo Civil.

Vale a assertiva para todas as fases, desde a de cognição até a fase de execução, isto é, do cumprimento da sentença de procedência.

A execução na ação de despejo é de característica peculiar e forma própria. Faz-se inicialmente por simples *intimação*, e não através de citação. O art. 65 alude a "notificação" como ato de comunicação dentro do processo especial de despejo, uma vez que, por se tratar de ação executiva *lato sensu*, está ausente o intervalo que medeia entre o acatamento e a execução, próprio das ações sincréticas, eis que cognição e execução ocorrem na mesma relação processual, sem descontinuidade.

Independentemente do ato de publicação da sentença proferida pelo juiz, pela imprensa oficial ou, onde não exista, órgão oficial, por intimação aos advogados das partes, a execução do julgamento de procedência inicia-se por ato de comunicação pessoal ao réu, por mandado, a que a lei chama de "notificação", para que desocupe o prédio no prazo assinado, sob pena de despejo coercitivo a ser executado, findo o prazo, na forma dos §§ 1º e 2º do art. 65.

Como ato de execução, não cabe ao juízo agir de ofício, mas sim por promoção da parte.

Também far-se-á comunicação às pessoas que habitam o prédio, quando presentes, conforme a tradição do nosso Direito.

11.2 Cabem embargos à execução de sentença de despejo? E impugnação ao cumprimento do despejo? E se houver cumulação com pedido de cobrança de aluguéis?

Sempre foi orientação tradicional da doutrina pátria o não-cabimento de embargos à execução de sentença em ação de despejo pura e simples.

Com o advento do Código de Processo Civil de 1973 dúvidas surgiram na doutrina e na jurisprudência sobre o cabimento, ou não, de embargos à execução – embora, a nosso ver, sem razão, porque a ação de despejo continuou então inteiramente regulada pela lei especial e pelo Código de Processo Civil de 1939.

Nem mesmo considera-se aplicável a regra do art. 621 do CPC de 1973, ainda que em sua redação dada pela Lei 10.444/2002, à execução de despejo, porque ensejaria nova *citação* para entrega de coisa certa e exigiria o depósito como pressuposto para oposição de embargos, porque de rigor não se satisfaz a legislação processual comum com o simples depósito a termo (art. 625 do CPC).

Sob a égide da anterior Lei 6.649/1979 e, agora, da Lei 8.245/1991, a execução nas ações de despejo far-se-á por intimação (notificação – art. 65) ao réu e, quando presentes, às pessoas que habitem o prédio, sobretudo os sublocatários aos quais se deu ciência da ação para intervirem, querendo, como assistentes, na forma do art. 60, § 2º, da Lei 8.245, combinado com os arts. 50 *et seq.* do CPC de 1973, para que o desocupem no prazo assinado pela sentença, sob pena de despejo, através de mandado de evacuação por dois oficiais de justiça, sem viabilidade de oposição à execução por via de novo processo de conhecimento que os embargos visam a instaurar, ou mesmo pela apresentação de defesa, como é a impugnação, nos termos dos arts. 475-L e 475-M, ambos do CPC, e que levariam à reabertura de contraditório, embora com cognição limitada.

A execução na ação de despejo, qualquer que seja a causa de pedir, e desde que não cogitada eventual cobrança cumulativa de aluguéis (art. 62, I), é feita com intimação do locatário, porque, pela natureza executiva antecipada de fase de cognição, assegurada ao locador para reaver o prédio alugado (art. 5º), a citação ocorre exclusivamente no início, para contestar; e não se repete para entrega, como sucede no processo comum para título executivo extrajudicial disciplinado pelo art. 621 do CPC. Se fosse citado, aí, sim, por coerência, abrir-se-ia ao réu oportunidade de opção entre cumprir e opor-se, pois é da essência da citação assegurar ao citando a alternativa entre atender ou responder. O direito de resposta só se abre onde seja permitido o contraditório. A execução de despejo não admite contraditório, pois o conhecimento anterior à sentença torna-a imutável e indiscutível, cheia de peculiar eficácia de executividade imediata. A reabertura de um processo de conhecimento poderia levar à violação da coisa julgada.

Os embargos são ação que assiste ao devedor quando *citado* a cumprir o preceito de obrigação consubstanciada em título extrajudicial (arts. 585, 621, 629, 632 e 652 do CPC), justamente por se tratar de *ação coacta*, jungida a uma citação em processo de execução e sujeita aos efeitos da preclusão *pro judicato* se não exercitado o direito de oposição em determinado prazo, com contagem sob critérios objetivos estabelecidos (art. 738 do CPC).

Na execução de despejo não cumulado com condenação nos aluguéis (art. 62, I e VI) nada disso ocorre, precisamente por ser tudo diferente. O devedor (locatário) não é *citado* para cumprir ou opor-se; é *notificado* ou melhor, *intimado*, pessoalmente, para desocupar o prédio no prazo assinado, sob pena de ser despejado coercitivamente. Nem se justificaria nova citação, porque tudo ocorre na mesma relação jurídica processual. Do mesmo modo que não cabíveis os embargos à execução em fase de cumprimento do despejo, não é de se permitir também a impugnação. Se houver condenação cumulativa em pedido de cobrança de aluguéis, a situação modifica-se.

Note-se, enfim, e importantemente, que a figura de embargos à execução de título judicial deixa de existir com a Reforma do Código de

Processo Civil de 2005 (Lei 11.232/2005); agora, cabível é a impugnação ao cumprimento de sentença, como fase da relação jurídica sincrética. De qualquer forma, a conclusão aqui havida é a mesma, incabível impugnação ao cumprimento de sentença de despejo, como regra.

11.3 Excepcionalmente admite-se impugnação ao cumprimento de despejo, mesmo sem cogitar da cumulação de pedidos (art. 62, I e VI, da Lei 8.245/1991)

Depois dessas considerações de cunho de construção jurídica que levam a responder negativamente à indagação sobre embargabilidade da execução de despejo, não se pode deixar de aduzir ponderação sobre o tema para mais uma ampla visão da sistemática processual comum instituidora do direito geral de impugnação ao cumprimento da ordem de despejo.

A Lei 8.245/1991 – tal qual a anterior Lei 6.649/1979 – em disposição legal alguma veda a oposição de impugnação ao cumprimento da ordem de despejo, embora carente de forma legal. E, no fundo dos seus efeitos práticos, a sentença proferida em ação de despejo é como as outras, e sua execução pode gerar gravames que indiquem a admissibilidade extraordinária da via impugnatória em algumas situações excepcionais justificadoras, tais como: falta ou nulidade de citação na fase de conhecimento, se a ação correu à revelia; inexigibilidade do título; ilegitimidade de partes; excesso ou cumulação de execução; causas impeditivas, modificativas ou extintivas da obrigação supervenientes à sentença; ou, ainda, por incompetência do juízo da execução, suspeição ou impedimento do juiz. Mas – repita-se – apenas como via extraordinária de acesso ao Judiciário e meio de efetividade processual excepcional, que dispensaria o uso do *writ* constitucional.

A impugnação, pela índole de defesa e de *juízo de retratação* que encerra, é prevista em lei, destina-se a assegurar ao próprio juízo sentenciante que impeça a consumação de injustiças em casos que versem sobre fatos que contaminem a própria eficácia da sentença ou de sua execução.[1]

Se por via rescisória do órgão jurisdicional superior pode haver desconstituição do julgado (art. 485 do CPC) ou se as sentenças homo-

1. Impende ter em conta haver em doutrina quem entenda ser a impugnação ação, assim como o era ao tempo dos embargos à execução de título judicial; e há, igualmente, quem entenda que a natureza jurídica da impugnação varia conforme a matéria argüida.

logatórias podem ser rescindidas como os atos jurídicos em geral (art. 486 do CPC), o próprio juízo pode e deve reconhecer a ineficácia e desconstituir a exeqüibilidade da sentença para retirar os efeitos do julgado teratológico ou contaminado por nulidade, restringir-lhe excessos, corrigindo-lhe distorções, ou para estancar-lhe a força se já exauriu seus efeitos ou os tornou superados por fatos novos supervenientes impeditivos, modificativos ou extintivos da obrigação.

Verificadas a relevância da alegação e sua fundada demonstração, deve o juiz receber a impugnação para processamento e discussão, com eventual suspensão da execução, desde que, e com base no poder geral de cautela, presentes os requisitos do *fumus boni juris* e do *periculum in mora*, uma vez satisfeitos os pressupostos de admissibilidade. E, independentemente de segurança do juízo (por aplicação da regra estabelecida pelo art. 475-M, *caput*, do CPC), o vencido é notificado a desocupar o prédio no prazo assinado – confrontem-se as disposições dos arts. 65 da Lei 8.245/1991 e 475-M do CPC.

Casos tais determinam a prevalência dos princípios gerais de expressa previsão legal sobre as construções específicas de direito silente. Ao juiz executor assiste o direito, e até se impõe o dever, de recusar execução onde e quando haja oposição regular fundada em razões relevantes, não discutidas mas discutíveis, por não cobertas pela preclusão.

A casuística propicia ocasiões excelentes que evidenciam que a exegese ortodoxa de construção doutrinária e pretoriana sobre não-cabimento de impugnação ao cumprimento da execução de despejo não pode ser levada a extremos nem proclamada *a priori* ou generalizadamente, porque tropeça na lei e nos próprios princípios, até em nível constitucional do amplo direito de defesa, do contraditório e do acesso ao Judiciário.

Num caso em que comprovadamente não houve citação, constando de certidão do oficial não ter o réu sido citado por estar viajando, mas por equívoco considerado citado e que teve contra si decretado o despejo à sua revelia por sentença transitada em julgado em ação de despejo de que só teve conhecimento ao ser notificado da ordem de despejo, pergunta-se: apresentada impugnação ao cumprimento do despejo com fundamento em falta de citação (art. 475-L do CPC), como poderia o juiz deixar de recebê-la, contra letra expressa da lei? E como deixaria o juiz, em sã consciência, de acolher a impugnação para desconstituir a sentença e tornar-se autoridade coatora autômata? Note-se a etimologia do vocábulo "sentença": tem origem no verbo "sentir" e no substantivo "sentimento" (do Latim *sentio, sentire*): o juiz sente; daí, sentencia.

Noutro exemplo de ação de despejo por retomada motivada julgada procedente por sentença transitada em julgado sem recurso das partes, com a fixação de prazo certo para a desocupação do imóvel, como procederia o juiz se a execução fosse iniciada inadvertidamente antes de escoar aquele prazo? Pergunta-se: apresentada impugnação com fundamento em excesso de execução, isto é, por se processar de modo diferente e mais gravoso que o determinado na sentença (art. 475-L do CPC), que juiz negaria processamento à impugnação sob invocação de orientação doutrinária de seu não-cabimento, ou já não a acolheria até de plano, para não cometer a iniqüidade de prosseguir no despejo sem aguardar o prazo, ou mesmo, se alertado, não sustaria de ofício a ordem contrária ao julgado?

Mais um caso de excesso de execução, por recair sobre imóvel diverso daquele objeto da ação ou sentença de despejo (art. 475-L do CPC), ou que alcançasse mais que o devido. Não há dúvida de que assiste ao executado opor-se, por via de impugnação, para ver restabelecido o fiel cumprimento do julgado, dentro dos limites objetivos da lide – isto é, por exemplo, se a locação se refere ao apartamento "A", não pode a execução recair sobre o apartamento "B" ou, ainda, sobre o "A" e o "B".

Outro exemplo não raro verificável: depois de decretado o despejo por sentença transitada em julgado, as partes estabelecem novação – como seja, o locador firma novo contrato de locação com o locatário, ou recebe os alugueres em atraso (no caso de falta de pagamento), dando quitação expressa, com declaração de renúncia ao direito de executar o despejo, mantendo ou restabelecendo a relação locatícia. Se ainda assim for promovida a execução da sentença de despejo, não restará ao locatário outra via a não ser a de apresentar impugnação com fundamento no art. 475-L do CPC (causa extintiva – novação – superveniente à sentença).

Suponha-se esta hipótese gritante de nulidade do processo: a ação de despejo é movida contra alguém absolutamente incapaz citado em sua própria pessoa e que ficou sem representação legal, sem ter havido intervenção do órgão do Ministério Público (arts. 8º, 9º, 82, I, e 84 do CPC). Desconhecendo a circunstância, não fez o juiz aplicação do disposto no art. 13 do CPC e a fase de conhecimento transcorreu com a nulidade ínsita. É óbvio que o juiz, verificando estar provada a alegada incapacidade, receberá a impugnação e ao final a acolherá para desconstituir a eficácia da sentença proferida em processo absolutamente nulo *ab initio*, com o quê, em viva justiça, corrigirá a erronia contaminante e fará atuar legitimamente a lei e o direito das partes.

Pela leitura do art. 475-L do CPC verifica-se que existem causas fundantes da impugnabilidade de várias ordens e naturezas, desde nulidade do processo de conhecimento por falta ou nulidade da citação se a ação correu à revelia do réu, inexigibilidade do título, ilegitimidade das partes, excesso de execução, até causas impeditivas, modificativas e extintivas da obrigação consubstanciada no título ocorridas supervenientemente à sentença. Naquele primeiro e neste último casos é flagrante que a teoria construída em tese para defender o não-cabimento de impugnação em cumprimento de sentença, ou mesmo de embargos em execução de despejo, é por si só inaplicável: como alegar já na contestação falta de citação se só veio o réu, ou se, falecido antes mesmo da citação, o sucessor só vier a conhecer a existência da ação na fase de cumprimento, ou como poderia invocar no momento da contestação a novação que só viria a ocorrer como fato superveniente à sentença? Seria ferir a racionalidade lógica das coisas e da vida do Direito estatuir efeitos jurídicos inconscientes de preclusão para o impossível, para o absolutamente nulo ou para o injurídico e iníquo – teratologias que a idéia da efetividade do processo como instrumento da Justiça repele.

Nossa pesquisa científica meditada e testada na eqüidade da prática judiciária em confronto com os mais puros princípios de direito positivo comum aplicável subsidiariamente às execuções de despejo leva-nos a admitir em termos – isto é, relativamente e em princípio – a orientação tradicional de não-cabimento de impugnação ao cumprimento de sentença, e nem de embargos à execução, sem encampá-la cegamente ou em plano de negação absoluta, como procuramos demonstrar justificadamente, a título de contribuição exegética que seja compreendida e não transformada em pedra de escândalo, pois não é essa a nossa intenção.

Não será por se tratar de sentença de despejo que as heresias e iniqüidades ficam fora do alcance da correção judicial que ocorreria se concretizadas em ação outra qualquer – se não, aliás, até como defesa.

Concedendo que não se cogite de hipótese de cumulação de pedido de rescisão com o de cobrança dos aluguéis, se as sentenças de despejo são rescindíveis como as demais, por que não poderiam ser revistas antes por via de impugnação regular dirigida ao juiz executor da obrigação consubstanciada em título judicial inquinado em circunstâncias justificadoras da exceção extraordinária? Quanto à cumulação do pedido condenatório, o cumprimento é impugnável (art. 475-L do CPC), sem dúvida alguma.

11.4 Efeitos de recurso interposto contra decisão de rejeição liminar da impugnação ao cumprimento

Rejeitando o juiz liminarmente a apresentação de exceção de impugnação ao cumprimento de despejo, profere sentença extintiva do processo equivalente ao de embargos *ab initio* (art. 739, II, c/c art. 475-R, ambos do CPC).

Aplica-se a regra especial da só devolutividade dos recursos (art. 58, V, da Lei 8.245/1991) contra decisão em impugnação ao cumprimento de despejo, conforme, ainda, o art. 475-M, § 3º, combinado com o art. 527, do CPC.

Surge, então, o problema dos efeitos do recebimento do recurso oponível. Na verdade, há de se receber o agravo de instrumento, haja vista que, além do que estatuído no art. 522 do CPC, há determinação expressa contida no art. 475-M, § 3º, determinando ser esta a forma, no só efeito devolutivo. A rejeição liminar, por exemplo, não se confunde com o julgamento de improcedência. Mas, por ter sido a impugnação liminarmente recusada, não chegou ela a produzir o efeito de suspender o curso do cumprimento do despejo. A suspensão do despejo só adviria do recebimento da impugnação apresentada para processamento e discussão, com efeito suspensivo (art. 475-M e §§ do CPC). O recebimento do agravo oferecido pelo executado impugnante contra a rejeição liminar da impugnação mantém intacto o cumprimento do despejo decretado, cujo curso não se suspendera ante a rejeição mesma da impugnação. Logo, o recebimento do agravo de instrumento dá-se apenas no efeito devolutivo, e só excepcionalmente em ambos os efeitos (devolutivo e suspensivo); de modo que, então, o cumprimento do despejo prossegue normalmente.

Do mesmo modo, se a impugnação chegar a ser recebida para processamento, sem efeito suspensivo, e ao final for desacolhida, o agravo de instrumento que seja interposto pelo executado impugnante, recebido só no efeito devolutivo (pela regra geral e especial), não afetará o curso da execução, pois os efeitos do recebimento do recurso dizem respeito à impugnação, e não ao cumprimento da sentença.

A regra de inoponibilidade de impugnação ao cumprimento de sentença exclusivamente de despejo tem suas raízes, como visto de início, na natureza jurídica da ação, que já é executiva *lato sensu*, e por isso nela a execução é *fase*, e não *actio judicati* – pelo quê não será na impugnação, mas sim na contestação, salvo teratologias, que se há de alegar temas que em ações de outra natureza poderiam fundamentar apresentação de impugnação ao cumprimento de sentença. Mas socorre a não-impugnabilidade o fato de que é recebível somente no efeito devolutivo a apelação (art. 58, V) interposta contra sentença que decretar o despejo. São todos casos de motivação relevante. Pois bem, se a própria sentença ainda sem trânsito em julgado é de eficácia executiva imediata na pendência do julgamento da apelação interposta sem efeito suspensivo, como poderia essa mesma sentença, após o trânsito em julgado, vir a ter sua plena força executória suspensa por impugnação (efeito, esse, que lhe é excepcional)? Nesses casos a impugnação não surge propriamente contra a sentença trânsita em julgado, por uma razão comum: é que já na fase de execução provisória, se a sentença de primeira instância foi a que decretou o despejo, o locador terá retomado o imóvel. O trânsito em julgado posterior apanha uma situação já definida de regra pelo exaurimento da execução anterior. Esse raciocínio conduz o interesse de apresentação de impugnação ao cumprimento da sentença ainda na pendência do julgamento da apelação. É o momento em que tende a incidir a apresentação de impugnação contra sentenças que decretam o despejo ainda não executadas. Mas a solução é simples e objetiva: se a eficácia executória da sentença é imediata e não se suspende pela interposição de apelação (fase recursal da ação), não será a impugnação ao cumprimento que retirará aquela força executiva emergente da coisa julgada posterior.

11.5 Execução por quantia certa dos aluguéis

A não-impugnabilidade da execução exclusiva do despejo, por não comportar a ação de despejo a *actio judicati*, não implica inadmissão de impugnação à parte da sentença que contém condenação pelos aluguéis e por sucumbência nos encargos da lide, imposta ao vencido. Representa a sentença condenatória título executivo judicial dos aluguéis (se cobrados) e das verbas acessórias (art. 475-N do CPC), que abrem as vias do cumprimento de sentença nos próprios autos de despejo (ou através de carta de sentença na pendência de recurso recebido sem efeito suspensivo), perante o juízo que decidiu a causa no primeiro grau de jurisdição (art. 475-P do CPC).

O inciso VI do art. 62 propicia, em caso de acolhimento integral dos pedidos cumulados de rescisão e de cobrança dos aluguéis, o início do cumprimento desta última antes mesmo da desocupação do imóvel; como se trata de execução *comum* de condenação pecuniária, a impugnação ao cumprimento (nessa hipótese) constitui o meio legal idôneo exclusivo de que dispõe o devedor executado.

Esse cumprimento de sentença fulcrado em obrigação por quantia certa, tem por objeto expropriar bens do devedor a fim de satisfazer o direito do credor pelo débito locatício e pelos encargos da lide e se processa, obviamente, com a citação e a intimação do devedor, na pessoa de seu advogado, como regra, para, no prazo legal, pagar (arts. 652 e ss. do CPC), segundo o ritual ali estabelecido.

É facultado ao devedor opor-se à execução pecuniária por título extrajudicial por meio de embargos, que serão autuados em apenso aos autos do processo principal, no prazo de 15 dias, tudo na forma estabelecida nos arts. 736 *et seq.* do diploma processual civil.

11.6 Consignação judicial das chaves do imóvel livre e desocupado, pelo procedimento do Código de Processo Civil

As chaves simbolizam a posse do imóvel, com todos os direitos e responsabilidades. Enquanto as chaves não chegarem às mãos do locatário não assume ele plenamente o gozo da coisa locada, porque sem as chaves presume-se não iniciada a locação. De outro lado, enquanto não as restituir continua responsável pela posse derivada da relação locatícia. De modo que para o locatário liberar-se não basta que desocupe o imóvel (abandone-o), mas que o restitua totalmente livre e desocupado, finda a locação (art. 23, III), acompanhado da entrega das chaves ao locador, para possibilitar-lhe acesso normal pelas portas por onde entrou o locatário no início da locação. Só aí pode ser considerada extinta a locação, fixando-se, então, o termo *ad quem* das responsabilidades do locatário e coobrigados. Enquanto ficarem retidas as chaves vencem aluguéis.

Nos arts. 4º e 6º encontram-se delineadas duas situações de extinção da locação por iniciativa do locatário, em locações respectivamente de prazo determinado e indeterminado.

Pode surgir dificuldade para o locatário em efetivar a devolução do imóvel por exigências condicionantes do locador ou mesmo por simples recusa injusta. Restará ao locatário, para liberar-se, requerer a *consignação da coisa devida*, através da ação do art. 890 do CPC, observado o que dispõem o art. 891 e seu parágrafo único, cessando para o devedor, tanto que se efetue o depósito, os riscos, salvo se for julgada improcedente.

Frise-se que não se aplica a consignatória especial de aluguel e acessórios da locação, prevista no art. 67 da Lei 8.245/1991, para devolução das chaves que representam a coisa locada (o imóvel), mas sim a ação consignatória do Código de Processo Civil, com os recursos disciplinados em seus efeitos pela lei processual, e não pela Lei de Locações.

O art. 334 do CC de 2002, reiterando o disposto no art. 972 do CC de 1916, refere-se ao depósito da "coisa devida"; no caso da locação, será o imóvel livre e desocupado, através das chaves.

Esse entendimento, todavia, não foi adotado pelo STJ, segundo o qual "a ação consignatória prevista no art. 67 da Lei n. 8.245/1991 pode ser utilizada para a devolução do próprio imóvel, representada pela entrega das chaves" (6ª Turma, REsp 463.337-MG, rel. Min. Paulo Gallotti, j. 20.2.2003, ementa no *DJU* 14.4.2003, p. 257). A divergência está em saber se a previsão contida no art. 67 da Lei 8.245/1991 quanto à consignação de aluguel e acessórios estende-se à consignação do imóvel locado, representado que é pelas chaves. O STJ justifica pela funcionalidade do processo a adoção da corrente ampliativa, nos seguintes termos: "Em respeito aos princípios da efetividade e da economia processual, deve-se manter o acórdão, tendo em vista que, não obstante controvérsia a respeito de qual seria o procedimento mais adequado para interposição da ação consignatória de aluguéis e para a entrega das chaves do imóvel locado – aquele disciplinado no art. 890 do CPC ou o do art. 67 da n. Lei 8.245/1991 –, o resultado final seria o mesmo, uma vez que, ainda que aplicado à hipótese o procedimento da Lei do Inquilinato, como defende o recorrido, seria admissível a ação consignatória para a entrega das chaves do imóvel" (5ª Turma, REsp 692.650-SP, rel. Min. Arnaldo Esteves Lima, j. 12.9.2006, ementa no *DJU* 9.10.2006, p. 345).

Outra hipótese comum de impasse na destinação das chaves verifica-se por ocasião da execução de despejo, em que o acirramento dos ânimos provocado pela demanda afasta o bom entendimento entre as partes litigantes. Duas podem ser as situações: (a) o locatário é quem se recusa sem razão justificada a comparecer à presença do locador para restituir as chaves do imóvel já desocupado; (b) o locador é quem se recusa a receber as chaves do imóvel desocupado em razão da ação ou da sentença cumprida independentemente de mandado coercitivo, regularmente oferecidas pelo réu.

Na *primeira situação* configura-se o abandono a que alude o art. 66, não cabendo ação de consignação, por faltarem os pressupostos de não ter havido recusa ou mora do credor em receber o imóvel de volta. Não raro o locatário oferece a chaves por petição para juntada aos autos da ação de despejo. Tal providência, informal e sem figura de juízo, não obriga a parte contrária e pode ser repelida pelo juiz (salvo se o autor concordar e pedir imissão de posse – art. 66); todavia, não desonera o locatário depositante se o locador opuser recusa, criando-se uma situação de incerteza. Exemplo: o locatário abandona o imóvel e faz juntada das chaves aos autos, e antes de qualquer deliberação ou aceitação pelo locador o prédio é destruído por incêndio, ou vem a ser depredado. Estaria o locatário exonerado e a salvo dos riscos? Ou, reciprocamente, responde o locador pelos prejuízos por fato alheio à sua vontade ocorrido quando não tinha sequer conhecimento do abandono? Ou, nesse lapso de incerteza, assumiria o Estado responsabilidade frente a um ou outro pela aceitação inoperante das chaves pelo juiz? Aqui não cabe resposta, mas sim questionamento como advertência preventiva.

Na *segunda situação* assiste ao locatário, expondo a prévia recusa manifestada pelo locador, requerer formalmente em ação conexa, junto ao juiz do cumprimento do despejo, a consignação (pelo procedimento do Código de Processo Civil) das chaves, isto é, do próprio imóvel devido, para liberar-se dos riscos e mora tanto que se efetue o depósito regular.

O locador pode ter razões relevantes para a recusa do imóvel – como, por exemplo, estar sendo ocupado por móveis ou por estranhos introduzidos pelo locatário, deteriorações da responsabilidade do locatário etc. Só o contraditório no devido processo legal autoriza julgamento da lide, com os efeitos legais para as partes.

Impende ter em conta que, consoante decidiu o STJ, "opera-se a rescisão unilateral da relação locatícia com a ciência inequívoca do locador do depósito das chaves em juízo" (6ª Turma, REsp 169.754-SP, rel. Min. Vicente Leal, j. 13.6.2000, ementa no *DJU* 26.6.2000, p. 203). A 5ª Turma do STJ, todavia, antecipa esse momento extintivo da relação locatícia ao depósito das chaves; veja-se: "Julgada procedente a ação de consignação das chaves do imóvel locado, extingue-se a relação *ex locato* a partir do momento em que foi efetuado o depósito, e não a partir da data da citação. Os efeitos considerados são os do depósito, e não os efeitos do simples ajuizamento da causa, nem mesmo os da citação. Ao direito material cabe 'regular a *mora accipiendi* e seus pressupostos necessários e suficientes', e não ao direito processual" (REsp 281.269-RJ, rel. Min. José Arnaldo da Fonseca, j. 21.6.2001, ementa no *DJU* 3.9.2001, p. 243).

11.7 Imissão de posse por abandono do prédio em ação de despejo cumulada ou não com cobrança de aluguéis

A regra do art. 66 da atual Lei de Locações remonta ao art. 44 da anterior Lei 6.649/1979 e também ao art. 351 do CPC de 1939.

Mas a construção pretoriana se encarregara de adequar a norma do art. 351 do CPC de 1939, conferindo-lhe a inteligência precursora correspondente ao texto do art. 44 da anterior Lei 6.649 e do art. 66 da atual Lei 8.245. Com isso evitava-se, na prática forense generalizada, a expedição de mandado com a força de imissão de posse em favor do autor sem apreciação adequada do direito alegado sobre o imóvel, tanto mais quando muitas vezes o locador tinha ciência do abandono anterior, mas propunha a ação de despejo com o interesse apenas de provocar a imissão com cobertura de ordem judicial. É bem de ver que, estando o imóvel desocupado *antes* da propositura da ação, falece ao despejo a razão de ser, faltando, mesmo, o pressuposto principal para o exercício do direito de agir: posse do imóvel com o locatário em razão de relação *ex locato*.

Se o imóvel foi abandonado antes de a ação de despejo ser ajuizada, assiste ao locador o exercício do seu direito de apossamento por via direta, sem acionar os meios jurisdicionais, até porque a função declarativa resolutória da ação está prejudicada.

A redação do art. 44 da anterior Lei 6.649/1979 era de compreensão mais clara. Dizia o referido dispositivo: "Quando, após ajuizada a ação, o prédio for abandonado, o juiz, se o requerer o autor, verificado o fato, expedir-lhe-á mandado de imissão de posse, aplicando-se, se for o caso, o disposto no § 2º do art. 43". O art. 66 da atual Lei 8.245/1991 é mais conciso, mas inteligível segundo o espírito do uso sedimentado, senão que, ainda para melhor: apossamento direto do imóvel abandonado.

Basta que, ajuizada a ação, sobrevenha o abandono do prédio, verificado o fato (do "abandono após o ajuizamento da ação"), para que o juiz, se o requerer o autor, expeça o mandado de imissão. Aliás, se não houver empecilho, o locador assume diretamente a posse abandonada, independentemente de mandado, como exercício regular de direito – e faz comunicação, para os devidos efeitos processuais, ao juízo da ação.

Adotou o dispositivo uma posição prática, mas sem transigir com os princípios, pois só admite a solução incidente de natureza possessória se, ao ser proposta a ação de despejo, o imóvel *ainda* esteja *ocupado* pelo locatário, ou seja, se subsistente a relação *ex locato* cujo término é perseguido pelo locador através da ação própria e exclusiva assegurada para reaver o prédio alugado, que é a ação de despejo. Está eliminada pela solução legal a possibilidade de uso indevido da ação de despejo como meio de cobertura para imissão de posse. E agiu o legislador coerentemente com o rigor técnico da teoria processual, pois que em caso de abandono não subsiste resíduo algum da locação extinta, cabendo ao locador cuidar dos seus interesses diretamente, se possível for.

Ora, com a propositura da ação (art. 263 do CPC) considera-se em curso o processo e, por via de conseqüência, já nascem para o *autor* direitos processuais sobre a lide preexistente no plano material. E produzem-se efeitos processuais internos que não podem ser paralisados, ignorados, suprimidos ou sufocados. Para o réu, por outro lado, a propositura da ação só produz os efeitos mencionados no art. 219 do CPC depois que for validamente citado. O direito à imissão de posse diz respeito ao autor, não ao réu. E não diz respeito ao réu locatário precisamente porque este *abandonou o imóvel retomando* no curso do processo. É justo, pois, que o autor, que no momento da propositura da ação satisfazia os pressupostos para ter o pedido processado, se beneficie dos efeitos da propositura, imitindo-se na posse quando prejudicado o andamento da ação e dispensável a força do despejo. O STJ já decidiu: "Embora seja possível, caracterizado o abandono do imóvel, a imissão na posse sem a citação do réu (locatário), é imprescindível que a ação tenha sido proposta em face deste e, da inicial, conste sua qualificação e o pedido do autor para que seja citado" (5ª Turma, AgR no Ag 778.174-SP, rela. Min. Laurita Vaz, j. 7.11.2006, ementa no *DJU* 18.12.2006, p. 482).

É perfeitamente viável a interpretação que admite, em caso de abandono do prédio depois da sentença, a imissão direta ou a expedição de mandado de imissão de posse ao invés de mandado de execução. E outra não poderia ser a solução, consoante os princípios. Se o cumprimento do despejo se inicia pela intimação para desocupar no prazo assinado, sob pena de uso de força, é claro que, atendendo o locatário, ainda que com conotação de *abandono* (que ocorre sempre que não restitua formalmente a chave), não está sujeito à *pena de ser despejado*. O mandado de despejo tem força para *expelir* quem esteja resistindo na ocupação. Se ninguém ocupa, expelir quem? Basta, quando muito, a força menor de que se reveste o mandado ou a autorização legal (art. 66) de imissão do prédio livre. Não se perca de vista que no mandado de despejo estão embutidas duas ordens: despejar o réu e imitir o autor. O mandado de despejo não se limita a expelir o réu, porque ficaria incompleta a execução do julgado se os oficiais não investissem o autor na posse do imóvel retomando. Pois bem, se o réu saiu por conta da notificação ou antes dela, por conta da sentença, ou ainda antes, por conta da citação, ou, finalmente, por conta do mero ajuizamento da ação, completa-se a satisfação do autor com a simples imissão na posse, em razão do processo, no imóvel abandonado, objeto do pedido.

Em conclusão, o abandono – que é a desocupação informal do imóvel pelo locatário sem restituição das chaves ao locador – abre a solução incidente da imissão de posse em favor do autor, desde que ocorrido após o ajuizamento da ação de despejo e antes de expedido o mandado de evacuação, requerendo-a o autor e verificado o fato, dentro do espírito prático do art. 66, isto é, antecedida a imissão da constatação circunstanciada do abandono do imóvel, como expresso no Enunciado 27 do extinto 2º TACivSP.

E isso se justifica porque o desmancho do contrato de locação, desde que presentes os motivos justificadores, dá-se por ação de despejo, não sendo cabível a imissão de posse (STJ, 3ª Turma, REsp 265.254-SP, rel. Min. Carlos Alberto Menezes Direito, j. 30.5.2001, ementa no *DJU* 20.8.2001, p. 461) para aquele fim.

A expedição de mandado de imissão de posse independe de sentença, pode ocorrer em qualquer momento do processo em curso – o que significa também que o abandono ensejador da imissão não converte a ação de despejo em ação de imissão de posse. Como se viu, a ação de despejo (na qual declara-se resolvida ou extinta a relação locatícia) visa não só a despejar, mas a retomar, isto é, expelir o réu locatário do prédio, para nele ser imitido o autor ex-locador. Uma vez constatado o abandono e concretizada a imissão de posse em favor do autor, cabe verificar o momento e as circunstâncias para se concluir pela extinção do processo ou pelo seu prosseguimento em relação ao ex-locatário.

Pela jurisprudência do STJ de início referida, não ficaria prejudicada a ação, pois a citação, conforme aquela jurisprudência, não é divisor de águas.

Se o fato "abandono" se verificar *antes* da citação, o curso da ação de despejo que não tenha sido cumulada com pedido de cobrança dos aluguéis fica prejudicado pela perda *ab initio* do seu objeto, cabendo ao autor requerer a desistência, com base no art. 267, VIII, do CPC. O prosseguimento, se o requerer o autor, será obstado pelo juiz, porque, não tendo havido citação, não há litispendência nem coisa litigiosa, e o réu não fica constituído em mora (art. 219 do CPC) – o que, por outras palavras, significa que para o réu locatário a ação exclusivamente de rescisão não produziu efeitos; e, como nem haverá de produzir, desaparece o interesse jurídico do autor em prosseguir, nem mesmo para apuração de encargos da lide, pois o pronunciamento de responsabilidade do réu em sucumbência depende de sentença, que não será proferida.

Se o abandono ocorrer *depois* da citação do réu e/ou houver cumulação de pedido de cobrança dos aluguéis (art. 62, I e VI), aí, altera-se o quadro, porque incide a regra do art. 219; e, se não contestar os pedidos, presume-se ter o réu atendido à razão da citação, numa espécie de adiantamento voluntário de execução e confissão do débito. O autor, neste caso, tem interesse no prosseguimento da ação contra o revel, para obter julgamento quanto ao principal do débito locatício e à sucumbência. Nesse sentido antigo mas ainda atualíssimo acórdão do 2º Grupo de Câmaras do extinto TACivSP, de 29.9.1970, nos EI 138.368, relator o Juiz Martiniano de Azevedo (*RT* 430/142): "Abandonado o prédio antes de proferida a sentença, a imissão do senhorio na posse extingue a ação de despejo por falta de pagamento, restando apenas decisão acerca dos encargos da lide. A relação jurídica processual perde o objeto, que era o de despejar, ocorrendo o que Pontes de Miranda denomina execução parcial pelo próprio obrigado (*Comentários* ao art. 351 do CPC de 1939). Tal solução mais ainda se impõe nos casos em que o imóvel é devolvido pelo locatário, como aconteceu. O juiz não deve ignorar o estado em que se acham os autos e a própria declaração de vontade do réu".

Pode suceder que o réu tenha já contestado a ação cumulada, de despejo e cobrança, e proceda à entrega (que não se confunde com o abandono) do imóvel e chaves ao autor, sem efeito de confissão, e ele próprio ressalve sua exigência de prosseguimento para decisão sobre o pedido de cobrança dos aluguéis e dos encargos da lide. É evidente na espécie figurada que ao autor não é lícito desistir sem o consentimento do réu (§ 4º do art. 267 do CPC). Embora desaparecido um dos objetos principais, o processo prossegue até vir a ser resolvido pela sentença de mérito que julgue o pedido remanescente e pronuncie a responsabilidade pelos encargos da lide.

Por último, se o abandono for posterior à sentença, imitido o autor na posse, fica atendida essa parte do principal. Remanesce o título executivo judicial, inclusive sobre os encargos da lide em favor do vencedor contra o vencido pronunciado nos efeitos da sucumbência.

Se houver entrega efetiva das chaves pelo locatário, seja diretamente ao locador, seja em juízo, nos autos da própria ação em que ocorreu a ordem de desocupação, não há falar em abandono e imissão de posse, mas sim em entrega legítima das chaves. Nesse sentido o Enunciado XIX da Corregedoria-Geral da Justiça do Rio de Janeiro: "Cabe a entrega das chaves pelo locatário na ação de despejo, ainda que haja recusa do locador em recebê-las". Nessas hipóteses, o locatário libera-se plenamente de suas responsabilidades por aluguéis e também por danos posteriores no imóvel.

12

Exercício do Direito de Retenção ou da Pretensão à Indenização por Benfeitorias

12.1 Natureza da retenção ("retentio temporalis") e cabimento de meio equivalente aos embargos, depois da derrogação do art. 744 do CPC, que suprimiu o rito procedimental próprio. 12.2 Direito de retenção reconhecido na sentença. Reconvenção: 12.2.1 Considerações gerais – 12.2.2 Reconvenção. 12.3 Oportunidade da oposição de exceção de retenção. 12.4 Efeito suspensivo. 12.5 Preclusão do direito de retenção.12.6 O direito de retenção não autoriza reintegração na posse. 12.7 Direito só oponível ao locador. 12.8 Benfeitorias e acessões. 12.9 Benfeitorias não se prestam à purgação da mora. 12.10 Forma de processamento da exceção de retenção. 12.11 Retenção por benfeitorias pelo sublocatário. 12.12 Súmula 335 do STJ: validade da cláusula adesiva de renúncia à indenização por benfeitorias e ao conseqüente direito de retenção?. 12.13 Compatibilização da Súmula 335 do STJ com os arts. 113, 114, 423 e 424 do CC (benfeitorias e investimentos de vulto).

*12.1 Natureza da retenção (***retentio temporalis***) e cabimento de meio equivalente aos embargos, depois da derrogação do art. 744 do CPC, que suprimiu o rito procedimental próprio*

O conceito civil de "benfeitorias" como obras de conservação é decorrente do disposto nos arts. 92, 96 e 97 do CC de 2002 – ou seja, bens *acessórios* que se agregam ao *principal* de cuja existência dependem –, podendo ser as benfeitorias úteis ou necessárias; ambas têm regime indenizatório-retentório previsto nos arts. 1.219 a 1.222 do CC de 2002, que cuidam dos efeitos da posse de boa-fé sobre imóvel alheio – no caso, imóvel em regime locatício.

As benfeitorias necessárias bem como as úteis conferem ao locatário, na forma do art. 35 da Lei 8.245/1991, pretensão indenizatória e direito de retenção – este, após a revogação do art. 744 do CPC, através de exceção substancial, por óbvio, enquanto exercida a posse; e aquela, subseqüentemente, após restituída ao locador a posse do imóvel benfeitorizado. Já as benfeitorias voluptuárias têm o regime do art. 36 da lei especial: não-indenizáveis, podem ser levantadas, desde que sua retirada não afete a estrutura e substância do imóvel.

O art. 26 da anterior Lei 6.649/1979, na vigência dos arts. 199 e 516 do CC de 1916, ao erigir em preceito geral que "não é lícito ao locatário reter o prédio alugado", abria, em seguida, uma ressalva àquela vedação: "exceto no caso de benfeitorias necessárias, ou no de benfeitorias úteis, se estas houverem sido feitas com consentimento, por escrito, do locador". Tratava-se, portanto, de direito pessoal do locatário, oponível ao locador, e só a este, exercitável limitadamente (*retentio temporalis*), até a compensação dos créditos de aluguel e da indenização por benfeitorias.

Na atual Lei 8.245/1991 são os arts. 35 e 36 que tratam das benfeitorias, praticamente no mesmo sentido da legislação locacional anterior, sendo que seu conceito jurídico provém dos arts. 63 e seus §§ 1º a 3º, e 64 do CC de 1916, correspondentes aos arts. 96 e 97 do CC de 2002, aplicáveis na espécie. A ressalva do disposto no art. 43, II, do revogado *Codex* (art. 79 do CC de 2002) – de que tudo quanto ficar incorporado permanentemente ao solo, de modo que não se possa retirar sem destruição etc., não pode ser retirado – deve ser harmonizada com a parte final do art. 36 da Lei 8.245, que prevê a não-indenização das benfeitorias voluptuárias se não puderem ser levantadas sem afetação da estrutura e da substância do imóvel. Mas o art. 79 do CC de 2002 já não traz mais aquela ressalva, de modo que, na atualidade, prevalece apenas o que está no regime dos arts. 35 e 36 da Lei 8.245 e no art. 1.219 do CC de 2002, que asseguram o exercício do direito de retenção, aplicável ao locatário, com alternativa indenizatória, em face do seu locador.

O texto do art. 35 começa por restringir o direito que assegura, "salvo expressa disposição contratual em contrário". Todavia, a renúncia, pelo locatário, ao direito de indenização/retenção por benfeitorias, se por cláusula de adesão, coativa, pode ser tida por ineficaz.

Em outras palavras, só é válida e eficaz a renúncia convencionada conscientemente expressa quanto ao direito às benfeitorias. É essa a regra que, porém, comporta exceção nos casos em que a restrição a esse direito se encontra estabelecida em cláusula à qual o locatário aderiu, sem manifestar, portanto, de forma espontânea vontade ou intenção no sentido da renúncia. Trata-se de aplicação do art. 424 do atual CC, que dispõe, "nos contratos de adesão, são nulas as cláusulas que estipulem a renúncia antecipada do aderente a direito resultante da natureza do negócio".

O direito de retenção (*jus retentionis*) por benfeitorias é reconhecido pelas legislações como um privilégio especial que confere preferência ao credor sobre a coisa, e se destina a assegurar, em geral, ao possuidor de boa-fé, e em particular ao locatário, o direito à indenização, num autêntico acerto de contas, ao término da relação *ex locato*, qualquer que tenha sido a causa da cessação da locação, pelas importâncias comprovadamente despendidas em benfeitorias úteis realizadas no imóvel com o prévio consentimento escrito, titulado, do locador, ou com benfeitorias necessárias, ainda que não autorizadas.

O art. 35 da Lei de Locações repete, com mais especificidade, o texto do art. 1.199 do CC de 1916. O art. 578 do atual Código adota redação mais aproximada do texto da atual lei especial quanto ao direito de retenção do locatário.

Esse direito, a ser tornado certo pela sentença que decreta o despejo, sempre foi exercitável por meio de embargos específicos de retenção até ocorrer a revogação do art. 744 do CPC, oponíveis pelo locatário ao locador despejante quando notificado, na *fase* de execução da sentença de despejo, a cumprir o preceito demissório.

Não raro os *embargos de retenção por benfeitorias* eram confundidos com *embargos à execução*; como aqueles eram admissíveis expressamente em execução de despejo, surgia dessa assimilação o raciocínio generalizante de que eram cabíveis quaisquer outros embargos oponíveis pelo devedor em processo de execução (*actio judicati*).

Ante a ressalva do direito de retenção da posse do imóvel por benfeitorias pelo locatário, expressa na lei especial e no atual Código Civil, com razões e fins bem definidos, e como a todo direito corresponde uma ação que o assegura (art. 75 do CC de 1916, correspondente ao art. 189 do CC de 2002), não havia dúvida de que sua defesa possessória era exercitável por via de embargos de retenção por benfeitorias do hoje revogado art. 744 do CPC, então meio apto e específico – direito, agora, a ser exercido por qualquer equivalente remédio processual.

A superveniente Lei 11.382/2006 revogou o art. 744 do CPC e incluiu como matéria argüível em embargos à execução de título extrajudicial a retenção por benfeitorias necessárias ou úteis (art. 745, IV, do CPC). Na atualidade, o exercício do direito de retenção em ações de cunho condenatório, como o são as executivas *lato sensu* – entre as quais as ações de despejo –, faz-se em contestação; e, reconhecido o direito à indenização, devem esses valores ser liquidados em fase própria (arts. 475-A *et seq.* do CPC), caso a sentença já não tenha assim determinado. Desse modo, em sede de impugnação ao cumprimento da sentença de despejo não cabe argüir retenção por benfeitorias, cujo direito – insista-se – já deve ter sido exercido em contestação ou exceção. Na eventualidade de o locatário não ter argüido seu direito de retenção em contestação, convolado em ressarcimento pelas benfeitorias, pode vir a fazê-lo, heterotopicamente, por meio de exceção ou ação autônoma, que, todavia, pode não evitar a execução do despejo.

12.2 Direito de retenção reconhecido na sentença. Reconvenção

12.2.1 Considerações gerais

A exceção substancial de retenção cabe, restritivamente, desde que se trate de direito reconhecido na sentença exeqüenda do despejo. Havendo apenas contestação na ação de despejo – que encerra em si uma ação executiva, em que, por isso, a execução da sentença é *fase*, e não *actio judicati*, não comportando, de regra, impugnação –, impõe-se ao locatário o ônus processual de deduzir o direito emergente da regra de direito material por ocasião da defesa.

Se não alegar, na contestação, o direito à indenização por benfeitorias para ser reconhecido o crédito e produzir o efeito decorrente do privilégio especial que confere preferência ao locatário sobre a posse do prédio alugado para retê-la satisfativamente, torna-se precluso o exercício do direito de retenção. Foi nesse sentido a orientação da jurisprudência do STJ, segundo a qual: "(...) em se tratando de ação de despejo, o direito de retenção – art. 35 da Lei n. 8.245/1991 – deve ser exercido por ocasião da contestação. Assim, em razão da preclusão, não há se falar na possibilidade de oposição de embargos de retenção por benfeitorias quando da execução da ação de despejo" (5ª Turma. AgR no REsp 685.03-MT, rel. Min. Gilson Dipp, j. 20.9.2005, ementa no *DJU* 10.10.2005. p. 421).

A via de embargos era imprópria, por natureza, à *constituição* de título executivo judicial, tanto mais com a inexcedível eficácia do crédito por benfeitorias. O título privilegiado e preferencial do locatário há de ser constituído na própria sentença de despejo, e então, sim, será apto à oposição em face do locador que pela mesma sentença adquiriu título executivo com força de expelir o locatário do prédio. Quando o autor-locador cumule, com o de despejo, pedido de cobrança dos aluguéis, parece mais fácil o entendimento de que será nessa fase cognitiva que deve o réu locatário alegar em contestação (reconvenção) seu direito à indenização por benfeitorias para ser apreciado na sentença, isto é, numa única resolução judicial, integrando a força executiva do título judicial – aliás, em perfeita consonância com o preceito específico sobre execução para entrega de coisa certa, do art. 628 do CPC, que não deve ser relegado.

A decretação do despejo é o antecedente lógico do direito de reter o imóvel por benfeitorias, mas não seu pressuposto cronológico. Sendo questões conexas por subordinação e sucessividade o despejo e o direito de retenção, numa única resolução judicial, se o juiz conceder o despejo, decidirá sobre o pedido de benfeitorias, de cujo reconhecimento deriva o direito de retenção do locatário-réu oponível ao locador-autor.

A sentença que decreta a rescisão e determina o despejo e que reconhece crédito por benfeitorias reveste-se também de natureza constitutiva e, por isso, fica peculiarmente agregada dessa carga, com força executiva contraposta. E se a mesma sentença, por outro lado, acolher também o eventual pedido cumulativo do autor e condenar o réu no pagamento dos aluguéis (art. 62, I e VI, da Lei 8.245/1991), determinará a compensação das obrigações; e, se sobrar saldo em favor do locatário, a título de indenização por benfeitorias, exercerá este, normalmente, seu direito de retenção pela forma de exceção de retenção na oportunidade de execução do despejo.

Se não conceder o despejo, ainda que devesse a sentença decidir sobre o direito indenizatório por benfeitorias deduzido por reconvenção pelo locatário, não há cogitar do tema de retenção, que fica prejudicado, em razão da continuidade da posse do imóvel com o locatário, decorrente da não-extinção da relação locacional, que prejudica também a pretensão indenizatória.

Se o locatário invocou benfeitorias, reclamou pagamento de indenização e manifestou a intenção de se valer do direito de retenção – isto é, se a matéria foi regularmente deduzida e discutida no contraditório único estabelecido e a sentença reconheceu o direito alegado –, não poderá o despejo ser executado sem que antes se satisfaça o antecedente lógico da indenização das despesas comprovadamente efetuadas pelo locatário, sobretudo com o consentimento por escrito do locador, a bem e conservação do imóvel.

Não divergia desse entendimento Pontes de Miranda.[1]

No mesmo sentido Agostinho Alvim, para quem o direito de retenção por benfeitorias devia ser alegado e provado na ação de despejo, e, se reconhecido pela decisão que lhe pusesse termo, seria exercido na fase de execução.[2]

Elucidativa é uma antiga sentença proferida na 6ª Vara Cível de São Paulo pelo então Juiz e hoje Desembargador José Roberto Bedran, desta-

1. Pontes de Miranda, *Tratado de Direito Privado*, t. XL, n. 4.491.
2. Agostinho Alvim, *Aspectos da Locação Predial*, 2ª ed., EJU, 1966, p. 207.

cada em divulgação no *DCI* 13.9.1974, na coluna forense de Moacyr de Barros Mello. Diz o decisório, em conclusão: "Ou por outras palavras, a lei oferece ao devedor a oportunidade de se opor licitamente à execução (*v.g.*, por reconhecido direito de retenção por benfeitorias), quando o credor, sem cumprir rigorosamente a obrigação que lhe foi imposta, exige o implemento da do outro (art. 582 e seu parágrafo único do CPC)".

E, mais adiante:

"Assim, no curso da lide nada se discutiu e tampouco se decidiu sobre a pretendida indenização por benfeitorias em favor dos embargantes, de sorte que, agora, são eles manifestamente carecedores dos presentes embargos de retenção.

"Qualquer outro entendimento em contrário representaria em se admitir, com vedada modificação do título exeqüendo, a reabertura de discussão sobre questão não levantada na ação e que a sentença não reconheceu de forma expressa."

Com maioria de razão, e atualidade impressionante, aplica-se essa notável lição quando acolhida a cumulação de pedidos (art. 62, I e VI, da Lei 8.245/1991) e também o pedido de indenização ao locatário por benfeitorias.

A tendência mais recente, com a supressão do efeito suspensivo dos recursos, para evitar enriquecimento sem causa do locador, é admitir o pedido de indenização mesmo sem prévio debate na ação de despejo, e em certas circunstâncias a abertura da via retentiva da posse do imóvel para o reconhecimento daquele direito, sobretudo para obstar à execução provisória; máxime contra decisão liminar de despejo (arts. 59 e 64 da atual Lei 8.245/1991) proferida sem contraditório regular e, pois, sem oportunidade de discussão e prévia disposição sentencial sobre o tema.

12.2.2 Reconvenção

Antiga jurisprudência, inclusive do STF, ainda na vigência do CPC de 1939, cujo art. 192[3] abarcava a proibição, vinha, com aguda sensibilidade, admitindo reconvenção nas ações de despejo para haver o locatário indenização por benfeitorias (*RTJ* 67/598 e *RT* 478/211). À luz

3. Neste sentido dispunha o art. 192 do CPC de 1939: "Art. 192. Não se admitirá a reconvenção nas ações: I – relativas ao estado e capacidade das pessoas, salvo as de desquite e anulação de casamento; II – de alimentos; III – de depósito; IV – executivas; V – que versarem sobre imóveis, ou direitos a eles relativos; VI – que tiverem processo diferente do determinado para o pedido que constituir objeto da reconvenção".

do diploma processual de 1973, que ampliou ou generalizou o uso da reconvenção (art. 315), com maioria de razão a conclusão foi pelo seu cabimento em ação de despejo visando à indenização por benfeitorias. E, à luz da atual Lei 8.245/1991, que imprimiu rito ordinário explícito às ações especiais de despejo, autorizou cumulação de pedidos e, ainda, instituiu cobrança dos aluguéis, a reconvenção é cabível para pleito indenizatório por benfeitorias.

Entendemos, mesmo, que não há necessidade de deduzir por reconvenção o direito limitado de retenção por benfeitorias sem pedido indenizatório, sendo suficiente sua alegação como simples matéria de defesa em contestação; isto pela peculiaridade da exceção de retenção, tanto mais que na atualidade só autorizam ao locatário reter o imóvel as benfeitorias (art. 35 da Lei 8.245/1991) que houverem sido feitas com consentimento, por escrito, do locador, se úteis, e até as não autorizadas, se necessárias. É o que basta, uma vez alegada e desde logo provada, para que o juiz possa reconhecer esse direito na sentença como ressalva de caráter suspensivo prévio em favor do locatário, que condiciona a efetivação da execução do despejo ao reembolso das despesas efetuadas. Afinal, onde cabe o direito de agir por benfeitorias cabe, com maioria de razão, a exceção por benfeitorias, até porque a retenção está mais para oposição de direito, certo que este se exprime mais apropriadamente por pretensão à indenização.

Reside numa essencial diferença de efeitos a dedução do direito por via reconvencional regular ou como simples matéria de oposição.

Na primeira hipótese observar-se-á o disposto no art. 299 e gozará o locatário reconvinte da ressalva do art. 317 do CPC, podendo em tese prosseguir na reconvenção mesmo que desista o locador da ação, assistindo-lhe o direito à compensação e, conseqüentemente, de promover execução por título judicial pelo crédito conexo que lhe for reconhecido, sem efeito suspensivo desse privilegiado direito, em caso de apelações recíprocas. Note-se que não existe possibilidade, no atual estágio do direito, da outorga (constitutiva) de título executivo judicial pelo reconhecimento de crédito a não ser por via de ação ou reconvenção – enfim, *agindo* através de formulação de *pedido* (pretensão), e não por mera via passiva, defensória.

Na segunda hipótese restringir-se-á o pedido deduzido como matéria de defesa tão-somente para fins de retenção, com efeito suspensivo de eventual futura execução do despejo, e dependente da solução *secundum eventum litis* da ação de despejo, de tal modo que também a desistência da ação de despejo prejudica o conhecimento do tema de benfeitorias.

12.3 Oportunidade da oposição de exceção de retenção

Ao próprio juiz executor incumbe de ofício fazer observar – no cumprimento, em toda sua inteireza, do julgado que lhe está afeto – a preferência antecedente da satisfação do direito à retenção de cunho indenizativo compensatório que tenha sido outorgado ao locatário, como condição suspensiva extraordinária da execução do despejo, por inferência do princípio que decorre do art. 1.192 do CC de 1916 (art. 569 do CC de 2002) contido no art. 23 da Lei 8.245/1991.

Se não der o juiz conseqüência àquela causa paralisante da execução da ordem de despejo, ensejadora do pagamento ou do depósito em caução do valor das benfeitorias, aí, sim, é lícito ao locatário opor-se à demissão da posse pela via de exceção de retenção (*retentio temporalis*) ou qualquer meio equivalente, a serem processados com efeito suspensivo natural da ordem de desocupação do imóvel.

12.4 Efeito suspensivo

As exceções de retenção por benfeitorias em execução de despejo são recebidas com efeito suspensivo pela sua índole de óbice transitório à inversão dos termos do julgado, ou seja, para que o termo *conseqüente* (que é o despejo) não prefira ao *antecedente* (que é a satisfação da pretensão indenizatória por benfeitorias). De tal forma que o locador só poderá ser imitido na posse se prestar caução ou depositar (por analogia do revogado art. 744, § 3º, do CPC), que não se confunde com a caução por execução provisória (arts. 63, § 4º, e 64 da Lei 8.245/1991). Aliás, se se tratar de despejo liminar (art. 59, § 1º), aí cabe exceção de retenção direta e agravo de instrumento. Do contrário o locatário será manutenido na posse pelo tempo necessário (*retentio temporalis*) até esgotar-se o crédito indenizatório que lhe haja sido reconhecido em satisfação através do uso do imóvel retido. Durante o tempo de retenção vencem aluguéis, visto como, sem demissão do locatário da posse do imóvel, mantém-se o vínculo locatício, ao menos residualmente, para efeito compensatório.

12.5 Preclusão do direito de retenção

O que preclui, caso não haja dedução de pretensão do direito à indenização ou retenção por benfeitorias na oportunidade da contestação à ação de despejo,[4] é apenas o *jus retentionis* exercitável por meio

4. "A contestação da ação de despejo é o momento processual adequado para alegar-se o direito de retenção por benfeitorias" (STJ, 4ª Turma, REsp 651.315-MT, rel. Min. Castro Filho, j. 9.8.2005, ementa no *DJU* 12.9.2005, p. 324).

equivalente ao de embargos do revogado art. 744 do CPC. Não preclui, evidentemente, o direito de demandar a respectiva indenização. A preclusão diz respeito à perda do direito à prática do ato processual de proteção da posse retentível, o que nada tem a ver com a prescrição da ação indenizatória por benfeitorias.

A retenção, como exceção ao direito sobre a coisa reconhecido ao locador, pressupõe o estabelecimento na sentença da subordinação da execução do despejo à prévia satisfação do direito do locatário, porque é um direito derivado do título judicial, e por ele pode opor-se o locatário à ordem de despejo enquanto não houver pagamento da indenização a que faz jus. Ressalva-se o caso de despejo liminar, que, por ser anterior à sentença, enseja defesa pela mais ampla forma, para assegurar indenização ou exceção de retenção, além de recurso cabível ao locatário.

Se na ação de despejo não tiver sido discutida a questão do direito por benfeitorias, não fica esta coberta pela coisa julgada material, não existindo impedimento à abertura do tema de indenização em ação de locupletamento ilícito (ou através de pedido reconvencional do locatário em qualquer ação futura do locador de cobrança de aluguéis ou prejuízos por danos no imóvel), como corolário mesmo da não-oposição do direito de retenção. Se tiver havido cumulação de pedidos de rescisão e de cobrança dos aluguéis, com maioria de razão configura-se o interesse jurídico do locatário em deduzir seu pedido indenizatório de benfeitorias através de reconvenção, para obter título compensatório extintivo da obrigação locatícia; e, pelo que sobejar em seu favor, tem o direito de opor-se pela via retentória (equivalente de retenção).

12.6 O direito de retenção não autoriza reintegração na posse

Se o locatário chegar a perder a posse do imóvel em execução do despejo antes de ser pago por benfeitorias realizadas no imóvel – o que é razão a mais para obtenção de suspensão da ordem de evacuação –, já não lhe assistirá o direito de opor exceção de retenção, por absoluta impropriedade do meio, que se destina tão-somente a assegurar ou reter o estado de atualidade de manutenção da posse em pagamento ou garantia de pagamento do que houver despendido o locatário em benfeitorias úteis ou necessárias com autorização escrita, e não extensivamente o direito de reintegração ou restituição do imóvel objeto da locação terminada. A relação locatícia extinta por sentença não se restabelece, mas subsiste residualmente, pois a posse não se converte em comodato; nasce uma relação de retenção indenizatória que por lei autoriza retenção compensatória *sui generis*, enquanto subsistir a posse locatícia.

12.7 Direito só oponível ao locador

O direito de retenção por benfeitorias que assiste ao locatário é oponível em princípio ao locador, e não a terceiros, como, por exemplo, adquirentes. Por isso é deduzida a pretensão indenizatória-retentória na ação de despejo que lhe tenha sido movida pelo locador. E, uma vez reconhecido o direito na sentença, enseja utilização da via de exceção de retenção em apenso à ação conexa em que se formou o título exeqüendo em favor do locador (e do locatário benfeitorizante), que tem força de lei nos limites da lide e das questões decididas e faz coisa julgada às partes entre as quais é dada a sentença, não beneficiando nem prejudicando terceiros (arts. 468 e 472 do CPC).

12.8 Benfeitorias e acessões

A distinção entre *benfeitorias* e *acessões* é subministrada pelo direito comum. Enquanto as benfeitorias referem-se apenas às despesas com a conservação do prédio, as acessões dizem respeito às construções e obras novas. As primeiras encontram-se caracterizadas nos arts. 1.219 *et seq.*, enquanto as segundas são as de natureza mais amplas, enquadráveis no art. 1.255, ambos do CC de 2002. Somente as benfeitorias asseguram direito de retenção, pela letra da lei. Mas a tendência ampliativa na interpretação do que sejam "benfeitorias", alcançando acessões, com ampliação conseqüente da exceção indenizatória que constitui o título do direito de retenção, decorre de razões de eqüidade em favor do locatário, desde que este tenha – com autorização prévia inequívoca, por escrito – introduzido melhoramentos no imóvel mesmo que extravasem o conceito estrito de simples benfeitorias. A não-indenização por excessivo formalismo vocabular ensejaria enriquecimento sem causa do locador, o que seria justa razão suficiente para proteção ao locatário através do reconhecimento do seu direito de *retentio temporalis*.

12.9 Benfeitorias não se prestam à purgação da mora

Quando a ação de despejo tem como fundamento a mora no pagamento dos aluguéis e encargos da locação de responsabilidade do locatário, podem surgir algumas questões incidentes, relacionadas com as benfeitorias, tanto mais que pode haver cumulação de pedido de despejo por falta de pagamento com pedido condenatório por cobrança dos aluguéis (art. 62, I e VI), o que poderia conduzir a ilações equivocadas se o locatário tem pretensão a haver indenização por benfeitorias.

Uma delas é o oferecimento, pelo locatário, das benfeitorias como valor a título de alternativa de pedido de purgação da mora. Tal problema surgiu certa feita no passado em ação intitulada como de despejo por falta de pagamento do aluguel anual de imóvel rural e ensejou recurso para o extinto 2º TACivSP. Trata-se da ACi 39.763, da 4ª Câmara, de que Paulo Restiffe Neto foi juiz relator, julgada em 23.3.1976, em que, à unanimidade, ficou decidido, confirmando sentença de primeira instância do juízo da comarca de Taquarituba: "O oferecimento das benfeitorias a título de alternativa de pedido de purgação da mora não poderia mesmo ser deferido pelo juiz, com oposição do credor, de vez que se trata de dívida pecuniária, que não pode ser paga em bens, senão em dinheiro, na forma do art. 959, I, do CC"(de 1916).

A purgação da mora se faz oferecendo o devedor a prestação pecuniária, que é o valor do aluguel e encargos, em dinheiro. As benfeitorias só contam para fim de retenção, para suspender a execução do despejo, depois de decretado, e não para servir antecipadamente de compensação ou substituto da moeda na purgação da mora pecuniária com o fim de evitar a própria decretação do despejo. O direito ressalvado ao locatário no art. 35 da atual Lei 8.245/1991 (ou art. 1.199 do CC) pressupõe a terminação da relação *ex locato*, e desde que, em princípio, no contraditório estabelecido com a contestação tenha ocorrido discussão da matéria e haja acolhimento na sentença. Quando o locatário reconhece a mora e pleiteia a purgação, abre mão da via contestatória, e bem por isso é que, na hipótese, não se estabelece o contraditório propriamente dito e a sentença limita-se a julgar extinto o processo de despejo, se purgada a mora. Todavia, se não houve contestação e não se efetivou também a purgação da mora, por eqüidade, em benefício do locatário, caberá defender-se por exceção de retenção para impedir a execução do despejo já decretado, se tiver introduzido benfeitorias indenizáveis, para que não ocorra enriquecimento sem causa do locador despejante.

A inviabilidade da purgação da mora locatícia mediante oferta de benfeitorias pode ser resumida nas seguintes razões.

Primeira, de ordem formal, porque excluem-se as duas vias conflitantes: a do pedido de purgação da mora (que pressupõe ausência de contestação) e a da dedução de reconvenção, porque esta subordina-se à contestação, e ambas devem ser oferecidas simultaneamente (art. 299 do CPC).

Segunda, porque a purgação da mora de dívida pecuniária não pode ser feita eficazmente mediante oferta de bens, senão em dinheiro. Só depois da sentença que reconheça o direito indenizatório por benfeitorias, deduzido pelo locatário na ação de despejo cumulada com cobrança dos aluguéis, poderá ser exercido o direito de compensação, se houver condenação nos aluguéis pela mesma sentença.

Também não pode ser purgada a mora através do direito de crédito por benfeitorias se nenhum título de reconhecimento judicial preexistir ao momento da oblação. Só se poderia admitir compensação, como se disse, mas não para fins de purgação da mora, depois de constituído o crédito por benfeitorias através da sentença líquida, ainda que sem execução aparelhada (art. 1.010 do CC), e desde que não ocorram os impedimentos dos arts. 1.016 e 1.018 do CC.

Por outro lado, é perfeitamente possível ao locatário, citado em ação de despejo por falta de pagamento cumulada com cobrança dos aluguéis, confessar a mora, aceitando o acolhimento da ação de despejo, e deduzir direito de retenção no prazo de contestação, por reconvenção ou simples defesa, para ser reconhecido e assegurado na sentença de despejo. A hipótese é diversa daquela primeira, porque agora o réu aceita as conseqüências resilitórias da mora, não pretende purgá-la, mas apenas ressarcir-se de despesas com benfeitorias, recebendo ou compensando o valor correspondente ou retendo o prédio alugado até extinguirem-se as obrigações recíprocas.

12.10 Forma de processamento da exceção de retenção

A exceção de retenção por benfeitorias é processada em apenso aos autos de execução de despejo, perante o mesmo juiz que decidiu a causa principal.

A exceção processual de retenção por benfeitorias reconhecidas em ação de despejo repousa, como se viu, em pressupostos peculiares que a diferem dos revogados embargos de retenção oponíveis à "execução de sentença, proferida em ação fundada em direito real, ou em direito pessoal sobre a coisa" (art. 744, *caput*, do CPC, revogado). Por isso, as exigências específicas constantes do revogado § 1º do art. 744 do diploma processual não incidiam necessariamente e menos ainda no rigor da literalidade do texto codificado. O excipiente que busca a retenção em ação de despejo de regra já dispõe de título judicial com o reconhecimento prévio do seu direito indenizatório específico, do que resulta não caber indiscriminadamente a recusa judicial ao recebimento da oposição. Na exceção de retenção de imóvel despejando o juiz não irá constituir o direito de retenção. Mas, sim, irá eficaciar esse direito preexistente na sentença. Ao mesmo tempo, por conseqüência, irá propiciar a compensação em garantia de satisfação do crédito do locador por perdas e danos, aluguéis em aberto, danos processuais (encargos da lide de despejo) e danos materiais no imóvel se na impugnação à exceção de retenção o locador oferecer artigos de liquidação.

Incidem, todavia, em princípio, as exigências formais para a petição inicial, inclusive atribuição de valor à causa de exceção retentiva.

Na exceção de retenção pode ter lugar a sucumbência.

Se a sentença de despejo reconheceu e constituiu o direito de retenção em favor do locatário, com implícito ou expresso efeito de suspender a execução do despejo, subordinando a demissão da posse à prévia satisfação do crédito do locatário, e apesar disso o locador precipita a execução, subvertendo os termos do julgado, é evidente o gravame acarretado ao locatário. Acolhida a oposição, estará o locador excepto sujeito a suportar os encargos da lide retentória a lhe serem impostos na sentença de conhecimento a ser proferida na exceção (custas e honorários advocatícios referentes à exceção), observando o juiz os critérios do § 4º do art. 20 do CPC na fixação da verba profissional. Numa oposição do locatário que seja desacolhida depois de impugnação do locador, responde o excipiente pelos encargos da sucumbência.

12.11 Retenção por benfeitorias pelo sublocatário

Veja-se o Capítulo 21 ("Questões Processuais e Substanciais sobre Sublocação"), item 21.13, *infra*.

12.12 Súmula 335 do STJ: validade da cláusula adesiva de renúncia à indenização por benfeitorias e ao conseqüente direito de retenção?

É o seguinte o texto da Súmula 335 do STJ: "Nos contratos de locação, é válida a cláusula de renúncia à indenização das benfeitorias e ao direito de retenção" – editada já sob a égide dos arts. 113, 114, 423 e 424 do CC de 2002, que orientam o intérprete e aplicador da lei.

Atrai a atenção do estudioso a utilização da expressão "é válida a cláusula de renúncia (...)". É que nos modelos impressos de instrumento de contrato escrito encontráveis em papelarias ou em administradoras imobiliárias, quando estas últimas atuam pelo locador que lhes tenha concedido licença para promover a locação, pode ser reconhecido um contrato de adesão, em que o locatário é o aderente, considerando não estar excluído o fenômeno, ainda que mitigado, de adesão a cláusulas abusivas.

Neste caso, nos termos do art. 424 do CC de 2002 ("Nos contratos de adesão, são nulas as cláusulas que estipulem a renúncia antecipada do aderente a direito resultante da natureza do negócio") e do art. 114, que impõe que a renúncia deve ser interpretada estritamente, surge um questionamento sério a ser considerado, visto que o *direito à indenização* por benfeitorias necessárias introduzidas pelo locatário, ainda que não autorizadas pelo locador, permite até o exercício do *direito de retenção* (art. 35 da Lei 8.245/1991), ambos direitos privilegiados inerentes à natureza do negócio jurídico da locação. Daí por que, diante dessas normas evidentes de ordem pública, deva receber interpretação restritiva a Súmula 335 do STJ, isto é, só em contexto que revele os casos inequívocos de cláusula de renúncia voluntária e consciente, e não por adesão.

12.13 Compatibilização da Súmula 335 do STJ com os arts. 113, 114, 423 e 424 do CC (benfeitorias e investimentos de vulto)

Já a antiga mas ainda atual Súmula 158 do STF dizia que: "Salvo estipulação contratual averbada no registro imobiliário, não responde o adquirente pelas benfeitorias do locatário". Aí estava a expressão da regra geral do nosso Direito no sentido de o locatário suportar o peso das benfeitorias, figurando a ressalva obrigando até o adquirente como exceção que confirma o sentido do trato sistêmico do tema em nosso Direito. A partir dos arts. 516 e 1.199 do CC de 1916, que ecoaram no art. 26 da anterior Lei (de Locações) 6.649/1979 e no art. 35 da atual Lei de Locações – "Salvo expressa disposição contratual em contrário (...)" –, a exceção virou regra, pois é no instrumento escrito, normalmente orientado pelo locador, que tem lugar a ressalva da disposição em contrário; isto é, em que o locatário renuncia por adesão antecipadamente a direitos futuros de indenização/retenção resultantes da natureza do negócio locacional imobiliário em que tenha lugar a realização de benfeitorias úteis e necessárias.

Por esse intróito vê-se que a Súmula 335 do STJ ("Nos contratos de locação, é válida a cláusula de renúncia à indenização das benfeitorias e ao direito de retenção") não inova. Apenas ratifica-se o texto do art. 35 da Lei 8.245/1991, mas iluminado pelos arts. 113, 114, 423 e 424 do CC de 2002, que, partindo da premissa de não se tratar de cláusula de adesão, ressalva a "expressa disposição contratual em contrário"; evidentemente se e quando a renúncia antecipada represente autêntica livre manifestação negocial consciente de vontade; para que as benfeitorias necessárias e investimentos consideráveis ou de vulto, agora contemplados no art. 473, *caput* e parágrafo único, do CC de 2002, que venham a ser introduzidos pelo locatário renunciante, mesmo que autorizados pelo locador, não sejam indenizáveis nem permitam, por conseqüência, o efeito jurídico do exercício do direito inato de retenção (por benfeitorias e investimentos de vulto), nem sejam oponíveis à responsabilidade do adquirente do imóvel.

Daí, diante dos novos valores de função social e boa-fé objetiva, pelo menos, não dever escapar ao intérprete da estipulação de cláusula contratual impressa de renúncia antecipada pelo locatário sobre direitos por benfeitorias e investimentos de vulto o contexto em que se operou (por adesão ou não) e o sentido dos arts. 113, 114, 423 e 424 do CC, que, por certo, a Súmula 335 DO STJ não ignorou e muito menos quis afrontar.

Vejam-se os itens 3.8, *supra*, e 16.3, *infra*.

13
Embargos de Terceiro em Ação de Despejo

13.1 Cabimento onde haja lesão a quem não foi parte no processo. 13.2 Situações típicas de embargabilidade. 13.3 Conclusões.

13.1 Cabimento onde haja lesão a quem não foi parte no processo

Dispõem o art. 1.046 e seus §§ do CPC que cabem embargos de terceiro – em casos enumerados apenas exemplificativamente, isto é, não em *numerus clausus* – a quem, não sendo parte no processo, mas figurando como senhor e possuidor ou "apenas possuidor" ou, ainda, por equiparação, àquele que, posto figure no processo, defende bens *sub judice* que, pela qualidade em que os possui, não possam ser atingidos por apreensão judicial, para alcançar liberação do direito ou posse constritado ou sob ameaça.

Vale dizer que também em ação de despejo, naquelas situações excepcionais, é lícita e apropriada a insurgência contra execução peculiar da ação de despejo, independentemente de filigranas conceituais que possam servir de tropeço processual à defesa contra consumação de injustiças, que devam ser corrigidas pelo próprio juízo sentenciante.

Existe uma corrente de opinião que defende serem incabíveis embargos de terceiro em ação de despejo, fundando-se em que na ação de despejo não há processo de execução (*actio judicati*) e que a retomada assegurada na sentença de despejo não configura ato de apreensão ou de constrição judicial.

A jurisprudência do STJ divide-se, prevalecendo a orientação no sentido da impropriedade de manejo de embargos de terceiro em execução de despejo, haja vista que tal medida não se caracteriza como ato de apreensão judicial, não enquadrada nas hipóteses previstas nos arts.

1.046 e 1.047 do CPC. Nesse sentido: STJ, 6ª Turma, REsp 191.274-SC (rel. Min. Fernando Gonçalves, j. 10.12.1998, ementa no *DJU* 8.3.1999, p. 268), e STJ, 6ª Turma, REsp 416.680-RJ (rel. Min. Vicente Leal, j. 16.5.2002, ementa no *DJU* 17.6.2002, p. 319). E, ainda: "São inadmissíveis embargos de terceiro em execução de despejo, por não se cogitar de *actio judicati*, dado que a desocupação do imóvel não caracteriza ato de apreensão ou de constrição judicial previstos no art. 1.046 do CPC" (STJ, 5ª Turma, REsp 157.115-AM, rel. Min. José Arnaldo da Fonseca, j. 14.4.1998, ementa no *DJU* 25.5.1998, p. 137; *RT* 756/193).

Que na ação de despejo (bem entendido, em que não se cumule pedido condenatório de cobrança dos aluguéis) não há *actio judicati* e, pois, que a execução é fase, não se discute. Mas é evidente que existe execução em despejo, ainda que específica, mas execução. Os arts. 63, 64 e 65 da Lei 8.245/1991 (e, anteriormente, o art. 43 da Lei 6.649/1979 e o art. 350[1] do CPC de 1939) são expressos e não deixam margem a dúvida.

E em todo processo jurisdicional onde existe execução, por qualquer modo, subsiste a possibilidade de constrição ou de apreensão judicial, em sentido amplo, fazendo jazer potencialmente o risco de afetar direitos ou interesses de terceiros. E no cumprimento de sentença de despejo consistente na desocupação forçada do imóvel não se exclui *a priori* este risco de ser ofendido por ato judicial o círculo do direito de quem não é destinatário da sentença. Sempre que é lesado o direito material nasce o direito de agir, que assegure seu restabelecimento, na forma do art. 189 do CC de 2002, que decorre do princípio constitucional de que nenhuma lesão a direito individual pode escapar à apreciação do Judiciário, não sendo diferente se a ofensa advier de ato judicial de natureza jurisdicional: justo aí surge a embargabilidade para o terceiro prejudicado, estranho ao processo.

Admissível, no entanto, a interposição de embargos por terceiro na defesa de seus bens contra execuções alheias, conforme a definição de Liebman;[2] em execução de despejo, pelos sublocatários, para proteção de seus direitos, se não participaram da ação (STJ, 6ª Turma, REsp 551.731-RJ, rel. Min. Paulo Gallotti, j. 23.11.2004, ementa no *DJU*

1. Neste sentido dispunha o art. 350 do CPC de 1939: "Art. 350. Quando a ação se fundar em falta de pagamento do aluguel do imóvel locado, e o réu não a contestar no prazo de 5 (cinco) dias, o juiz decretará o despejo. Parágrafo único. Nos demais casos, a ação terá curso ordinário".

2. Enrico Tullio Liebman, *Processo de Execução*, 3ª ed., São Paulo, Saraiva, 1968, p. 86.

5.2.2007, p. 405; extinto 2º TACivSP, *RT* 658/131 e 702/136); e pelos ocupantes, mas desde que autorizados (STJ, 4ª Turma, REsp 21.773-MT, rel. Min. Barros Monteiro, j. 25.4.1995, ementa no *DJU* 29.5.1995, p. 15.517; *RSTJ* 78/258; e extinto 2º TACivSP, *RT* 625/144). Mais recentemente, em 30.5.2008, o Min. Hamilton Carvalhido, em longa decisão monocrática proferida no AgR no REsp 850.167-SP, fundamentando-se, inclusive, em posicionamento desenvolvido em edição anterior de nossa obra *Locação*, deu provimento ao recurso especial, concordando em que os atos referidos no art. 1.046 do CPC "não são taxativos", para "reconhecer a possibilidade de oposição de embargos de terceiro pelo sublocatário, em ação de despejo" (*DJU* 12.6.2008).

O que enseja embargos de terceiro é o ato nocivo praticado pelo Estado-juiz no exercício da função jurisdicional em processo de que não faz parte o prejudicado. Os embargos de terceiro são ação de natureza mandamental negativa. A regra prática imediata para ver se cabe oposição por embargos de terceiro é a da verificação de cabimento em tese de mandado de segurança, porque ambos são dirigidos por terceiro contra ato do Estado, e não da parte. Em princípio, onde couber, ou tenha sido cabível, o remédio excepcional do *writ* para o órgão jurisdicional superior, caberá a medida comum de eficácia mandamental negativa dirigida ao próprio juiz executor que praticou o ato impugnado para subtrair efeitos exorbitantes da constrição em sentido amplo, que firam direito de quem não foi parte no feito.

Como se infere do art. 1.046 do CPC, os embargos de terceiro são oponíveis a atos executivos; isto é, o dano que sofre o terceiro há de ser *ex executione*, e não simplesmente *ex cognitione* – na terminologia de Pontes de Miranda,[3] o qual adverte que com a sentença pode começar a eficácia constritiva e pondera que, onde quer que a ação possa atingir o direito de terceiro, qualquer direito, como acontece nas ações executivas e em algumas constitutivas e mandamentais, os embargos de terceiro são permitidos, quaisquer que sejam a constrição judicial e a forma em que ela se opera.

13.2 Situações típicas de embargabilidade

Lembraríamos algumas situações típicas de embargabilidade de terceiro em execução de despejo.

É o caso de inobservância de litisconsórcio passivo de todos os co-locatários em ação de despejo, seja por falta de pagamento, seja por

3. Pontes de Miranda, *Comentários ao Código de Processo Civil de 1973*, p. 5.

denúncia, em que, operando a execução da sentença os efeitos da desconstituição ou rescisão da locação para todos, expostos à expulsão forçada do prédio, não tenham alguns sido incluídos na relação processual. Os ausentes não se sujeitam, porque a eficácia dos atos jurisdicionais restringe-se aos limites subjetivos da lide. Há coisa julgada material, mas inexeqüível em relação a terceiros (art. 472), por previsão da própria lei, que confere ao juiz não o poder de rescindir a sentença ou decisão de onde emerge a violação de direitos de terceiros, mas o dever de supressão dos seus efeitos em relação a quem não foi parte e não podia ser atingido.

Na mesma linha de raciocínio, os sublocatários legitimados que não tenham sido cientificados da ação de despejo e, pois, não tiveram oportunidade de defender seus interesses ou de exercer seus direitos (art. 59, § 2º, da Lei 8.245/1991) podem opor embargos de terceiro à execução de despejo que os atinja.

Exemplo notável é o da extinção da sociedade conjugal por divórcio ou separação judicial, em que o art. 12 da Lei 8.245/1991 assegura que a locação prosseguirá automaticamente com o cônjuge que, por acordo ou decisão judicial, continuar residindo no prédio. Pode acontecer que a ação de despejo tenha sido promovida contra o cabeça-do-casal, por ser ele o contratante da locação, apesar de comunicação ao locador de que no prédio permanece seu cônjuge. É claro que o cônjuge prejudicado pode opor-se à execução, se não foi citado para a ação.

Ao tanger este último caso exemplificativamente configurado, ocorre-nos o tema da denunciação da lide do art. 70, II, do CPC. Se o cônjuge exerce a posse direta e foi citado em nome próprio, deve ele, como réu, denunciar a lide ao outro cônjuge, se for este o locatário, mas possuidor indireto. Idem, se houver sublocação. Citado o sublocatário possuidor direto, denunciará a lide ao locatário possuidor indireto. Se as ações forem propostas por terceiros, qualquer que seja a natureza da demanda, o locatário ou quem for o possuidor direto denunciará a lide ao proprietário e possuidor indireto. Inocorrendo a denunciação, que é obrigatória, exsurge hipótese peculiar de ineficácia em relação àquele a quem deixou de haver a denunciação; e, na qualidade de terceiro, pode opor-se à execução, através de embargos de terceiro, nos termos do art. 1.046 e § 1º do CPC.

13.3 Conclusões

Não é demais lembrar o que foi dito a propósito das conseqüências de se omitir inclusão de co-locatários solidários na relação jurídica processual de despejo. O STF firmou jurisprudência no sentido de que, se quem tinha de ser parte não foi citado, terceiro é, enquanto não intervém. E Pontes de Miranda invoca essa orientação para concluir que o que não figura na sentença e, tendo de ser citado, não o foi, de modo que deixou de ocorrer o litisconsórcio necessário, é terceiro com legitimação para embargar, porque tal terceiro entra na classe dos que são excluídos da eficácia pela própria sentença que não os incluiu. É, pois, questão de coerência.

A ação de terceiro, sob o *nomen juris* "embargos de terceiros", é o meio apto disponível no plano da lei processual ordinária dirigido ao próprio juiz, que dispensa a utilização do remédio constitucional ou mesmo o recurso de terceiro prejudicado (art. 499, § 1º, do CPC).

Como o fundamento da ação de terceiro prejudicado é a exceção de ineficácia da sentença em relação a esse terceiro, de caráter eminentemente desconstitutivo, afiguram-se irrelevantes, embora corretos, os argumentos dos que negam como princípio a embargabilidade em execução de despejo no sentido de que o mandado de despejo não constitui ato de "apreensão judicial", ou de que em ação de despejo não há *actio judicati*. Responde-se-lhes que a embargabilidade de terceiro volta-se contra a eficácia da sentença de despejo ordenada contra quem não foi parte no processo.

E, nesse passo, não é jurídico restringir-se o sentido, por natureza amplo, da expressão "ato de apreensão judicial", do art. 1.046 do CPC, com o fito de negar ao terceiro as vias comuns de defesa do seu círculo de interesse violado ou afetado pela prestação jurisdicional, que há de conformar-se ou só recorrer como terceiro prejudicado, dentro dos parâmetros e dos limites subjetivos traçados pelo art. 472 do CPC: "A sentença faz coisa julgada às partes entre as quais é dada, não beneficiando, nem prejudicando terceiros".

Ademais, a ordem judicial que ultrapassa as raias do direito e atinge terceiro consubstancia esbulho judicial (*juris ordine non servato*), reparável por todos os meios jurídicos disponíveis, não excluído o mais direto e imediato, a ação de embargos.

14

Problemas de Cessação Extraordinária da Locação e outros Casos de Retomada por Denúncia

14.1 Breve introdução sobre conceitos de "resolução", "resilição" e "rescisão": o sentido destes termos na Lei 8.245/1991. 14.2 Denúncia pelo adquirente de imóvel locado. 14.3 Aspectos da locação de imóvel com usufruto e fideicomisso. 14.4 Retomada de imóvel pelo empregador, ocupado em razão do emprego: 14.4.1 Ocupação por comodato – 14.4.2 Ocupação por locação – 14.4.3 Prazo processual de desocupação – 14.4.4 Relação trabalhista. Competência para dirimir controvérsia sobre locação ou comodato (Emenda 45). 14.5 Retomada em caso de inadimplemento do fiduciante locador que gere consolidação da propriedade (§ 7º do art. 27 da Lei do Sistema Financeiro Imobiliário/SFI – n. 9.514/1997). 14.6 Outros casos legalmente possíveis de retomada não previstos na Lei de Locações, mas em leis especiais e no Código Civil.

14.1 Breve introdução sobre conceitos de "resolução", "resilição" e "rescisão": o sentido destes termos na Lei 8.245/1991

Tanto a anterior Lei 6.649/1979 quanto a atual Lei 8.245/1991 (esta, disciplinando melhor que aquela os temas envolvidos) cuidaram de regular os casos de cessação extraordinária da locação e retomada do imóvel a que estejam agregados certos fatores incomuns. São os casos de: venda do imóvel a terceiro no curso da locação; extinção do usufruto ou do fideicomisso sobre o imóvel locado; extinção da relação empregatícia quando a locação esteja relacionada à moradia do empregado; denúncia pelo credor fiduciário em locação de imóvel fiduciado (art. 27, § 7º, da Lei 9.514/1997 e atual parágrafo único do art. 32 da Lei 8.245/1991).

De início, cabe um esclarecimento útil sobre as diferenças conceituais entre "resolução", "resilição" e "rescisão", que são causas extintivas supervenientes à formação do vínculo – no caso, vínculo locatício.

A *resolução* tem como causa o não-cumprimento, inexecução ou inadimplemento, como remédio concedido à parte para romper o vínculo contratual mediante ação judicial. Por sua vez, a resolução pode ocorrer por inexecução voluntária (inadimplemento culposo) e involuntária (que ocorre em virtude de fato não imputado às partes, por ação de terceiro ou de acontecimentos inevitáveis); cabe também por onerosidade excessiva, contrabalançada por revisão para reequilíbrio a ser restaurado como função corretiva das relações de trato sucessivo, pelo princípio de justiça contratual.

A *resilição*, por sua vez – e ao contrário –, é forma de extinção da relação jurídica que não deriva de inadimplemento, mas da manifestação de vontade, que pode ser unilateral ou bilateral, observados os parâmetros legais.

Finalmente, a *rescisão* é a dissolução do vínculo, mas só em caso de lesão ou estado de perigo.

Entretanto, a Lei 8.245/1991 emprega as expressões "*rescindida* a locação", ou "*rescindido* o contrato", respectivamente, nos arts. 15 e 53; e "*rescisão* da locação", no art. 62, I, II, IV e VI, e ainda no art. 67, VII e VIII, no sentido popular, de resolução por não cumprimento, ou em sentido genérico de desfazimento, isto é, de que a locação poderá ser "*desfeita*" (art. 9º). E, nesse último sentido, a Lei 8.245/1991 emprega a terminologia "*resolvem-se* as sublocações", no art. 15 e "*resolução* do contrato", no art. 46. Por último, registre-se que os termos "*resilição*" e "*resilir*" foram empregados em seu sentido próprio, respectivamente, no art. 6º, parágrafo único, e no art. 26, parágrafo único.

Sobre "resolução", veja-se também o item 15.3, *infra*.

14.2 Denúncia pelo adquirente de imóvel locado

Na anterior Lei 6.649/1979 o tema era tratado no art. 14; e passou para o art. 8º da atual Lei 8.245/1991, com regência mais completa, que inclui não só a fixação dos prazos para a denúncia e para desocupação (cada um de 90 dias), como estende esse direito, que só contemplava o adquirente do domínio, para beneficiar igualmente o promissário comprador e até o promissário cessionário, ambos em caráter irrevogável, com imissão na posse e título registrado junto à matrícula do imóvel (§ 1º).

Filtrado o preceito contido no art. 8º, conclui-se que o vetusto princípio de que "a venda *rompe* a locação" tem aplicação mitigada, isto é, a venda *pode romper* a locação, pois está sujeita a prazo de decadência (90 dias para o exercício da denúncia) e não afeta os contratos escritos, durante o curso do prazo determinado. Depende de não conter o contrato (escrito) cláusula de preservação da locação; e, ainda, nesse caso, a locação em curso só será oponível ao adquirente se estiver o contrato averbado na matrícula do imóvel. E tudo, obviamente, desde que o locatário decline do exercício do direito à aquisição preferencial que lhe tenha sido regularmente assegurado.

Não é demais advertir que a faculdade prevista no art. 8º tem como antecedente uma alienação em que não tenha ocorrido violação ao direito de preferência do próprio locatário para adquirir o imóvel objeto da locação, em igualdade de condições com terceiros, mediante notificação pelo proprietário, dando-lhe conhecimento do negócio (art. 27). Pois do contrário o locatário, preterido ou não, previamente cientificado, poderá, depositando o preço e demais despesas do ato de transferência, haver para si o imóvel se, averbado há 30 dias o contrato de locação, o requerer no prazo de 6 meses a contar do registro na *matrícula* – segundo a terminologia da atual Lei de Registros Públicos – do ato no competente cartório do registro de imóveis (art. 33); esse direito de preferência é exercitável através de ação judicial peculiar de índole de adjudicação compulsória, com eficácia suspensiva do curso de eventual ação de retomada do adquirente, até para obstar à execução de despejo, se decretado.

Em resumo, se a locação for por tempo determinado e o respectivo contrato contiver cláusula de vigência em caso de alienação e constar do registro de imóveis, é incabível a pretensão de cessação da locação antes do decurso do prazo contratual por parte do adquirente.

Entretanto, mesmo nessa hipótese, em face do termo inicial do prazo assinalado no § 2º do art. 8º, a denúncia deve ser efetivada antes do seu escoamento, para que não se opere a decadência e se presuma, da inação ou silêncio, a concordância prévia do adquirente com a futura manutenção da locação. Apenas o efeito da denúncia fica protraído, para operar somente após o completo decurso do prazo determinado para vigência da locação; quando, então, começará a fluir o prazo de 90 dias para a desocupação (*caput* do art. 8º).

Se não houver prazo determinado, ou for verbal a locação, ou se o prazo for determinado mas não prevista cláusula de vigência, ou não esteja inscrito o contrato no registro imobiliário, então, a denúncia tempestiva tem eficácia imediata para romper a locação, simplesmente por não convir sua continuidade para o adquirente.

Outrossim, não é cabível a responsabilização do locador por perdas e danos se houver alienação do bem no curso da locação, com retomada pelo adquirente, na eventualidade de "ausência de cláusula no contrato prevendo continuidade da locação em caso de alienação, somada ao fato de que o locatário voluntariamente não exerceu seu direito de preferência para a compra do imóvel" – segundo entendimento do STJ, 5ª Turma, no REsp 745.504-SP (rel. Min. Arnaldo Esteves de Lima, j. 12.9.2006, ementa no *DJU* 9.10.2006, p. 347).

Nesse mesmo julgado restou assentado que "o art. 8º da Lei n. 8.245/1991 assegura ao locador o direito de alienar o imóvel no curso da locação, atendidos os pressupostos ali elencados, exceção à regra do art. 22, II, da mesma lei, que, por sua vez, garante ao locatário, durante o tempo da locação, o uso pacífico do imóvel".

A denúncia vazia da locação pelo adquirente de imóvel alienado, permitida nos termos do art. 8º, se faz através da notificação com prazo de 90 dias, devendo esta ocorrer *ad cautelam* sempre nos primeiros 90 dias após o registro imobiliário do ato de alienação (§ 2º do mesmo art. 8º da Lei 8.245/1991), embora seus efeitos possam ou não ficar suspensos, como antes assinalado. Essa denúncia tem como termo *a quo* o registro da venda ou do compromisso (art. 8º, § 2º). No entanto, se a venda ou o compromisso não foram levados a registro, ou o foram após longo lapso temporal da lavratura da escritura, o extinto 2º TACivSP entendeu que o locatário não poderia ficar indefinidamente à mercê do locador, na expectativa ou não da locação, embora recebendo regularmente os locativos, porque presume-se a concordância dos novos proprietários com a continuação do contrato (*RT* 726/337). O STJ, todavia, entende que mesmo que o adquirente do imóvel locado sem cláusula de preservação, em caso de alienação, tenha recebido os aluguéis, inclusive com reajuste durante o período, pode ajuizar ação de despejo, já que, ante a inexistência de prazo legal para a retomada, não se pode presumir sua desistência (STJ, 6ª Turma, REsp 32.604-RS, rel. Min. Adhemar Maciel, j. 20.4.1993, ementa no *DJU* 7.6.1993, p. 11.277; *RSTJ* 52/170).

14.3 Aspectos da locação de imóvel com usufruto e fideicomisso

Na propriedade imobiliária em regime de direito real de usufruto o nu-proprietário é o titular do domínio nu – como o nome indica; e o usufrutuário é o titular da fruição útil, mas sem domínio. Locador, portanto, será o *usufrutuário*, e não o nu-proprietário.

Na propriedade imobiliária gravada de fideicomisso o fiduciário é o primeiro herdeiro ou legatário instituído que, por morte do testador proprietário, herda o bem, com cláusulas de restrição e resolubilidade, com o fim de transmiti-lo a terceiro indicado; este último, como destinatário ou beneficiário final daquela transmissão dominial, é o fideicomissário. Locador, portanto, será o *fiduciário*, e não o fideicomissário.

Presentes esses conceitos civis básicos, passemos, inicialmente, em revista, para melhor compreensão do tema em todas as suas raízes e derivações, a confrontação dos textos do art. 7º da lei revogada (Lei 6.649/1979) e do art. 7º da lei atual (por coincidência, também art. 7º, acrescido de parágrafo único); e já da leitura se perceberá a notável evolução da regulamentação "mais fina" e completa da matéria.

(a) O art. 7º na anterior Lei 6.649/1979: "O contrato de locação ajustado pelo usufrutuário ou fiduciário termina com a extinção do usufruto ou fideicomisso, salvo se com ele anuiu, por escrito, o nu-proprietário ou o fideicomissário, ou se a propriedade se consolidar em mão do usufrutuário".

(b) O art. 7º e seu parágrafo único na atual Lei 8.245/1991:

"Art. 7º. Nos casos de extinção de usufruto ou de fideicomisso, a locação celebrada pelo usufrutuário ou fiduciário poderá ser denunciada, com o prazo de 30 (trinta) dias para a desocupação, salvo se tiver havido aquiescência escrita do nu-proprietário ou do fideicomissário, ou se a propriedade estiver consolidada em mãos do usufrutuário ou do fiduciário.

"Parágrafo único. A denúncia deverá ser exercitada no prazo de 90 (noventa) dias contados da extinção do fideicomisso ou da averbação da extinção do usufruto, presumindo-se, após esse prazo, a concordância na manutenção da locação."

A anterior Lei 6.649/1979 teve o mérito de suprir omissão que de há muito gerava controvérsias ou pelo menos dúvidas e incompreensões, passando a adotar, em favor do nu-proprietário e do fideicomissário, a orientação que vinha predominando na doutrina e na jurisprudência, ao tornar explícita a cessação extraordinária da locação com a extinção do usufruto ou do fideicomisso.

Como se trata de fato relevante para a relação locatícia, deve essa circunstância (a de se tratar de locador usufrutuário ou fiduciário) ser de prévia ciência do locatário, que, no futuro, estará sujeito aos efeitos da extinção do usufruto ou fideicomisso; pormenor que, embora ausente, ainda, na lei, é de rigor esteja presente no contrato de locação, se anterior ao seu início, ou comunicado pelo locador ao locatário, se ocorrente no curso da locação, não bastando o registro imobiliário da instituição do regime de usufruto ou fideicomisso para sujeitar o locatário desavisado.

Consagrou-se o princípio natural da possibilidade do rompimento do vínculo locatício para não obrigar indevidamente o nu-proprietário ou fideicomissário alheio à locação a respeitar um contrato a que não estava jungido por modo algum, se de fato não anuiu com ele por escrito ou não era co-locador. É o que já decidiu o STJ: "Ocorrendo a extinção do usufruto, o nu-proprietário investe-se no pleno domínio do imóvel, estando, portanto, apto a ajuizar ação de despejo em face da locatária" (5ª Turma, REsp 736.954-MG, rela. Min. Laurita Vaz, j. 24.4.2007, ementa no *DJU* 28.5.2007, p. 392). Se anuiu ou era co-locador, não sofre a locação solução de continuidade, porque ou é locador ou reputa-se tal para os fins de continuação da locação. E não pode retomar durante o prazo certo de vigência da locação residencial ou não, só podendo fazê-lo depois, por denúncia a ser exercitada, entretanto, desde logo, no prazo de 90 dias contados da extinção do fideicomisso ou da averbação da extinção do usufruto, sob pena de decadência e presunção de prévia concordância, por inação ou silêncio, com a manutenção da locação; mas o prazo de 30 dias para desocupação só começará a correr após o exaurimento do prazo determinado para vigência estável da locação, analogamente ao que se depara no art. 8º.

A locação não se extingue, tenha sido ela contratada pelo usufrutuário ou pelo fiduciário, se a propriedade for readquirida e reverter ao primeiro ou consolidar-se em mãos do segundo, porque aí não se transmitiu a propriedade a terceiro, e é evidente que, permanecendo inalterado o contorno subjetivo da relação de locação, nenhuma repercussão produz nela a extinção do usufruto ou do fideicomisso.

A jurisprudência do STF, na vigência do Código Civil de 1916, estabeleceu que a morte do usufrutuário-locador, extinguindo o usufruto, rompe a relação *ex locato* (Pleno, ERE 71.313-GB, rel. Min. Xavier de Albuquerque, j. 30.10.1974). Tese reafirmada no RE 73.249-GB (1ª Turma, rel. Min. Bilac Pinto, j. 1.4.1975), com a seguinte ementa: "Contrato de locação firmado com usufrutuário – Extinção do usufruto pela morte (CC, art. 739, I) – Rompimento da relação *ex locato*" (*RTJ* 80/796).

O aresto cogitava de usufruto, mas o voto do Relator acolheu o entendimento extensivo ao fideicomisso: "Estou de acordo com a decisão recorrida, que considerou que, quer se trate de usufruto, quer de fideicomisso, não há vinculação do nu-proprietário ou do fideicomissário no arrendamento efetuado pelo usufrutuário, ou pelo fiduciário. Assiste o direito de retomada não só ao nu-proprietário quando consolidada a propriedade, como ao fideicomissário, quando o fideicomisso depara em seu término".

Do voto do Min. Rodrigues de Alckmin colhe-se preciosa lição: "Contribuí com meu voto para o entendimento de que a morte do usufrutuário, no caso, não faz com que o contrato obrigue ao nu-proprietário. Em se tratando de fideicomisso, há identidade de razões". E prossegue:

"Sustentei este ponto de vista partindo da consideração de que, quando se trata de sucessão *mortis causa*, aquele que sucede recebe, a título universal, os direitos do falecido, e se entre esses direitos figura a propriedade alugada por um contrato por prazo determinado, será obrigado a respeitá-lo. Aquele que adquire o bem e sucede a título singular tem conhecimento da situação em que se acha o imóvel, submetido a contrato de locação por prazo determinado, com vigência no caso de alienação. Se faz o negócio, aceita essas condições. No caso do usufruto ou do fideicomisso, quer o nu-proprietário, quer o fideicomissário não são sucessores, e, portanto, devem receber o bem sem o ônus do contrato locativo".

Das razões expostas, evidenciadoras da posição do nu-proprietário e do fideicomissário de não serem *sucessores*, fica a marca característica distintiva que autoriza o trato diferenciado.

Todavia, se o nu-proprietário ou o fideicomissário forem sucessores, *herdeiros a título universal* ou adquirentes do prédio *depois* de firmada a locação – isto é, *adquirentes a título singular* por alienação durante a *locação* –, não se beneficiam do prazo privilegiado do art. 7º: na primeira hipótese sujeitam-se à regra da transferência (do art. 10 da Lei 8.245/1991 ou do art. 557 do CC de 2002); na segunda espécie submetem-se à regra do art. 8º da Lei 8.245/1991, nas mesmas condições do adquirente comum.

14.4 Retomada de imóvel pelo empregador, ocupado em razão do emprego

14.4.1 Ocupação por comodato

A concessão de habitação a empregado destina-se a facilitar a prestação de serviços, no interesse do próprio empregador, e tem larga aplicação em obras temporárias ou de empreitada em construção de barragens e aeroportos. Certas indústrias concedem esse benefício como atrativo, construindo vilas operárias próximas às fábricas, para habitação dos seus empregados. É comum que zeladores de prédios de condomínio residam no local de trabalho em dependências destinadas a esse uso. Também empregados de estação ferroviária de regra residem próximo às margens da ferrovia em imóvel da empresa.

A ocupação pelo empregado de imóvel do empregador para habitação, em razão do contrato de trabalho, pode dar-se a título de locação ou não. Se o uso do imóvel não caracterizar locação, evidentemente escapará à regência da Lei de Locações Prediais. É perfeitamente possível e muito usual, nos termos do art. 458 da CLT, que a posse constitua benefício salarial auferido pelo operário a título de comodato, e não de locação, como prestação *in natura* paga pelo empregador. Neste caso, integra e acresce o salário o valor correspondente à moradia a que faz jus o empregado como remuneração do trabalho, para todos os efeitos.

A ação reservada ao empregador, ao fim da relação empregatícia, será de índole possessória, e não de despejo, sempre que o empregado não pagar aluguel, isto é, quando inexistir relação de locação.

A locação não se presume; ainda que convencionada verbalmente, comporta comprovação pelos meios comuns de prova admitidos em Direito. Se dúvida houver afasta-se, de regra, a figura da locação, para presumir-se a ocupação a título de comodato; e para reaver a posse os remédios jurídicos serão subministrados pelo direito comum, e não pela Lei de Locações.

14.4.2 Ocupação por locação

O art. 8º da anterior Lei 6.649/1979 facultava ao empregador – e, de resto, o faz a atual Lei 8.245/1991, no inciso II do art. 47 –, quando a habitação do imóvel por empregado se der a título de locação relacionada com o emprego e houver rescisão do contrato de trabalho, dar por findo o contrato de locação, assegurando-lhe a correspondente ação de despejo para reaver o prédio locado, até com a concessão de liminar (art. 59, § 1º, II, da Lei 8.245).

Cessada a relação de emprego (elemento principal), segue-lhe a sorte o acessório, operando-se *ex lege* a ruptura da relação de locação daquela derivada, abrindo-se ao empregador-locador o direito de dar conseqüência imediata a essa alteração de fato e de direito, promovendo a retomada com base nesse motivo, independentemente de notificação específica. A denúncia da locação vem implícita na rescisão do contrato de trabalho ou expressa por ocasião da despedida, sem exigência de qualquer aprazamento autônomo além daquele relacionado com o aviso prévio trabalhista.

A despeito de se localizar o dispositivo do art. 8º da lei revogada no capítulo da locação em geral, a natureza da locação aí prevista era nitidamente residencial, porque o prédio locado destinava-se à moradia do empregado, enquanto o fosse. Essa a razão que orienta tradicionalmente a legislação especial no sentido de incluir esse caso no elenco das hipóteses de retomada cheia de imóveis residenciais (art. 52, VI, da Lei 6.649/1979; atualmente, art. 47, II, da Lei 8.245/1991).

14.4.3 Prazo processual de desocupação

O prazo processual de desocupação assinado na sentença de procedência da ação de despejo de imóvel destinado à moradia de empregado é o geral de 30 dias (*caput* do art. 63), com a ressalva do § 1º, que reduz a 15 dias o prazo se entre a citação e a sentença de despejo houver decorrido tempo superior a 4 meses.

Interessante notar que o despejo liminar assegurado no art. 59, § 1º, II, da Lei 8.245/1991 está sujeito à prestação de caução equivalente a 3 meses de aluguel; já para a execução provisória da sentença que decretar o despejo a caução é muito maior: não inferior a 12 até 18 meses de aluguel (art. 64); e sujeita-se o retomante ao perdimento da caução se houver reforma da decisão liminar ou da sentença – diz o § 2º do mesmo art. 64. Logo, "incumbe" ao diligente autor dessa específica ação de despejo pleitear na inicial a liminar, ao invés de aguardar a execução provisória da sentença, mais demorada e onerosa.

14.4.4 Relação trabalhista. Competência para dirimir controvérsia sobre locação ou comodato (Emenda 45)

Com base na Emenda Constitucional 45, de 31.12.2004, que promoveu alterações no art. 114, VI, da CF de 1988, a 2ª Seção do STJ decidiu, no CComp 57.524-PR, em 27.9.2006 (rel. Min. Carlos Alberto Menezes Direito), para comodato, no seguinte sentido: "Compete à Justiça do Trabalho apreciar e julgar a controvérsia sobre a reintegração do empregador na posse do imóvel dado em comodato ao empregado para sua moradia durante o contrato de trabalho".

A controvérsia indicada é aquela que só surge depois de cessada a relação empregatícia sem devolução espontânea da posse do imóvel ocupado pelo empregado.

Como para a locação, na mesma situação *supra*, cabível é a ação de despejo, inclusive com liminar (arts. 47, II, e 59, § 1º, II), a competência, pela Emenda 45, também passaria para a Justiça Trabalhista.

14.5 Retomada em caso de inadimplemento do fiduciante locador que gere consolidação da propriedade (§ 7º do art. 27 da Lei do Sistema Financeiro Imobiliário/SFI – n. 9.514/1997)

Dispõe o § 7º do art. 27 da Lei 9.514, de 20.11.1997, em redação acrescida pela Lei 10.931, de 2.8.2004: "Se o imóvel [*alienado fiduciariamente*] estiver locado, a locação poderá ser denunciada com o prazo de 30 (trinta) dias para desocupação, salvo se tiver havido aquiescência por escrito do fiduciário, devendo a denúncia ser realizada no prazo de 90 (noventa) dias a contar da data da consolidação da propriedade no fiduciário, devendo essa condição constar expressamente em cláusula contratual específica, destacando-se das demais por sua apresentação gráfica". E nada mais diz a normatividade fiduciária quanto aos direitos e interesses do locatário que, inclusive, não tenha tido acesso ao conhecimento do gravame fiduciário, que, por certo, está publicizado no sistema registrário cartorial imobiliário, mas não lhe foi comunicado.

De todo modo, além de outras hipóteses legais, nos casos previstos no acima transcrito § 7º, pelo acréscimo da redação atualizada do parágrafo único do art. 32 da Lei 8.245/1991, dada pela mesma já citada Lei 10.931/2004, a preferência do locatário está excluída para os contratos de locação firmados a partir de 1.10.2001, *verbis*: "Nos contratos firmados a partir de 1º de outubro de 2001, o direito de preferência de que trata este artigo não alcançará também os casos de constituição da propriedade fiduciária e de perda da propriedade ou venda por quaisquer formas de realização de garantia, inclusive mediante leilão extrajudicial, devendo essa condição constar expressamente em cláusula contratual específica, destacando-se das demais por sua apresentação gráfica".

Pondere-se, hipoteticamente, que, ignorando o locatário de imóvel fiduciado a preexistência do ônus que não lhe seja revelado pelo locador fiduciante na cláusula contratual a que se refere o texto, não poderia a restrição ao direito de preferência ser oponível a esse locatário de boa-fé, como pretende a inovação legal, só exeqüível quando presente a informação correta na cláusula expressa contratual. Está criado pela lei um paradoxo que ou prejudica o locatário ou prejudica o fiduciário – claro, na dependência só da conduta do locador fiduciante quanto aos seus deveres anexos ou laterais referidos neste trabalho, no item 1.4, *retro*. Afinal, foge aos usos e costumes do direito locatício pátrio a praxe de o pretendente locatário dever pesquisar no registro de imóveis sobre a posição dominial do imóvel de locação, que, aliás, nem precisa, mesmo, ser de propriedade do locador. Vejam-se o item 17.3, sobre "Exclusão do Direito de Preferência para Locatário de Imóvel Fiduciado", e o Capítulo 35, sobre "Locação de Imóvel e Alienação Fiduciária".

14.6 Outros casos legalmente possíveis de retomada não previstos na Lei de Locações, mas em leis especiais e no Código Civil

A Lei de Locações disciplina a *retomada*, pelo locador, no sentido próprio de que poderá *reaver* do locatário o imóvel locado, isto é, obter em juízo sua *devolução*, qualquer que seja o fundamento do término da locação.

Cabe a observação de que (embora, pelo art. 5º, qualquer que seja o fundamento do término da relação locatícia, a ação do locador para reaver do seu locatário o imóvel locado é a de despejo) os casos de retomada que aqui serão examinados não são aqueles fundados nos vários incisos do art. 9º (mútuo acordo, prática de infração legal ou contratual, inclusive falta de pagamento do aluguel e demais encargos, ou para reparações urgentes determinadas pelo Pode Público), sempre exercidos contra o locatário pelo locador, que é a outra parte do contrato de locação.

O locador pode desfazer a locação não apenas pelos motivos do art. 9º, mas também por outros mais, elencados na Lei Locatícia, através de denúncia, ou simples vencimento do prazo contratual, ou de conformidade com as previsões legais expressas. E pode, ainda, no caso de ação renovatória denegada pelo acolhimento de proposta melhor de terceiro, que dê ensejo à ordem de desocupação pelo locatário vencido, para que seja investido na posse o próprio locador ou, se for o caso, o terceiro habilitado legitimamente no procedimento jurisdicional correspondente. Mas também não são essas as hipóteses que daqui por diante serão examinadas neste item.

Antes, porém, recorde-se que casos há de denúncia por terceiros, não figurantes como locadores, isto é, não participantes da relação contratual locatícia, que estão previstos na Lei 8.245/1991, tais como: (a) denúncia pelo adquirente ou promissário do imóvel locado, em circunstâncias próprias (art. 8º); (b) denúncia pelo nu-proprietário ou pelo fideicomissário, em casos de extinção do usufruto ou fideicomisso em que locador era o usufrutuário ou o fiduciário (art. 7º). São retomadas promovidas por não-locadores.

Advirta-se que a verificação da possibilidade de retomada por terceiros passa pelas regras asseguradoras do direito de preferência do locatário (arts. 27 *et seq.*) e pelo enquadramento nos casos de exclusão do alcance do direito de preferência do locatário (art. 32, *caput* e parágrafo único, da Lei 8.245/1991).

Pois bem. Doravante serão aqui examinados casos de permissão de denúncia da locação por *terceiros* não indicados na Lei Locatícia, mas sim legitimados pelo Código Civil e por leis especiais, sobretudo pela Lei do Sistema de Financiamento Imobiliário/SFI (Lei 9.514, de 20.11.1997), que dispõe diretamente acerca de duas questões que alcançam a locação de imóvel fiduciado: § 7º do art. 27 (denúncia pelo fiduciário) e art. 37-B (ineficácia de locação ou prorrogação não consentida pelo fiduciário);

além do parágrafo único do art. 32 da própria Lei 8.245/1991(novas hipóteses de exclusão de direito de preferência do locatário nos casos de constituição, perda ou venda de excussão da garantia fiduciária, objeto de estudo no item 17.3, *infra*).

Uma espécie singular, de retomada por credor fiduciário não-locador em locação de imóvel fiduciado, está já estudada no item 14.5 (*supra*), sob o título "Retomada em Caso de Inadimplemento do Fiduciante Locador que Gere Consolidação da Propriedade (§ 7º do Art. 27 da Lei do Sistema Financeiro Imobiliário/SFI n. 9.514, de 20.11.1997 – Lei do SFI)". Eis o teor desse dispositivo legal: "Se o imóvel estiver locado, a locação poderá ser denunciada com o prazo de 30 (trinta) dias para desocupação, salvo se tiver havido aquiescência por escrito do fiduciário, devendo a denúncia ser realizada no prazo de 90 (noventa) dias a contar da data da consolidação da propriedade no fiduciário, devendo essa condição constar expressamente em cláusula contratual específica, destacando-se das demais por sua apresentação gráfica".

Outro exemplo, ainda de imóvel fiduciado, previsto no art. 37-B da mesma Lei do SFI, com potencial de gerar a pretensão de retomada pelo credor fiduciário não-locador também será objeto de estudo no item 35.5 (*infra*),tendo o texto legal a seguinte redação: "Será considerada ineficaz, e sem qualquer efeito perante o fiduciário ou seus sucessores, a contratação ou a prorrogação de locação de imóvel alienado fiduciariamente por prazo superior a 1 (um) ano sem concordância por escrito do fiduciário".

Um outro exemplo é o de terceiro não-locador de imóvel fiduciado dado em locação pelo fiduciante mas que seja arrematante (adquirente) em excussão por leilão extrajudicial, em que o locatário permaneceu no imóvel sem exercitar preferência para sua aquisição. Trata-se de estágio subseqüente ao do § 7º do art. 27 da Lei 9.514/1997, em que esta aludida lei defere, no art. 30, ao adquirente a reintegração de posse quando possuidor seja o próprio devedor fiduciante, *verbis*: "É assegurada ao fiduciário, seu cessionário ou sucessores, inclusive o adquirente do imóvel por força do público leilão de que tratam os §§ 1º e 2º do art. 27, a reintegração de posse do imóvel, que será concedida liminarmente, para desocupação em 60 (sessenta) dias, desde que comprovada, na forma do disposto no art. 26, a consolidação da propriedade em seu nome".

Entretanto, como há uma locação legítima e regular em curso e o credor fiduciário não exerceu ele próprio a faculdade prévia de denúncia, permitindo, assim, que o locatário continuasse ocupando regularmente o imóvel levado a leilão, não cabe a ação de reintegração de posse esbulhada, até porque não pode tal locatário ser considerado implicitamente esbulhador; mas sim a *denúncia*, por sub-rogação ou mesmo por direito próprio, a ser exercida pelo adquirente arrematante, seguida, portanto, da ação de despejo contra o locatário, nos moldes do art. 8º da Lei Locatícia, *verbis*: "Se o imóvel for alienado durante a locação, o adquirente poderá denunciar o contrato, com o prazo de 90 (noventa) dias para a desocupação, salvo se a locação for por tempo determinado e o contrato contiver cláusula de vigência em caso de alienação e estiver averbado junto à matrícula do imóvel".

Passa-se, agora, ao recordatório de casos de denúncia-retomada não previstos na Lei Locatícia, mas de direito emergente diretamente do Código Civil, tais como, por exemplo, retomada por: condômino (do locador), cônjuge supérstite ou divorciado (do locador), herdeiro (do locador), legatário (do locador), donatário (do locador) etc. – como, de resto, já apurara o professor S. Rocha Lima em sua obra *Locação – Da Retomada*, à luz da antiga Lei 4.494, de 25.11.1964.[1]

Na retomada por condômino do imóvel locado a estranho cumpre considerar a natureza e a vigência da locação; isto é, não se tratando de locação com prazo determinado em curso, nem prorrogável compulsoriamente, enfim, respeitadas as condições legais aplicáveis, pode o condômino exercer o direito de retomada da coisa comum que caberia ao locador e proprietário exclusivo, para uso conforme sua destinação, nos termos do art. 1.314 do CC de 2002.

No âmbito interno das relações condominiais, problemas que surgirem devem ser solucionados tendo em vista os interesses da comunhão e seus comunheiros, e o condômino retomante passará a ser locatário, respondendo nos termos do art. 1.319 do CC de 2002 aos demais consortes locadores co-proprietários.

Conquanto não se resolva a locação de imóvel por morte do locador, a retomada pelo cônjuge do locador morto – respeitados eventual prazo de vigência e as peculiaridades em concreto por esse motivo – pode ocorrer, por denúncia, como de direito, sendo o viúvo inventariante representante ou não do espólio.

Considere-se também a eventualidade da hipótese do art. 1.831 do CC de 2002, segundo o qual: "Ao cônjuge sobrevivente, qualquer que seja o regime de bens, será assegurado, sem prejuízo da participação que lhe caiba na herança, o direito real de habitação relativamente ao imóvel destinado à residência da família, desde que seja o único daquela natureza

1. S. Rocha Lima, *Locação – Da Retomada*, ed. Itatiaia, 1966, pp. 59 *et seq.*

a inventariar". Neste caso, se o imóvel estiver dado em locação, sobreleva essa razão legal (direito de habitação) para a retomada, observados os ditames da Lei de Locações.

Quanto à retomada por herdeiro do proprietário do imóvel locado, é sabido que com a abertura da sucessão universal transmite-se-lhe a herança desde logo.

Como herdeiro único ou em condomínio, pode ele exercer a retomada, na forma prevista na Lei Locatícia, segundo os cânones do direito hereditário.

Igualmente, é o que ocorre quanto à retomada, pelo legatário, de imóvel locado, por estar este investido da titularidade do domínio da coisa legada por testamento desde a morte e abertura da sucessão, com os frutos (art. 1.923, § 2º, do CC de 2002).

De modo que: "Cabe-lhe, portanto, o direito de exigir a desocupação do prédio locado, exercendo a retomada, nas condições e nos casos em que o possa fazer o *dominus*".[2]

Por fim, o donatário, como adquirente com acréscimo patrimonial por doação, investe-se no domínio do imóvel locado a terceiro, com os mesmos direitos e condições para eventual retomada por denúncia previstos na Lei de Locações.

2. S. Rocha Lima, *Locação – Da Retomada*, cit., pp. 59 *et seq*.

15

Generalidades sobre a Nova Ação de Despejo

15.1 Da atual ação de despejo. 15.2 Tratamento da locação mista indivisível. 15.3 Problemas da "resolução do contrato" (art. 46 da Lei 8.245/1991).

15.1 Da atual ação de despejo

Tem como objeto a retomada da posse de imóvel dado em locação, qualquer que seja o fundamento para o término da relação locatícia (art. 5º da Lei 8.245/1991); ou seja, a ação de despejo tem dúplice finalidade: porque se despeja o locatário, com imissão do locador ou retomante na posse do imóvel retomado.

É a ação de despejo procedimento especial que, contendo ínsita em seu bojo uma carga declarativa, reveste-se de natureza executiva e agora revela-se também condenatória pessoal sem intervalo, que cabe contra o locatário para o lançar fora, ou aqueles que por ele se encontrem na posse do prédio. O rito é *ex lege* o ordinário (*caput* do art. 59), mas o próprio texto legal ressalva: "com as modificações constantes deste Capítulo" – isto é, dos arts. 59 a 66, que a elevam da condição de *especial* para *especialíssima*, mormente quando ocorra cumulação de pedidos em caso de cobrança por falta de pagamento (art. 62, I) dos aluguéis.

Com base nessa conceituação – de compor-se a ação de despejo de duas ou três ações, uma declarativa de rescisão e outra executiva e condenatória, que lhe dão peculiar especialidade – é que se sustenta a conclusão lógico-jurídica de que nela o cumprimento é *fase* da relação processual unitária que reúne as instâncias de conhecimento e de execução fundidas em instância única, complexa e sincrética. A execução não é *actio judicati*, isto é, não se instaura sucessivamente qualquer ação executória da sentença com nova citação do réu para entrega de coisa certa. A citação só ocorre uma vez, para contestar, no início do processo.

O art. 4º da anterior Lei 6.649/1979 deixara mais claramente assentado que, a partir do término do contrato, enquanto o locatário continuasse na posse do prédio alugado a relação de locação reger-se-ia pelas condições do contrato terminado, aduzindo o § 1º que, qualquer que fosse o fundamento do término da locação, a ação do locador para reaver o prédio alugado sempre haveria de ser a de despejo.

O preceito, introduzido pela vez primeira em lei locatícia, destinou-se a conceituar a relação de locação como pressuposto da ação de despejo, para dirimir dúvidas, porque recolhia ao abrigo do remédio jurídico específico todas as locações de prédio urbano, ao mesmo tempo em que excluía a possibilidade de adoção ampliativa da via processual de despejo para outros negócios jurídicos de posse ou domínio sobre imóveis que não caracterizavam locação. O § 2º do art. 4º da anterior Lei 6.649/1979 (ou o parágrafo único do art. 5º da atual Lei 8.245/1991) abria uma exceção, para ressalvar que não seria a ação de despejo o em decorrência de desapropriação com imissão do expropriante na posse do prédio alugado (v. Capítulo 6, *retro*: "Locação e Desapropriação").

Pode ser dito, paralelamente, que na hipótese de moradia destinada pelo empregador a empregado, se não houver relação de locação (onerosa) ajustada entre ambos (art. 8º da Lei 8.245/1991), o empregador não terá enquadramento no conceito de "locador", do art. 5º, para fins do exercício da ação de despejo (art. 59, § 1º, II). Aí a via cabível será de natureza possessória comum, correspondente a um comodato cessante ou posse a título diverso da locação.

Mas com relação à inteligência que sugere à primeira vista o art. 5º da atual Lei 8.245/1991 deve o intérprete se precatar, porque, se para o locador reaver do locatário o prédio alugado, qualquer que seja o fundamento da retomada por término da relação de locação, a ação é só a de despejo, não quer isso significar que só o locador é legitimado a exercitá-la; mas, sim, posto o raciocínio em posição subjetiva inversa, que *só o locatário é que pode* ser despedido da posse do imóvel objeto da relação de locação, através de ação de despejo, movida seja pelo locador ou não, como o adquirente, o proprietário, promitente comprador, promitente cessionário, caixa e instituto promitente vendedor para associado ou mutuário promitente comprador ou cessionário. Confirmação disso é o art. 44, II e III, estabelecer as penas pecuniárias e criminais a que fica sujeito o *retomante*, locador ou não, no caso de desvio ou não-uso oportuno do imóvel para o fim indicado pelo autor da ação ou do pedido.

O *locador*, pela Lei 8.245/1991, pode reaver o prédio por ação específica de despejo, seja qual for o fundamento do término da relação de locação: mútuo acordo, denúncia do locatário, infração de obrigação legal ou contratual cometida pelo locatário; ou denúncia cheia; e, não se tratando de imóvel residencial do art. 47 e nem dos não-residenciais enumerados no art. 53, também por denúncia vazia. Já o não-locador só pode despejar por denúncia cheia, tratando-se de imóvel residencial; e por denúncia vazia, se se tratar de imóvel não-residencial excluído do art. 53, nos termos do art. 8º (adquirente); ou residencial, nas hipóteses permitidas.

O texto que resultou no art. 4º e §§ da revogada Lei 6.649/1979 foi coerente, didático e claro ao estabelecer a dicotomia entre locador e proprietário ou equiparados a este, dedicando dispositivos independentes à "retomada pelo *proprietário*" (art. 49, incisos e §§ do aludido substitutivo) e a seguir à "retomada pelo *locador*" (art. 50 e §§ da lei revogada). Essa referência auxilia na visão correta do mesmo tema tratado por técnica diversa na atual Lei 8.245/1991.

15.2 Tratamento da locação mista indivisível

Questão velha, que recebia tratamento variável conforme as regras de preponderância, adquirira nova feição a partir da já revogada Lei 6.649/1979, que, extinguindo a denúncia vazia nas locações residenciais, a mantivera nas não-residenciais em geral, mas continuara silente quanto às locações mistas.

O tratamento legal anteriormente deferido aos imóveis residenciais alcançava os de destinação mista, se *indivisível a locação*, salvo se preponderante o fim não-residencial. A retomada, salvo exceções circunstanciais de cada caso, respeitada, ainda, a definição jurídica das locações, reger-se-ia, então, pelos princípios da locação residencial, observadas a regras próprias desta.

A flagrante alteração de rumos da atual Lei 8.245/1991 conduz à tendência de recusa à *preponderância da categoria não-residencial* nas locações mistas em que o contrato não estabeleça, expressamente, aquela circunstância, para todos os efeitos, inclusive para não sujeitar a locação à renovação compulsória. Vale dizer, as locações mistas, indivisíveis, sem ressalvas, estão sujeitas aos princípios do tratamento que a lei lhes defere, correspondente às locações residenciais, salvo se, pelo prazo, existência de fundo de comércio e outros requisitos objetivos implícitos cumulados, devam receber proteção ainda maior, correspondente ao direito à renovação compulsória, em benefício do locatário de qualificação ambígua.

Se divisível for a locação (seja quanto ao imóvel, seja quanto ao ajuste locativo), cada categoria, residencial e não-residencial, seguirá o regime legal correspondente.

15.3 Problemas da "resolução do contrato" (art. 46 da Lei 8.245/1991)

A ação de despejo – procedimento especial, conquanto a lei lhe empreste expressamente o rito ordinário (art. 59 da Lei 8.245/1991) – contém ínsita em seu bojo uma *carga declarativa*, que se evidencia preponderante, a par de se revestir de natureza condenatória pessoal. Assim: a carga declarativa mais a natureza executiva, como fase e não como *actio judicati*, não excluem o efeito *resolutório objetivo* (constitutivo) da sentença declaratória da procedência do "pedido de *rescisão*" (expressão, esta última, reiterada e bem saliente no art. 62, I, II, IV e VI, da Lei 8.245/1991).

Por isso é que um dos mais profundos e lúcidos hermeneutas da atual Lei de Locações, José Guy de Carvalho Pinto, em sua primorosa monografia, comentando o art. 5º, peremptório em apoiar antiga posição doutrinal já defendida por Paulo Restiffe Neto, vence a dificuldade em definitivo: "O efeito *rescisório*, fruto do inadimplemento com lesão, jamais poderia ser alcançado pelas partes *independentemente* de sentença". E obtempera que o decisório não rescinde, declara rescindido, ou seja, o que deslinda a relação jurídica é a lei (art. 9º, I e II), não o provimento judicial. E conclui que, quanto à "*resolução*, resilição ou denúncia, cinge-se o magistrado a verificar a consonância do pedido com a ordem legal, emitindo pronunciamento decisivamente declaratório e executivo".[1]

Antes de prosseguirmos: o jurista alemão Kirsch diagnosticou a ação (sentença) *determinativa*, acrescentando-a ao rol da classificação conhecida, situando-a no meio-termo entre a *declarativa* e a *constitutiva*, que não é, propriamente, a *mandamental* e pode ter como exemplo aproximado a sentença renovatória da locação, que estudamos noutro lugar deste livro.

Voltando ao tema da *resolução* (objetiva), a ser declarada por sentença de procedência da ação de despejo, caso acolhido o pedido fundado na *resolução* (subjetiva), prevista no art. 46 da Lei de Locações, cumpre esclarecer alguns pontos.

1. José Guy de Carvalho Pinto, *Locação e Ações Locativas*, São Paulo, Saraiva, 1997, p. 115, n. 44.

Subjetiva é a resolução tipificada na previsão legal enquanto no âmbito do *sujeito* que pretende vê-la operada; mas não está ainda concretizada, pois que a *resolução objetiva* só se verificará quando exteriorizada com eficácia coercitiva contra o outro *sujeito* da relação jurídica, locacional, que, opondo eventual resistência, dará lugar à caracterização do estado de litigiosidade, que só a sentença equacionará.

Nesse contexto já fica mais fácil diagnosticar o verdadeiro sentido da expressão "a *resolução* do contrato ocorrerá findo o prazo estipulado" (art. 46).

Não significa que o simples decurso do prazo contratual já resolveu ou desfez a relação locatícia; nem revela que já fez cessar de pleno direito a locação, como sugeria a redação do art. 1.194 do CC de 1916, reproduzido no art. 574 do CC de 2002. Até porque, subsistindo a mesma posse locatícia fática sem oposição, novas conseqüências jurídicas advirão no plano estritamente locacional entre as partes.

Assim, o decurso do prazo simplesmente encerra o sentido de potencialidade subjetiva ou fator de resolução, mas não é fato que por si só resolva objetivamente a relação jurídica locacional.

Aliás, o art. 46 e seu § 1º da Lei 8.245/1991 merecem releitura que lhes dê o sentido genuíno da norma, que deve ser interpretada com a condicionante "se", posta em primeiro lugar duas vezes: *se* o locatário continuar na posse (...); e, nesse caso, *se* nos 30 dias seguintes ao escoamento do prazo (...) o locador fizer oposição à continuidade da locação, então, e só então, o fator "resolução" do contrato escrito estará, 30 dias após o prazo igual ou superior a 30 meses, apto a operar potencialmente o efeito sentencial futuro da cessação da relação locatícia que dá ensejo à propositura da ação de despejo para retomada do imóvel locado.

E – repita-se – não há cancelamento imediato, de pleno direito (desconstituição *ex lege*), da relação locatícia senão quando ocorrer a desocupação física do imóvel, voluntária ou compulsória, figurada no simbolismo da restituição das chaves. Se assim não fosse – isto é, se o puro vencimento do prazo, nas circunstâncias tipificadas na lei, já desfizesse objetivamente o vínculo locacional – a ocupação continuada da posse renderia remuneração a título de aluguel? Isto é, continuaria onerosa para o ocupante, e a que título, ou este se converteria em comodatário? E que ação caberia? A lei disse o mínimo suficiente.

Mas a dificuldade não fica só aí.

A ação de despejo – qualquer que seja o fundamento para obtenção da prestação declarativa da terminação da relação de locação –, di-lo muito mais esclarecedoramente o *caput* do art. 4º, e seu § 1º, da anterior

Lei Locatícia que o art. 5º da atual Lei 8.245/1991, é a única via judicial para se reaver o imóvel locado e o único devido processo legal para o locatário ser expelido da posse, isto é, para exercitar o contraditório com as defesas previstas na lei. Nesse ponto, retornamos às reflexões que acima desenvolvemos a par e passo com José Guy de Carvalho Pinto sobre resolução e/ou rescisão, mas não sem antes remeter o leitor aos meandros do art. 62, I, II, IV e VI, onde é declarado repetidamente pela lei que é na ação de despejo que se formula, sob contraditório regular, a pretensão ou o *pedido de rescisão*, e onde esta só opera jurisdicionalmente se a sentença julgar procedente, no mérito, a ação de despejo. Se o juízo for pela alternativa de improcedência, a resolução pré-processual não terá sido mais que *subjetiva*, reversível, ou seja, revertida, inexistente objetivamente, cancelados seus efeitos provisórios. Esse raciocínio é fundamental para o operador do Direito.

Pedido de rescisão, por exemplo, na ação de despejo por inadimplemento equivale paritariamente a pedido de *resolução* na ação de despejo por outros autorizativos legais, inclusive na hipótese do art. 46 e seu § 1º, de modo que, tornado litigioso – vale dizer, provisório – o fator *resolução* e/ou *rescisão*, pode vir a ser ratificado, ou não, pela sentença.

Finalmente, repassada a reflexão para outro texto da lei, se o fator desencadeante operasse objetivamente a *resolução* ou a *rescisão* subjetiva, como ficaria a interpretação do inciso V do art. 47? Provocaria interrupção na vigência da locação pelo período em que o locador a tenha reputado ocorrente até decisão que julgasse improcedente a ação de despejo movida? Essa locação "descontínua" ou "interrompida", com o locatário permanecendo na fruição da posse do imóvel, sem dúvida como locatário mesmo – isto é, pagando os aluguéis –, a que sistema de retomada ficaria submetida?

Não se pode perder de vista que mesmo depois de julgada procedente a ação de despejo, por qualquer fundamento, mas se a execução se protraiu, operam-se efeitos residuais da relação locatícia em vigor, dos quais ressalta mais evidente o do vencimento de *aluguéis* propriamente ditos no curso da demanda até efetiva demissão da posse e restituição do imóvel ao *locador*, qualidade que ostentará até o final, como o *locatário* continuará a sê-lo até exaurir-se a evacuação do imóvel e com sua restituição a quem de direito. Se a locação já estivesse extinta ou cancelada desde a ocorrência do fator determinante da ação de despejo, a posse subseqüente seria a título diverso, e a ação cabível não seria aquela proclamada no art. 5º, e restaria desmoronada a estrutura óbvia do sistema locacional.

Portanto, todo o cuidado é pouco na leitura do art. 46 e seu § 1º da Lei 8.245/1991, para a extração do alcance da expressão "a resolução do contrato ocorrerá findo o prazo estipulado (...)". E não se perca de vista a disposição do art. 575 do CC, sobre as obrigações e responsabilidades do locatário que, notificado, não restituir o imóvel.

Complemente-se a reflexão com a lembrança do princípio da retroatividade da sentença à data da propositura da ação, como efeito da *perpetuatio iurisdiccionis* (Chiovenda), para se perceber que a resolução ou a rescisão da locação que seja proclamada pela sentença retroage no máximo até o momento do ajuizamento da ação, e não a período anterior. O momento da expiração dos prazos legais e contratuais é fator de cessação, mas não ainda causa cessante nem metamorfoseante da natureza da posse anterior continuada, que perdura até o fim, com direitos e obrigações das partes, como posse locatícia, até a entrega da prestação jurisdicional exaurida (efetiva retomada) e outros deveres legais.

16

Trato Legislativo da Denúncia Vazia

16.1 O direito potestativo extintivo da denúncia vazia e seus atores. Generalidades. 16.2 Escorço histórico da denúncia vazia no nosso direito locacional. 16.3 Denúncia da locação e investimentos consideráveis.

16.1 O direito potestativo extintivo da denúncia vazia e seus atores. Generalidades

A "denúncia vazia" – como ficou consagrada a expressão criada por Pontes de Miranda para indicar a denúncia de um vínculo bilateral sem fato fundante – é a figura jurídica de declaração unilateral de vontade instituída no direito das locações de imóveis em favor do locador, de natureza receptícia (precisa ser recebida pelo destinatário para se tornar irrevogável), para fazer cessar a relação locatícia e abrir ao denunciante a possibilidade de exercício da retomada do imóvel locado, por simples conveniência, como direito potestativo extintivo, por isso sem necessidade de justificação do seu ato ou pretensão, valendo-se tão-só da indeterminação originária ou da prorrogação da locação por prazo indeterminado, como disposto na lei.

Como dizia, ainda, Pontes de Miranda – o insuperável doutrinador desse tema –, a denúncia independe de concordância do outro contraente para que cesse a relação de obrigação ou se vença ou torne exigível alguma prestação.[1] E aduz o Mestre que da comunicação ao outro figurante começa sua eficácia, mas a eficácia plena depende da determinação do momento em que deva operar-se, por determinação voluntária ou legal.[2]

1. Pontes de Miranda, *Tratado de Direito Privado*, t. XL, São Paulo, Ed. RT, § 4.395, pp. 106-107.

2. Idem, p. 109.

O art. 6º e seu parágrafo único da Lei 8.245/1991 estabelecem o direito de denúncia vazia unilateral pelo locatário de locação escrita ou não, por tempo indeterminado, mediante comunicação receptícia com prazo de 30 dias, que opera a resilição da relação locatícia independentemente da vontade do locador. Não se confunde com a devolução do imóvel locado por prazo determinado (art. 40), que dá ensejo a pagamento (não mais necessariamente proporcional, mas por fixação eqüitativa – art. 944 do CC de 2002), de índole indenizatória/compensatória, salvo se ocorrida por motivo legal ou de força maior a devolução antecipada.

Mas não se esgotam aí os casos de denúncia vazia, porque cabe também quando ocorra extinção de usufruto ou fideicomisso sobre imóvel na locação celebrada pelo usufrutuário ou fiduciário, na forma e condição e com as ressalvas previstas no art. 7º e parágrafo único.

Há o caso de retomada pelo empregador-locador em decorrência de extinção do contrato de trabalho, quando a ocupação do imóvel pelo locatário estiver relacionada com seu emprego (arts. 47, II, e 59, II). Vejam-se os itens 14.4 e 29.1.

E, finalmente, se o imóvel for alienado durante a locação, cabe a denúncia pelo adquirente, ainda que compromissário comprador ou cessionário, igualmente na forma e condição e com as ressalvas previstas no art. 8º, §§ 1º e 2º.

Em todos esses casos, a ação para demissão do locatário e imissão do locador retomante ou do terceiro tomante do imóvel será sempre e só a de despejo; que não cabe para o caso único de desapropriação, com a imissão efetiva na posse do expropriante pela via processual própria. Vejam-se o item 14.3 ("Aspectos da Locação de Imóvel com Usufruto e Fideicomisso") e o Capítulo 6 ("Locação e Desapropriação").

Pode-se, então, dizer que a denúncia, como declaração unilateral de vontade assegurada em certas circunstâncias pela lei, fica ao arbítrio da parte contratante que deseje exercitar esse poder; e ao ser manifestada e recebida pelo denunciado tem a eficácia de potencializar a ruptura da relação contratual. Aí, por outras palavras, torna-se ato perfeito e passa a integrar o patrimônio de bem da vida ou a órbita do direito constituído e adquirido do denunciante, independentemente de outros efeitos patrimoniais.

Como a denúncia diz respeito ao futuro da relação jurídica – como ainda assinala Pontes de Miranda –, seu efeito produz-se *ex nunc*, isto é, a partir do momento em que se efetive a denunciação, embora resguarde ao denunciado o *status quo* até a cessação da relação locatícia.

Adquirido o efeito legal decorrente da denunciação, esse direito subjetivo não autoriza o denunciante a precipitar o direito de agir antes de decorrido o prazo legal para a restituição voluntária. Se o fizesse, seria o denunciante fatalmente julgado carecedor da ação precipitada, em razão do princípio de que "só quando se produz a violação do direito nasce a pretensão" – como adverte Adolf Wach,[3] monografista clássico que demonstrou a autonomia (distinção) entre o direito subjetivo (material) e o direito de ação decorrente da pretensão (resistida).

A propósito do *termo* (que é precisamente o do § 2º do art. 6º da LICC), diz Pontes de Miranda que o direito foi adquirido (com o recebimento da denúncia); o que falta é a exigibilidade; faltam-lhe a pretensão ou a ação ou, às vezes, só a ação, não o direito.[4]

Verificados os pressupostos na ação de despejo, o julgador proferirá sentença com eficácia executória tendente à desocupação do imóvel pelo locatário denunciado, que é o efeito último buscado pelo locador ou terceiro denunciante legitimado, através do processo de que tenha tido necessidade de se valer.

16.2 Escorço histórico da denúncia vazia no nosso direito locacional

Em brevíssimo histórico, pode ser destacado que com o anterior Código Civil de 1.1.1916, que regeu a generalidade das locações prediais sob o influxo do voluntarismo e sem o cunho característico protecionista ou intervencionista na vontade privada das partes contratantes, nasceu a "resilição unilateral", que opera mediante denúncia notificada, como hoje está concebida e difundida no direito locacional, conforme terminologia própria utilizada no art. 473 do CC de 2002.

No parágrafo único do art. 1.193 do CC de 1916 (art. 571, *caput*, do CC de 2002) assumia as raias do extremo a denúncia assegurada ao locador antes mesmo do vencimento do prazo certo estipulado à duração do contrato escrito de locação, fixada como única condição para reaver antecipadamente, por mera conveniência, o prédio locado, a obrigação de ressarcir perdas e danos resultantes para o locatário.

No art. 1.194 do CC de 1916 (art. 573 do CC de 2002) vinha instituída a regra geral da retomada motivada apenas pela *cessação de pleno*

3. Adolf Wach, *La Pretensión de Declaración*, p. 100.

4. Pontes de Miranda, *Comentários ao Código de Processo Civil de 1973*, art. 1.211, p. 25.

direito da locação por prazo determinado, independentemente de aviso ou notificação, findo o prazo convencionado.

Com o surgimento da crise da moradia urbana, que exigiu intervenção do Estado na ordem privada, para restabelecer o equilíbrio rompido, as leis tenderam para o dificultamento e até exclusão da denunciabilidade vazia do locador de prédio residencial. Fenômeno sociológico, este, que levou à edição de leis do inquilinato, que passaram a disciplinar de modo diverso as locações residenciais, tornando inoperantes as disposições gerais do anterior Código Civil – sem jamais ocorrer a revogação expressa de qualquer dos dispositivos constantes dos arts. 1.188 a 1.210, até porque eram disposições integrantes de uma unidade codificada, e que continuaram a reger, embora com pequenas diferenças, as locações não-residenciais.

O mais expressivo diploma de regência das locações comuns não-residenciais foi o Decreto-lei 4, de 7.2.1966, sem, no entanto, alterar ou suprimir qualquer texto codificado. Apenas, para a retomada por não convir ao locador continuar a locação instituiu prazo maior (três meses – art. 3º) em lugar do prazo mais exíguo, de um mês, do art. 1.209 do anterior CC; dispositivo codificado, este, que, sem ter sido revogado, entrou em desuso; por sinal, recobrou, com a revogação do Decreto-lei 4, eficácia plena e voltou a ser parâmetro da aplicação da denúncia com prazo de um mês. Assim ocorreu com a anterior Lei 6.649/1979, entrando como supletivo o aludido art. 1.209: prazo de um mês ao locatário para desocupar o prédio. Da revogada Lei 6.649 sobrou a vedação da retomada antes do vencimento do prazo (art. 3º), que vem ratificada na atual Lei 8.245/1991 (art. 4º); enquanto o art. 5º, *caput* e parágrafo único, da Lei 6.649/1979 volveu às origens dos parâmetros oferecidos pelos arts. 1.194 e 1.195 do CC de 1916, ao assegurar, então, a cessação de pleno direito da locação não-residencial aprazada por tempo determinado, permitindo a retomada independentemente de notificação ou aviso, tão logo findo o prazo contratual, sob pena de prorrogação, mas sem prazo determinado, antes da atuação das presunções legais que induzem continuidade, à falta de oposição tempestiva.

Com técnica legislativa que remonta ao art. 1.209 do CC de 1916, o locador ficou liberado, no regime da anterior Lei 6.649/1979, para retomada de imóveis não-residenciais, da via notificatória.

É esse, *grosso modo*, o regime que foi ratificado e vigora na atual Lei de Locações (Lei 8.245/1991), com expansão para abranger a facilitação da retomada também dos imóveis de fins residenciais, cuja denunciação ou retomada imotivada esteve ausente da lei anterior (Lei 6.649/1979).

Agora, é regra geral para as duas classes de locação, residencial e não-residencial, a denúncia vazia, bem como a cessação da locação no vencimento do prazo determinado, guardadas algumas exceções e peculiaridades de cada espécie, de acordo com a normatividade que emerge de vários dispositivos da Lei 8.245/1991, vigente com supremacia sobre o CC de 2002, nos termos do art. 2.036 deste.

Deve ser dito, ainda, que *não se aplicam* às locações novas as disposições transitórias dos arts. 77 e 78 e seu parágrafo único, sobre locações residenciais contratadas antes da vigência da Lei 8.245/1991, que se tenham prorrogado automaticamente por tempo indeterminado e cuja denúncia vazia supunha a concessão de prazos privilegiados de 12 ou 24 meses, conforme a hipótese ali prevista.

Com efeito, numa interpretação oportuna, dos tempos iniciais, integrada, dos arts. 47 e 78 da Lei 8.245/1991, o Enunciado 12 da Comissão de Estudos Jurídicos do extinto 2º TACivSP esclareceu que "locação residencial ajustada antes da Lei n. 8.245/1991 admite denúncia vazia e retomada imotivada", obviamente com a concessão dos prazos privilegiados acima referidos. E se a notificação premonitória foi feita antes mas a propositura da ação de despejo só ocorreu já na vigência da Lei 8.245/1991, aplicam-se as regras processuais desta (Enunciado 11) para a retomada imotivada.

16.3 Denúncia da locação e investimentos consideráveis

No trato da denúncia vazia cabe advertir para a novidade da sua suspensão temporária introduzida através da norma do art. 473, *caput*, bem como a disciplina do seu parágrafo único, combinados com o complemento analógico constante do art. 720, *caput*, e seu parágrafo único, todos do CC de 2002, para reflexão sobre a resilição unilateral nos casos de locação em que uma das partes haja feito "investimentos consideráveis" ou "de vulto".

Essa restrição no direito locatício vale mais para o locador, mas pode também aplicar-se ao locatário quando este, usando da faculdade prevista no art. 4º da Lei de Locações, resolva denunciar a locação, com devolução do imóvel que tenha sido objeto de investimentos de vulto por parte do locador a pedido do locatário, sempre que se configure a situação prevista no art. 473, *caput* e parágrafo único.

É que a denúncia vazia, modo de exercício de resilição unilateral – isto é, extinção do contrato –, não deriva de inadimplemento da outra parte, mas da manifestação de vontade potestativa de uma delas, nos casos em que a Lei de Locações expressamente o permita.

Esse modo de dissolução do vínculo ou da catividade não deve operar-se abrupto, mas a termo com prazo notificado, em respeito à posição contratual da parte destinatária, sobretudo quando esta houver feito investimentos consideráveis para a execução do contrato de locação (parágrafo único do art. 473 do CC de 2002).

Essas considerações podem até iluminar a solução de uma outra questão que se entrelaça, que é a do direito a benfeitorias, sua indenização e eventual direito de retenção pelo locatário.

Vejam-se itens 3.8 e 12.13, *retro*.

17

Direito de Preferência do Locatário na Aquisição do Imóvel Alienado Durante a Locação

17.1 Evolução legislativa desde o antigo Código Civil até a anterior Lei 6.649/1979, cujos princípios informam a Lei 8.245/1991. 17.2 O direito de preferência atual, mais aperfeiçoado. 17.3 Exclusão do direito de preferência para locatário de imóvel fiduciado (parágrafo único do art. 32 da Lei 8.245/1991).

17.1 Evolução legislativa desde o antigo Código Civil até a anterior Lei 6.649/1979, cujos princípios informam a Lei 8.245/1991

O que é *direito de preferência* diz o Código Civil em relação ao vendedor, no instituto da compra e venda, que a estabeleça como futura obrigação do comprador para exercício, no caso de nova venda, da prelação (art. 1.149 do CC de 1916; ou art. 513 do CC de 2002).

O direito de preferência está transposto da *compra e venda*, com adequação para a *relação locatícia*, aqui como obrigação do locador em casos enunciados no art. 27 da Lei 8.245/1991, também como direito exercitável pelo locatário preterido (art. 33).

Salvo a utilização da forma sintética no *caput* do art. 24 da anterior Lei 6.649/1979, no que diferia da técnica adotada na redação da cabeça do art. 16 da Lei 4.494/1964, no mais – ou seja, quanto aos quatro parágrafos que integravam o dispositivo sobre a preferência legal na aquisição, instituída em favor do locatário no caso de venda, promessa de venda ou de cessão de direitos de imóvel objeto da locação – houve praticamente identidade de disciplina da matéria com a legislação anterior, sob a feição do direito substantivo, nos dois diplomas legais.

A diferença fundamental, que então deu ensejo a controvérsias e críticas, situou-se na solução dada para a violação do direito de preferência, porque na Lei 4.494/1964 resolvia-se em perdas e danos para o locatário o descumprimento da obrigação pelo alienante, restrito ao campo do direito pessoal, conforme jurisprudência cristalizada na Súmula 488 do STF.[1]

Já pela Lei 6.649/1979 a solução reipersecutória concebida projetou-se no campo do direito real, assumindo o direito de preferência contorno nítido de direito real[2] oponível a terceiros se o locatário pretendesse exercitá-lo em ação própria, nas condições, prazo e forma estipulados no art. 25 daquela lei, mediante adjudicação para haver para si o imóvel, mercê da previsão legal da absoluta ineficácia do negócio jurídico da alienação a terceiro em caso de preterição do locatário.

A salutar regra inovadora da preferência foi inspirada na venda de coisa comum do art. 1.119 do CPC, por analogia, em segurança do locatário preterido.

A regra do direito de preferência, por se encontrar situada na parte geral da Lei de Locações, e contendo o art. 24 da anterior Lei 6.649/1979 a inovação do § 5º, de expressa previsão de sua aplicação às locações regidas pelo Decreto 24.150, de 20.4.1934, passou, então, a ter aplicação ampla para todas as locações prediais urbanas, residenciais ou não, sem excluir os imóveis destinados a estabelecimentos de saúde, ensino, hospitais, indicados na Lei 6.239/1975, então vigente.

A preferência (*jus praelationis*) do locatário é assegurada em face de *terceiros* em relação à relação locatícia que também sejam *estranhos* ao domínio. Logo, o silêncio do art. 24 da lei anterior não alterava os princípios, não derrogava a norma codificada vigente.

Numa interpretação integrada do *caput*, inalterado, com a inovação que se procurou introduzir pelo § 2º, tornou-se fácil concluir que a Lei 6.649/1979 mantinha a via de seqüela adjudicatória, que passou na época a ser submetida a uma nova e essencial condição pela parte final do

1. Neste sentido dispõe a Súmula 488 do STF: "A preferência a que se refere o art. 9º da Lei n. 3.192, de 3 de julho de 1961, constitui direito pessoal. Sua violação resolve-se em perdas e danos".

2. Para arrendamento rural do Estatuto da Terra (art. 92, § 4º, da Lei 4.504, de 30.11.1964) o STF entendeu que o direito de preferência do arrendatário é *direito real*, repelindo a carência da ação adjudicatória decretada pela Justiça local; conheceu e proveu parcialmente recurso extraordinário do arrendatário (2ª Turma, RE 83.319-6-SP, j. 23.9.1980, rel. Min. Leitão de Abreu, v.u., *DJU* 17.10.1980, p. 8.292) (caso de direito real, mesmo sem registro). Sobre o Estatuto da Terra, v. *Lex-JSTF* 26/84: "(...) a prelação, traduzida no depósito do preço, é visivelmente incompatível com a resolução da obrigação em perdas e danos. Se há direito de ação de preferência, consignado o preço, a seu autor legitimado não se poderá impingir solução por perdas e danos".

§ 1º, em proteção indispensável a terceiros de boa-fé (estar inscrito no registro imobiliário o contrato de locação pelo menos 30 dias antes da data do ato[3] da venda ou cessão de direitos), com a faculdade alternativa para o locatário do exercício puro e simples da ação pessoal de índole indenizatória contra o alienante apenas.

O registro, no direito de preferência legalmente instituído em benefício do locatário, não foi só meio de prova, mas ato-condição indispensável ao exercício da ação de cunho real. Daí que a ciência da locação não vinculava o terceiro adquirente para fins do direito de preferência do locatário, com vista à ação reipersecutória, se o contrato não estivesse registrado com a antecedência legal no cartório de imóveis.

O direito de preferência do locatário existiria nas condições legais mesmo que se tratasse de locação ajustada por senhorio direto (locador não-proprietário) obrigando o alienante (proprietário não-locador).

A opção era do locatário, segundo suas conveniências; mas era certo que, não preenchido o requisito do prévio registro do contrato de locação no registro imobiliário com a antecedência mínima de 30 dias, como dispunha o acréscimo do § 1º, se não se abria a via adjudicatória, a lei, através do acréscimo do § 2º, outorgava ao menos uma outra proteção para o locatário prejudicado, pela via ressarcitória contra o alienante.

O direito de preferência, como era concedido ao locatário "em igualdade de condições" (art. 24, *caput*), podia ser exercido, em caso de promessa de venda a prazo ou em prestações – como lembra Theotonio Negrão ao anotar esse dispositivo –, bastando que depositasse as prestações vencidas até a data da propositura da ação e que, nos devidos vencimentos, consignasse as demais.

A renúncia ao direito de preferência e, conseqüentemente, ao direito de ação adjudicatória ou indenizatória por cláusula estipulada no contrato de locação era nula de pleno direito, por elidir objetivo específico da Lei 6.649/1979, conforme dispunha a norma cogente do art. 46. Por isso não obrigava o locatário (ou sublocatário), nem lhe retirava o direito legal de prelação, com todas as conseqüências. O destinatário do mandamento do art. 24 era o proprietário alienante, que ficava adstrito a assegurar a preferência, na forma ali estabelecida, sob os riscos das penalidades estabelecidas. E, havendo hábil registro do contrato de locação no cartório imobiliário, os riscos de ineficácia produziam-se *erga omnes*, ainda que constasse cláusula de renúncia, pelas mesmas razões.

3. O contrato de locação deveria estar inscrito 30 dias antes da data do ato de venda ou cessão de direitos, *e não da data do registro* do instrumento respectivo.

Resumidamente, esse foi o sistema legal de preferência do locatário que vigorou até a entrada em vigor da atual Lei de Locações (Lei 8.245/1991).

Passemos ao exame da situação presente, que exprime o mesmo sentido do Direito assentado, com aperfeiçoamentos e mais clareza, fatores que dispensam repetições sobre o que já foi aqui exposto, quando compatível.

17.2 O direito de preferência atual, mais aperfeiçoado

A atual Lei 8.245/1991, aproveitando a experiência sedimentada na doutrina e jurisprudência ao longo dos 12 anos de aplicação do instituto legal (não contratual) do direito de preferência, dedicou-se com mais largueza, nos arts. 27 a 34, ao trato da matéria da preferência do locatário à aquisição do imóvel locado que seja alienado no curso da locação, sem se afastar do Direito anterior, mas aperfeiçoando-o e dirimindo dúvidas preexistentes em oito artigos e quatro parágrafos, assegurando ações adjudicatória ou indenizatória, conforme esteja, ou não, devidamente averbado o contrato de locação.

São direitos irrenunciáveis previamente (art. 45).

As espécies de alienação foram ampliadas com a inclusão da "dação em pagamento" e da "promessa de cessão de direitos" ao rol tradicional de venda, promessa de venda e cessão de direitos, sobre as quais agora também incide o direito de preferência assegurado ao locatário – sublinhe-se –, *qualquer que seja a natureza da locação*, residencial ou não, desde que preenchida a condição *sine qua non* registrária, isto é, averbação oportuna do contrato (escrito) junto à matrícula do imóvel locado pelo menos 30 dias antes da alienação (art. 33 e parágrafo único).

O registro ou a averbação, enfim, atualmente estão facilitados, inclusive quanto aos custos, pela atual redação dos arts. 167, II, n. 16, e 169, III, da LRP, que simplifica expressamente as exigências formais para fins de publicidade e exercício do direito de preferência (art. 33) e também para efeito da cláusula de vigência em caso de alienação regular, no curso da locação, a terceiros (art. 8º).

O instituto do direito de preferência é preceito *erga omnes*, de ordem pública, conquanto não tenha merecido destaque explícito no elenco dos direitos protegidos especialmente com sanção de nulidade de pleno direito das cláusulas de renúncia em abstrato que visem a elidir os objetivos indisponíveis da lei (art. 45); não se confunde aquela renúncia apriorística com a manifestação de desinteresse diante de situação ocorrente.

Mas não abrange os casos de perda da propriedade como por evicção, usucapião, desapropriação, falência etc. ou venda por decisão judicial, permuta ou doação e outros enumerados no art. 32, como integralização de capital, cisão, fusão e incorporação, da Lei das S/A ou no atual Código Civil, entre outros. E para contratos de locação firmados a partir de 1.10.2001 não alcançará o direito de preferência também os casos de constituição de propriedade fiduciária, nos termos, abrangência e especificação do parágrafo único do art. 32, incluído pela Lei 10.931/2004.

O esquema de comunicação-resposta é o da manifestação de vontade explícita e pormenorizada, do Direito em geral (parágrafo único do art. 27 e art. 29), gerando efeito previsível de caducidade o silêncio como resposta inequívoca da aceitação integral ao convite-interpelação no prazo decadencial trintidiário (art. 28).

A desistência da alienação acarreta responsabilidade do locador em face do locatário que aceitou a proposta (art. 29), se sofreu prejuízos.

Na sublocação total legítima, o art. 30 inverte a prioridade em prol do sublocatário, sem prejuízo de igual direito, sucessivamente, ao locatário sublocador.

Sobre os efeitos da preterição do direito de preferência, de eficácia real, o art. 33 é explícito. Igualmente é claro seu parágrafo único quanto ao procedimento registrário simplificado da averbação do contrato de locação no cartório de imóveis, junto à matrícula, em face do complemento facilitatório constante dos arts. 81 e 84 da mesma lei locatícia no que tange às disposições receptivas dos registros pela Lei de Registros Públicos (arts. 167, II, n. 16, e 169, III).

O prazo decadencial do exercício do direito real é 6 meses, contados do registro imobiliário do ato de alienação infringente, desde que o contrato de locação esteja averbado ao menos 30 dias antes na matrícula.

17.3 Exclusão do direito de preferência para locatário de imóvel fiduciado (parágrafo único do art. 32 da Lei 8.245/1991)

Faz sentido, em tese, o acréscimo do parágrafo único do art. 32 de novo caso de exclusão do direito de preferência, para que este não alcance "também os casos de constituição da propriedade fiduciária". É que a alienação fiduciária em garantia de pagamento da dívida então assumida pelo fiduciante é inegavelmente vinculada a uma operação financeira (em sentido amplo), em que pese a se tratar de negócio jurídico que pode ser contratado também por pessoa física ou jurídica no pólo do credor fiduciário, "não sendo privativa das entidades que operam no SFI" (art.

22, *caput* e parágrafo único, da Lei 9.514, de 20.11.1997, em sua quarta versão de redação, mais depurada com a Lei 11.481, de 31.5.2007).

Se prevalecesse o regime legal do direito de preferência do locatário sem a exclusão estabelecida no parágrafo único do art. 32 da Lei 8.245/1991, surgiria um conflito entre dois institutos, talvez não tanto na locação de imóvel pré-fiduciado, e mais na fidúcia de imóvel pré-locado, de propriedade do locador ou de terceiro – isto é, quando a alienação fiduciária ocorresse no curso da locação.

Neste caso, o locador fiduciante teria de oferecer o pedido de crédito-financiamento almejado com garantia da constituição da propriedade fiduciária ao seu locatário, sob pena de, sendo esse preterido, poder reclamar do "alienante" os direitos previstos no art. 33 da Lei de Locações – absurdo que geraria instabilidade e insegurança nas várias relações jurídicas envolvidas; além do quê na alienação fiduciária a propriedade é transmitida temporariamente, apenas em garantia e sob condição resolutiva, sem a definitividade própria da venda na propriedade plena; fatos que justificam a inovação legal excludente do direito de preferência também nos casos de "constituição" de propriedade fiduciária.

Entretanto, no caso de venda extrajudicial decorrente de inadimplemento do fiduciante (locador) que resulte em consolidação da propriedade plena com o credor fiduciário estranho à locação, basta a oportuna ciência-convite ao locatário sobre os leilões extrajudiciais a serem promovidos nos termos do art. 27 e §§ da Lei 9.514/1997 para participar e, se for o caso, exercer o direito de preferência genérico em igualdade com quaisquer terceiros, licitantes ou não.

De resto, a alvitrada ciência-convite é providência simples de cautela que cabe ser observada pelo credor ou condômino de locador de qualquer imóvel locado em venda judicial em quaisquer modalidades, inclusive em partilha de bem que não admita divisão cômoda, ou de coisa comum, como lembra Gildo dos Santos,[4] com o apoio de Nelson Kojranski.[5]

Vejam-se, sobre o tema, os itens 14.5, *retro*, e 35.4, *infra*.

4. Gildo dos Santos, *Locação e Despejo*, 5ª ed., São Paulo, Ed. RT, 2004, n. 84, anotações ao art. 32, p. 221.

5. Nelson Kojranski, "Direito de preferência na venda judicial", estudo in *Tribuna do Direito* abril/2007, p. 6.

18

Aluguel: Convenção, Reajuste e Revisão. Nova Prescrição Trienal

18.1 Generalidades sobre a remuneração da locação. 18.2 Natureza da sentença de revisão e peculiaridade de sua execução. 18.3 A sentença de revisão e o aluguel referido no art. 585, V, do CPC. 18.4 Prescrição trienal da pretensão relativa a aluguéis. Alcance.

18.1 Generalidades sobre a remuneração da locação

As restrições à retomada do imóvel, seja de locação não-residencial (parágrafo único do art. 56 da Lei 8.245/1991), seja, sobretudo, de locação residencial (arts. 46, 47 e 50), têm sua contrapartida na justa retribuição do aluguel devido na continuidade ou subsistência prolongada da relação locatícia.

A convenção do aluguel *inicial* é livre, isto é, decorre da autonomia da vontade, e não da lei – como assegura o art. 17, *caput* –, subordinada exclusivamente a critérios convergentes de conveniência das partes, de regra dentro dos parâmetros de mercado, ou seja, do equilíbrio que decorre da "lei" da oferta e da procura.

Ainda para a locação *em curso*, e até mesmo ao término do prazo contratual, também é lícito às partes, conforme dispõe o art. 18, fixar *novo* aluguel de comum acordo, por livre negociação, bem como inserir ou modificar cláusula de reajuste, incluída nesta a periodicidade de sua ocorrência, independentemente de se tratar de locação com prazo determinado ou não.

Somente quando não haja consenso entre os sujeitos da relação locatícia *em curso* (e, aí, já não se está tratando da livre convenção do aluguel inicial) abre a lei, no art. 19, para solução do impasse, o acesso ao Judiciário, tanto para o locador quanto para o locatário, desde que decorrido o lapso de três anos de estabilidade do valor locativo do contrato originário ou do novo obtido por acordo formalizado intercorrentemente, para o pleito de "revisão judicial do aluguel, a fim de ajustá-lo ao preço de mercado". Trata-se do direito de ação revisional de aluguel, cujo procedimento é disciplinado pelos arts. 68 a 70 da Lei 8.245/1991, sob aquele *nomen juris* genérico; ação, essa, que não se confunde com a ação renovatória movida pelo locatário, nem com o novo aluguel que venha a ser fixado nesta última a pedido de locador ou locatário, pelos fins diferentes de uma e outra.

Cumpre ressaltar que as disposições da Lei de Locações até aqui invocadas aplicam-se à generalidade das locações, especialmente o procedimento unificado para revisão jurisdicional acerca do aluguel de imóvel.

O procedimento é sempre e só o dos arts. 68 a 70, para "revisão" *lato sensu*: trata-se de simples reajuste com finalidade de atualização monetária; ou de revisão propriamente dita do valor (ou da periodicidade), para ajustar o aluguel ao preço de mercado; ou, ainda, reajuste com base na cláusula *rebus sic stantibus*, que supõe superveniente onerosidade excessiva imprevisível, que cause profundo desequilíbrio, em prejuízo para uma das partes.

Quando se tratar de aluguel de locação não-residencial que seja de natureza empresarial protegida pelo direito à renovação compulsória, incidem as peculiaridades que informam essa espécie (arts. 51 e ss.), desde que compatíveis, inclusive quanto ao valor do novo aluguel do imóvel.

E, finalmente, tratando-se de fixação de aluguel sobre locações residenciais propriamente ditas, incidem regras de índole protetiva ou intervencionistas (parágrafo único do art. 17, que faz remissão aos critérios de reajustes da "legislação específica"); e, ainda, o art. 85, que, repetindo em parte o texto do *caput* do art. 17, estabelece duas classes de imóveis objeto de locação (*novos* e *velhos*), para tratá-los com diversidade profunda, própria de norma de direito transitório.

Quanto aos reajustes de atualização periódica anual, houve equiparação entre todas as locações, residenciais ou não, pela legislação extravagante, refletida na Lei do Plano Real (Lei 6.069, de 29.6.1995, e Lei 10.192, de 14.2.2001).

18.2 Natureza da sentença de revisão e peculiaridade de sua execução

A sentença que acolhe o pedido do locador na ação de revisão do aluguel é de natureza *constitutiva-condenatória*: estabelece um novo valor para o aluguel que vincula as partes, impondo uma sobrecarga de acréscimo ao locatário, que fica obrigado a pagar o aluguel majorado, para um novo período, a partir da citação, além das verbas acessórias de encargos da lide por sucumbência.

A execução é peculiar, como se vê do art. 69 e seus parágrafos.

Para os acréscimos de aluguel correspondentes aos meses decorridos durante a ação de revisão, isto é, retroativos à citação (e não à simples propositura), que é quando existe litispendência e produz efeito para o réu, serão pagos pelo locatário não em execução comum por título judicial dentro dos autos perante o juiz da causa, mas sim diretamente ao locador, não mais em prestações ou parcelas mensais fixadas pelo juiz na sentença até o máximo de seis, como ocorria no art. 53, § 3º, da lei anterior, mas de uma só vez, com vencimento a partir do mês seguinte ao do trânsito em julgado da sentença, sem incidência de juros, mas com correção monetária.

O locatário pode pagar ou depositar imediatamente para se eximir da correção monetária. Pode optar entre pagar diretamente ao locador ou em juízo. Se incorrer em mora, sujeita-se aos seus efeitos.

Para o novo aluguel fixado na sentença, referente aos meses futuros, posteriores ao encerramento do processo, não incluídos nos meses decorridos durante a ação, inexiste execução específica. Pela natureza constitutiva do aluguel atualizado, o locatário fica obrigado a cumprir o julgado, passando a pagar o novo valor fixado, diretamente ao locador, na forma contratual e pelo modo de praxe, sob pena de incorrer em infração que o sujeita ao despejo ou cobrança executiva do aluguel. E o locador está obrigado ao recebimento do aluguel conforme a fixação judicial, sob pena de *mora accipiendi*, caso em que se abrem ao locatário as vias judiciais liberatórias.

18.3 A sentença de revisão e o aluguel referido no art. 585, V, do CPC

Uma questão processual que resulta da ação de revisão do aluguel é que, fixado judicialmente, ainda que não existisse contrato escrito de locação, a sentença (constitutiva) de acertamento passa a ser *título de agregação* que confere liquidez e executividade ao novo aluguel para o efeito de cobrança. E com maioria de razão se contrato escrito existia, mas apenas desatualizado quanto ao valor do aluguel.

Essa nova situação legal acrescenta um elemento jurídico que passará a informar o n. V do art. 585 do CPC, conforme redação dada pela Lei 11.382/2006. O título executivo (por aluguel e seus encargos acessórios) enumerado no referido dispositivo codificado é *extrajudicial*. A sentença, de acertamento, da ação revisional, embora título judicial, pela sua natureza constitutiva, agrega-se ao título extrajudicial (contrato) para revigorá-lo, e não para suprimi-lo ou substituí-lo; de modo que, exista contrato escrito (até então desatualizado, isto é, sem pleno vigor executivo) ou não exista contrato escrito, a locação, com aluguel revisto por sentença em ação do art. 69, passa a fruir, por força dos princípios, de eficácia executiva por *título extrajudicial adesivo* para o efeito de cobrança (do aluguel) por via executiva, com base no art. 585, V, do CPC. Em termos de lógica, se um título executivo judicial encerra qualidades inerentes à coisa julgada material, que são a imutabilidade e a indiscutibilidade, ensejando execução mais forte, é evidente que se presta para o menos, que é apenas a integração de força executiva ao título extrajudicial, contrato locatício, onde se abre conhecimento para todas as questões discutíveis em contraditório regular de embargos, cujo limite de intangibilidade será exclusivamente o respeito ao núcleo do já decidido na ação revisional entre as próprias partes, enquanto não sobrevier novo ajuste judicial ou extrajudicial.

Em que pese o fato de o contrato de locação, ao menos quanto ao seu valor, poder sofrer influências externas, caracterizando sua complexidade, certo é que as diferenças apuradas na ação revisional devem ser executadas nos mesmos autos, sem necessidade de ingresso de nova ação para esse fim (art. 69, § 2º, da Lei 8.245/1991).

Observe-se que é imprescindível a citação do fiador para integrar a lide revisional, pois do contrário não pode ser ele demandado, pelos valores acrescidos, sem sua participação, consoante orientação jurisprudencial do STJ. Nesse sentido: 3ª Seção, EREsp 154.485-SP (rel. Min. Gilson Dipp, j. 13.10.1999, ementa no *DJU* 16.11.1999, p. 179, e *RT* 774/201); e 3ª Seção, EREsp 397.832-RS (rel. Min. Jorge Scartezzini, j. 28.4.2004, ementa no *DJU* 1.7.2004, p. 181).

18.4 Prescrição trienal da pretensão relativa a aluguéis. Alcance

Cumpre assinalar, nesta oportunidade, que a *locatio conductio rei* (locação de coisa imóvel), ou a “locação de prédio urbano” (como a ela se refere o art. 2.036 do CC de 2002), tem a disciplina codificada da prescrição da “pretensão relativa a aluguéis de prédios urbanos ou rústicos” (art. 206, § 3º, I, do CC) estabelecida em três anos.

Veja-se que o revogado Código Civil de 1916 dispunha, no § 10 do art. 178, que era de cinco anos a prescrição (da ação) sobre – *verbis* – "os alugueres de prédio rústico ou urbano".

Houve, em primeiro lugar, redução do prazo prescricional da pretensão relativa à cobrança de aluguéis, vale dizer, das ações fundadas em crédito locatício, como execução por quantia certa e despejo por falta de pagamento; o que dá ensejo a questões de direito transitório, com incidência da regra de direito intertemporal específica prevista no art. 2.028 do CC, conforme o tempo decorrido num ou noutro sistema codificado.

Em segundo lugar, observe-se que o aluguel é modo de prestação temporária locacional sucessiva (mensal), pelo quê o prazo prescricional, evidentemente, refere-se às *prestações vencidas* e não alcança o direito de perceber a renda locatícia (aluguel) vincenda, como já advertia J. M. Carvalho Santos.[1]

Trata-se de tema pouco versado – o da prescrição referente a aluguéis – e raramente julgado nos juízos e tribunais, sujeito à disciplina do Código Civil (arts 189-204), envolvendo a multiplicidade de situações elencadas nas Seções "I – Disposições Gerais" e "II – Das Causas que Impedem ou Suspendem a Prescrição" do Capítulo I do Título IV do Código Civil. Destaque-se o disposto no § 3º do art. 204: "A interrupção [*da prescrição*] produzida contra o principal devedor [*locatário*] prejudica o fiador".

Quanto ao termo *a quo* da regra de prescrição reduzida em seu lapso temporal para cobrança de aluguéis de locação de imóvel, o STJ teve ensejo de reiterar o critério prevalecente, nos REsp 698.195-DF (*DJU* 29.5.2006), 905.210-SP (*DJU* 4.6.2007) e 948.600-SP (*DJU* 17.12.2007). Por todos, deste último julgado sobressai, na ementa: "1. A aplicação da lei nova, de modo a reduzir prazo prescricional referente a situações a ela anteriores e sujeitas a um lapso prescricional superior, disciplinado pela lei revogada, efetivamente importará em atentado aos postulados de segurança jurídica e da irretroatividade da lei, caso se considere a data do fato como marco inicial da contagem do novo prazo – Precedentes do STF e do STJ. 2. Dessa forma, nas hipóteses em que incide a regra de transição do art. 2.028 do CC de 2002, o termo *a quo* do novo prazo é o início da vigência da lei nova, no caso, 11.1.2003, e não a data em que a prestação deixou de ser adimplida" (6ª Turma, relª. Min. Maria Thereza de Assis Moura, j. 29.11.2007).

1. J. M. Carvalho Santos, *Código Civil Interpretado*, vol. III, Rio de Janeiro, Freitas Bastos, art. 178, p. 501, n. 30.

19

A Multa Civil a que se Sujeita o Retomante Insincero

19.1 A multa alcança imóveis residenciais e não-residenciais. 19.2 Destinatários da norma do art. 44, II e III, da Lei 8.245/1991. 19.3 Entrega do imóvel atendendo à simples notificação gera penalidades criminais e civis? E por transação na ação de despejo?.

19.1 A multa alcança imóveis residenciais e não-residenciais

O art. 39 da anterior Lei 6.649/1979, integrando a seção da ação de despejo em geral, fixava a responsabilidade civil pecuniária que advém ao *retomante* a título de penalidade por infração do dever de lealdade para com o locatário em caso de não-uso ou de desvio de uso do imóvel retomado por denúncia cheia, visando a coibir abuso na formulação do pedido de despejo.

Já a atual Lei 8.245/1991 retirou essa disposição de multa civil da seção correspondente à ação de despejo, para colocá-la na "Seção VIII – Das Penalidades Criminais e Civis" do Capítulo I do Título I; mais precisamente disciplinou essa penalidade civil como parágrafo único do art. 44, cujo *caput* tipifica as quatro condutas delituosas sancionadas penalmente.

Na tradicional interpretação de textos legais o geral entendimento é no sentido de que o parágrafo subordina-se ao *caput*, isto é, não goza de autonomia absoluta.

Aí, então, surge a dificuldade básica suscitada pela técnica de colocação e redação do aludido parágrafo único.

A ocorrência de quaisquer das quatro hipóteses previstas "neste artigo" faculta ao prejudicado reclamar, em processo próprio, a multa equivalente aos critérios estabelecidos.

"Processo próprio" significa ação autônoma cível condenatória para o locatário prejudicado haver as perdas e danos dentro dos parâmetros objetivos preestabelecidos pelo texto legal, afastado, agora, o aproveitamento dos "próprios autos da ação de despejo", diversamente do que sucedia anteriormente na Lei 6.649/1979.

O que significa a expressão "ocorrendo qualquer das hipóteses previstas neste artigo", contida no parágrafo único do art. 44 da atual Lei 8.245/1991?

Em interpretação subordinada do parágrafo ao *caput*, a verificação das hipóteses criminalmente tipificadas estaria a pressupor o julgamento da "hipótese" pela jurisdição penal, de cuja condenação resultaria o efeito civil reparatório, através de execução da "sentença penal condenatória transitada em julgado" (art. 475-N do CPC).

O que significa que "processo próprio", nesse contexto, é também a execução civil do julgado criminal.

Assim, se o ex-locatário prejudicado quiser, antes do resultado do processo criminal, exercer diretamente o direito de demandar pela via cognitiva o seu retomante nas hipóteses dos incisos II e III do art. 44, poderá valer-se de procedimento correspondente ao valor reclamado; se quiser aguardar a solução final do processo criminal, em caso de condenação passada em julgado, disporá de título executivo judicial para exigir na jurisdição civil o cumprimento da obrigação do retomante, derivada da jurisdição penal condenatória. E há ou pode haver, ainda, caso em que se suspenda a jurisdição civil na dependência da solução do processo penal, e vice-versa; é quando se caracteriza o fenômeno processual da *prejudicialidade heterogênea*, que tem como matéria de fundo elementos constitutivos de outra espécie, como quando o reconhecimento de certas "hipóteses" dependa da solução prévia da controvérsia na outra jurisdição instaurada. É o caso, por exemplo, de ser o retomante absolvido no processo criminal, pelo reconhecimento da causa excludente da força maior, cuja *res judicata* influi no julgamento da questão civil. Não, já, se a absolvição se der por "insuficiência de provas" na jurisdição criminal e ficarem provadas na jurisdição civil a culpa e responsabilidade do demandante.

É interessante observar que a "hipótese" do inciso II do art. 44 diz respeito exclusivamente à locação *residencial* (por remissão ao caso do inciso III do art. 47), ao passo que a "hipótese" do inciso III do art. 44 refere-se às locações residenciais ou não (por igual remissão a vários casos de ambas as espécies).

19.2 Destinatários da norma do art. 44, II e III, da Lei 8.245/1991

Ainda que, no plano subjetivo ou intelectivo do retomante, a insinceridade possa preexistir à retomada, sua exteriorização factual adquire contorno de realidade objetiva depois da fruição do benefício pela efetiva consumação do despejo, por constatação do decurso do tempo estabelecido na lei sem ter sido usado o prédio para o fim declarado pelo locador, dentro de 180 dias, ou nele não permanecer o beneficiário durante um ano, no caso expressamente enumerado no art. 44, II, por remissão ao art. 47, III.

Igualmente, incide a penalidade se o retomante não iniciar a demolição ou a reparação do imóvel dentro de 60 dias contados de sua entrega, nos vários casos enumerados no art. 44, III.

Como o principal prejudicado é o locatário ludibriado, a ele corresponde reclamar através da ação de cobrança assegurada no parágrafo único do art. 44, conforme o rito comum, ordinário ou sumário, seguindo-lhe a fase de cumprimento de sentença.

Entendemos como possível e útil a medida preparatória de constatação prévia, por oficial de justiça, a requerimento do interessado, da não-ocupação do imóvel retomado, ou da não-permanência nele, ou da não-demolição ou não-reparação, nos mesmos autos da ação em que ocorreu o despejo, antes do ajuizamento do pedido de cobrança da multa, calçado nessa prova.

A lei sujeita às sanções do art. 44 o *retomante*, seja locador, seja proprietário, ou seus assemelhados por lei na legitimação ativa da retomada.

19.3 Entrega do imóvel atendendo à simples notificação gera penalidades criminais e civis? E por transação na ação de despejo?

Dispunha a antiga Súmula 109 do STF que: "É devida a multa prevista no art. 15, § 6º, da Lei n. 1.300, de 28.12.1950, ainda que a desocupação do imóvel tenha resultado da notificação e não haja sido proposta ação de despejo".

Inobstante a existência de divergências quanto ao tema à luz das Leis 1.300/1950 e 4.494/1964, superadas pela aludida Súmula 109, também esta restou prejudicada desde o advento da Lei 6.649/1979, eis que o art. 39 e seu parágrafo único referem a "multa arbitrada pelo juiz" e que a "cobrança far-se-á nos próprios autos da ação de despejo"; o fato é que, na atualidade, só ao retomante, por via do exercício da ação de despejo, têm aplicação as penalidades dos dispositivos em exame, até porque sem ação não há propriamente retomada, mas restituição desqualificada daquele conteúdo típico decorrente do uso da via jurisdicional.

Assim, a entrega do prédio pelo locatário por simples atendimento à *notificação* não configura a infração.

Em primeiro lugar, ao intérprete não escapará que, em matéria de penalidade, a interpretação há de ser de índole restritiva. Ora, o art. 44 está situado na seção referente às penalidades criminais e civis, e o texto não é de redação que autorize ampliação.

Em segundo lugar porque, para o exercício da retomada por denúncia cheia de imóvel residencial com fundamento no permissivo catalogado em *numerus clausus* e objeto da remissão do art. 44, II (hipótese do inciso III do art. 47), diz o permissivo (art. 47) que, "na hipótese do inciso III, a necessidade deverá ser judicialmente demonstrada (...)". Portanto, é judicialmente, na ação de despejo, sempre, que a retomada dependerá de demonstração (ou não) da necessidade alegada. E o § 2º do mesmo art. 47 ratifica esse modo e sede de demonstração e comprovação do pressuposto da retomada (judicial).

Enfim, se só a citação na ação de despejo é que vincula o locatário residencial em face do retomante, é de lógica dedução que o interesse que a lei visa a proteger com as sanções criminal e civil cominadas diz respeito à insinceridade caracterizada a partir do exercício da ação acolhida pelo Judiciário.

Passemos da "hipótese" do inciso II para a seguinte, que é a do inciso III do aludido art. 44. Ali estão previstas penalidades criminal e civil para várias situações, umas de locação residencial, outras de locação não-residencial, conforme remissões específicas.

A colocação é a mesma, prevalecendo o mesmo entendimento conclusivo sobre a "hipótese" II do art. 44, por parecer que a *mens legis* para a apenação criminal e civil é a mesma já exposta: depende da retomada a partir do exercício da ação de despejo decretada pelo Judiciário em acolhimento à sinceridade do pedido, que impõe dever de fidelidade nos seus fins, dentro dos prazos prescritos na lei.

Na ação de despejo o crime se materializa e a multa incide, tenha o despejo sido decretado pelo juiz ou resultado de acordo, conciliação ou transação homologada no respectivo processo. Entretanto, ressalve-se que mesmo na ação, se houver acordo/transação para entrega conciliatória, voluntária ou amigável, do imóvel, sem cláusula penal expressa

– vale dizer, de regra, com renúncia implícita pelo locatário à multa por desvio ou retardamento de uso declarado –, não se configuraria infração delitiva nem civil.

Por outro lado, as causas excludentes da criminalidade – como, principalmente, o motivo de força maior (que na anterior Lei 6.649/1979 era causa justificativa expressa no art. 39) e as que retiram a ilicitude do ato prejudicial ao locatário – afastam a penalidade civil, que pressupõe a configuração do ilícito penal.

Assim, quanto à ocorrência de força maior: a não-destinação do prédio para o fim declarado ou a não-permanência nele durante um ano, se se deverem a motivo de força maior plenamente justificado, liberam o retomante da pecha de insinceridade e dos efeitos da não-observância do mandamento legal. Incumbe-lhe, entretanto, o ônus da prova, constituindo matéria de defesa a ser deduzida na ação de cobrança que lhe venha a ser proposta pelo locatário prejudicado. Essa é questão também do processo criminal, da ação penal pública que lhe tenha sido movida pela Justiça Pública. Por cautela, poderá o retomante que se valha de motivo de força maior comunicar o fato ao juízo da retomada e/ou diretamente ao locatário, com justificação prévia da ocorrência, que fica registrada para discussão futura, se for o caso, em foro apropriado.

20

A Mora do Locatário, Ações Decorrentes e os Comportamentos Processuais das Partes Interessadas, Inclusive Mora do Credor

20.1 A mora como fundamento de cumulação objetiva dos pedidos de rescisão (despejo) e de cobrança dos aluguéis e cumulação subjetiva. 20.2 Algumas peculiaridades sobre a cumulatividade de pedidos de rescisão e cobrança. 20.3 Quem pode requerer a purgação da mora?. 20.4 Caracterização do benefício (sentença que julga purgada a mora). 20.5 Cláusula contratual impeditiva da purgação da mora ou da liquidação do débito é nula de pleno direito. 20.6 Mora do credor e consignação do aluguel pelo devedor. 20.7 Mora do devedor e purgação. 20.8 Purgação da mora do locatário pelo sublocatário: 20.8.1 Efeitos, na vigência do art. 38 da Lei 6.649/1979 (com sub-rogação na locação) – 20.8.2 Efeitos, na vigência da Lei 8.245/1991 (sem sub-rogação na locação).

20.1 A mora como fundamento de cumulação objetiva dos pedidos de rescisão (despejo) e de cobrança dos aluguéis e cumulação subjetiva

Uma das mais notáveis inovações da ação de despejo por falta de pagamento feitas pela Lei 8.245/1991 está no art. 62, I e VI, que preceituam, respectivamente: "I – o pedido de rescisão da locação poderá ser cumulado com o de cobrança dos aluguéis e acessórios da locação, devendo ser apresentado, com a inicial, cálculo discriminado do valor do débito"; "VI – havendo cumulação dos pedidos de rescisão da locação e cobrança dos aluguéis, a execução desta pode ter início antes da desocupação do imóvel, caso ambos tenham sido acolhidos".

As implicações e questões processuais novas geradas são imensas, mas também a cumulação objetiva solucionou dificuldades que justificariam a implantação do novo sistema, dentre estas a da economia processual, porque elimina a multiplicação de demandas, ao mesmo tempo em que reúne no mesmo processo, por cumulação subjetiva, os vários responsáveis ou interessados.

A cumulação subjetiva no pólo passivo pode ocorrer entre locatário e fiadores (legitimados passivos para a ação de cobrança dos aluguéis) e locatário e sublocatários (legitimados passivos para a ação de despejo). Isto sem falar que essa cumulação subjetiva inclui o juiz competente, prevento, para, num só processo, emitir uma única resolução judicial, compondo as lides para todos os sujeitos da relação locatícia em sentido amplo.

Essa matéria enseja sérias controvérsias, sobretudo quanto à legitimação passiva de terceiros coobrigados como litisconsortes do locatário em ação de despejo com pedidos cumulativos de rescisão e cobrança dos aluguéis.

Haja vista que, em sentido negativo, a Corregedoria-Geral da Justiça do Rio de Janeiro editou o Enunciado XV: "O fiador não pode ser incluído como litisconsorte passivo nas ações referidas no art. 62, I, da Lei 8.245/1991". Aliás, a mesma conclusão a que chegara a Comissão de Estudos Jurídicos do extinto 2º TACivSP no Enunciado 13: "Somente contra o locatário é admissível a cumulação do pedido de rescisão da locação com o de cobrança de aluguéis e acessórios".

Entretanto, como mostramos de início, a razão está com o entendimento oposto, isto é, afirmativo da possibilidade de vir o fiador a integrar a lide como litisconsorte passivo facultativo do locatário afiançado na ação de despejo contendo cumulação do pedido de rescisão com o de cobrança dos aluguéis e acessórios da locação, seja por inclusão originariamente já pelo autor na inicial, seja por iniciativa própria do fiador.

Dificuldades técnico-processuais existem, mas foi a lei especial que abriu ensejo, com bons propósitos, ao permitir a cumulação dos pedidos e até facultar a sucessividade de execuções em caso de acolhimento pela sentença da procedência de ambos os pedidos, a começar pela execução do crédito locatício reconhecido, antes da execução da ordem de desocupação (inciso VI do art. 62).

Então, se a lei específica permite a vantajosa cumulação objetiva, conducente à cumulação subjetiva, e a lei geral não proíbe, e nem existe incompatibilidade invencível à participação do fiador co-responsável contratual, não há por que recusar o litisconsórcio facultativo na espécie, mas nada o impede de exercer o benefício de ordem, se for o caso.

Bem por isso, foi feliz a reconsideração operada no extinto 2º TACivSP ao editar, como verbete da sua jurisprudência, a orientação em sentido diverso à da que chegara a Comissão de Estudos Jurídicos, conforme proclama corretamente a Súmula 28: "O fiador tem legitimidade passiva para a cobrança que o art. 62, I, da Lei n. 8.245/1991 autoriza se acumule ao pedido de despejo por falta de pagamento".

E a jurisprudência do STJ é no seguinte sentido: "Consoante entendimento do STJ, é possível a cumulação das ações de despejo e cobrança formuladas em um único processo contra o locatário e fiador, a teor da regra especial prevista no art. 62, I, da Lei n. 8.245/1991 – Precedentes" (5ª Turma, AgR no Ag 620.027-RJ, rel. Min. Gilson Dipp, j. 15.2.2005, ementa no *DJU* 7.3.2005, p. 327).

A legitimidade passiva apontada, do fiador, decorre da sua responsabilidade, que emerge, inclusive, do art. 82 da Lei 8.245/1991 e do art. 591 do CPC – além, é óbvio, das disposições próprias do Código Civil, no sentido de que o devedor responde pelo cumprimento das suas obrigações com todos os seus bens presentes e futuros, salvo as restrições estabelecidas em lei. Bem por isso é que o Enunciado 15 do extinto 2º TACivSP reputa que o mesmo fiador indicado na renovação presume-se idôneo.

Entretanto, a mais destacada importância da inovação está reservada mesmo para a cumulação objetiva de pedidos.

Havendo título executivo extrajudicial de aluguel (contrato escrito de locação – art. 585, V, do CPC), pode o credor, à sua escolha, em caso de mora no pagamento da obrigação locatícia, executar o locatário e os coobrigados. Mas a execução não é propriamente espécie de ação locatícia, pois não está incluída no rol dos procedimentos clássicos do art. 58. Entretanto, decidiu o STJ, pela Corte Especial, no CComp 98.021-RS (rel. Min. Luiz Fux, j. 1.10.2008), questão de competência interna referente a *habeas corpus* impetrado por fiador como depositário de bens do seu patrimônio penhorados em garantia de execução por aluguéis referentes a locação, no sentido de que é da competência da 3ª Seção do STJ o julgamento do *habeas corpus* impetrado para obstar ao decreto de prisão civil do depositário infiel referente à execução de fiança atrelada a contrato de locação de imóvel predial urbano ora em despejo (precedente citado: CComp 41.807-PR, *DJU* 7.11.2005). Vale dizer, prevaleceu para *habeas corpus* em razão de execução locatícia, por extensão, a competência interna natural da 3ª Seção (v. item 33.7, *infra*).

20.2 Algumas peculiaridades sobre a cumulatividade de pedidos de rescisão e cobrança

Aqui começa a peculiaridade de poder o credor prescindir, no processo cognitivo, da utilização da força executiva do título – sem renunciar a qualquer dos seus direitos ou predicados nele consubstanciados – e valer-se, por economia processual, da acumulação, num só processo cognitivo, do pedido de rescisão-despejo com o pedido condenatório conexo de cobrança de aluguel do imóvel e seus encargos acessórios, tais como taxas e despesas de condomínio, referentes àquela locação, principalmente os representativos da mora atual do locatário, que é a causa de pedir comum às duas pretensões cumulativas. Dessa forma, satisfeitos estão os requisitos do art. 292 do CPC.

A metamorfose intraprocessual do crédito executivo titulado, em crédito comum, faz aumentar para o autor da pretensão condenatória o ônus da prova do seu direito, em contraditório regular inerente ao processo de conhecimento, pois não estará executando o título extrajudicial, mas postulando obtenção de título judicial. Note-se que para locação verbal (em que não há, mesmo, título executivo extrajudicial) a cumulação de pedidos pela via cognitiva não oferece esse problema teórico.

O rito de defesa é unitário: o da contestação para todos os pedidos cumulados, cabendo reconvenção em tese; se a cobrança cumulativa dos aluguéis, por absurdo, seguisse o rito executivo, haveria cisão das defesas: contestação para o pedido de rescisão-despejo e embargos à execução para a cobrança – o que é inimaginável; além do quê afrontaria a determinação cogente do art. 292, § 2º, do CPC.

Intuindo dificuldades subseqüentes, o legislador assumiu a iniciativa de *facultar* ao autor, caso ambos os pedidos deduzidos sejam concomitantemente acolhidos (rescisão e cobrança), dar início à execução da condenação referente à cobrança dos aluguéis *antes* da desocupação do imóvel, isto é, antes da execução do despejo. E por quê? A unicidade da defesa que teve lugar no início do processo cognitivo desaparece: a execução para pagamento do valor da condenação confere título executivo judicial que, uma vez certo, líquido e exigível, enseja intimação para pagamento (nos termos do Código de Processo Civil) e abre a via da impugnação pelo devedor; ao passo que quanto ao despejo a execução da retomada do imóvel também é *fase*, e não *actio judicati*, com rito próprio para entrega de coisa certa, mas pelos cânones procedimentais da própria Lei de Locações, arts. 59 *et seq.* (desocupação e restituição do imóvel).

Na cumulação objetiva a purgação da mora, ínsita no rito da ação de despejo por falta de pagamento, como possibilidade nos casos previstos, refere-se ao pedido de rescisão; para a cobrança dos aluguéis e acessórios o direito inato do réu é o de quitar a obrigação. Disso resultam duas distintas opções abertas ao locatário-réu, cada uma compatível com o respectivo pedido; mas a adoção de uma delas pelo réu extingue o processo todo, ao satisfazer o interesse principal do credor-locador, que é receber o aluguel com os consectários correspondentes. Queira ou não o locador, a adoção da cumulação objetiva encerra em si presunção de prioridade assegurada à cobrança, e não à rescisão, até porque satisfaz o credor e atende ao princípio da manutenção do contrato. A cobrança é questão prejudicial da rescisão.

A intersecção de comportamento das partes, na forma da lei, dentro do processo gera efeitos até insuspeitados. É o caso do cumprimento da obrigação, pelo pagamento do débito objeto do pedido de cobrança, ao ser citado o réu, fato que não caracteriza purgação da mora correspondente ao pedido de despejo; e, portanto, não será computável na "pontuação" negativa do parágrafo único do art. 62. Ao contrário, se o mesmo pagamento se destinar à purgação da mora, pelo rito incidental da lei, aí incorre o réu na pontuação negativa de inabilitação prevista naquele preceito legal.

Interessante, porque coincidente, a faculdade que a lei oferece ao locador que saia vencedor dos dois pedidos de iniciar a execução do julgado pelo crédito dos aluguéis, acessórios e sucumbência, objeto da condenação, "antes da execução para desocupação do imóvel" (inciso VI do art. 62 da Lei Locatícia). O que causa certa admiração é o cuidado do legislador em manter a prestação de caução também nessa ação de despejo cumulativa, por incidência do § 4º do art. 63, combinado com o art. 64 – dispositivos que prevêem a execução *provisória* da sentença de despejo por falta de pagamento mediante prestação de caução de 12 a 18 alugueres.

Como para despejo fundado em falta de pagamento não cabe concessão de liminar para desocupação *initio litis* (art. 59), o réu-locatário permanecerá no imóvel não apenas até a sentença de despejo, mas até que tenha pago o valor da condenação dos alugueres cobrados cumulativamente e executados com precedência.

Significa isso que: primeiro, o locador vencedor recebe em execução por título judicial o crédito da condenação nos aluguéis; e – seguindo a indicação do inciso VI do art. 62 – retarda a recuperação da posse do imóvel ou difere a execução provisória do despejo, com a vantagem de acumular capital dos alugueres vincendos e mais os cobrados no pedido cumulativo; a essa altura o locador duplamente vencedor já deverá, então, dispor de numerário fornecido pelo próprio réu-locatário vencido para prestar a caução pecuniária exigível para execução provisória do despejo (art. 64), salvo se o réu-locatário não tenha satisfeito o julgado condenatório exeqüendo.

É nesse sincronizado contexto de cumulação dos pedidos acolhidos que se compreende o alcance mais sutil da outra alternativa, criada em oportuno momento pela jurisprudência: se o locatário não pagar os alugueres da condenação nem os sucessivos vincendos no curso do processo, o locador não terá o ônus de desembolsar o valor dos 12 a 18 aluguéis da caução para execução provisória do despejo diferido: caucionará o crédito constituído no curso do processo e mesmo antes acumulado com o locatário.

Enfim – e talvez apenas por coincidência –, pelo esquema da lei, onde há acolhimento da *cumulação de pedidos* deve ou pode haver *cumulação de recursos creditícios* pelo locador, para a prestação da caução, o que ensejará o alargamento do ciclo de permanência no imóvel pelo locatário vencido cumulativamente.

20.3 Quem pode requerer a purgação da mora?

Sem prejuízo da possibilidade de pagamento (liquidação da dívida) por qualquer terceiro, interessado ou não, sempre possível em tese, a purgação da mora propriamente dita pode ser requerida pelo curador de ausentes, ao intervir na defesa do interesse do citando, para não ser inócua a regra de obrigatoriedade de sua intervenção, nos casos legais. Desde que o pagamento ocorra, elide a mora do devedor. Mas, por outro lado, presumindo-se feita em prol do locatário, em contrapartida computa-se o benefício para os fins da reiteração que conduz ao óbice do parágrafo único do art. 62 (contumácia).

Da mesma maneira, a purgação oferecida subsidiariamente pelo sublocatário, como terceiro interessado na extinção da dívida (art. 930 do CC de 1916, correspondente ao art. 304 do CC de 2002), libera o réu locatário, evitando a extinção da relação *ex locato*. Constitui benefício que, se libera o locatário, por isso mesmo há de ser computado para os fins do parágrafo único do art. 62, tanto mais que se presume sua concordância sem ressalva da preferência de purgar em nome próprio.

Outro tanto sucede se a purgação da mora for admitida, por exemplo, por sócio da sociedade locatária, ou a requerimento do fiador, terceiro interessado pelo normal cumprimento da obrigação, e ainda pelo cônjuge ou companheiro da união estável: desde que aproveite ao réu, sem oposição justificada dele, constitui benefício que é computável para os fins impeditivos, sob pena de se abrirem as portas da burla à incidência da pena pelo abuso de direito de purgar a mora por via oblíqua sem incorrer na pontuação negativa.

Se a locação contiver solidariedade no pólo passivo, isto é, de locatários, ou, simplesmente, se vários forem os locatários, qualquer deles que purgue a mora não só o faz em benefício próprio como de todos, o que leva à idêntica solução de que de regra é computável para os fins do parágrafo único do art. 62.

20.4 Caracterização do benefício (sentença que julga purgada a mora)

É inocultável que a instituição da regra do parágrafo único do art. 62 gera questões de várias ordens, que se tornam até complexas em casos de cumulação de pedidos. A purgação da mora que produz tal efeito é aquela solenemente efetivada em juízo, isto é, depois de requerida pela parte e *concedida* pelo juiz, se o pagamento da importância se efetivar mediante oferta em cartório, no dia e hora designados, *com lavratura do termo próprio* certificativo do ato processual incidental caracterizador de vera purgação da mora. É diferente o recebimento extrajudicial pelo locador, ou o depósito para liquidação da dívida cobrada em cumulação de pedidos. Não conta também o recebimento *informal* pelo locador, que possa induzir renúncia dos efeitos passados da mora para fazê-la cessar sem deixar resquício. A prova hábil da caracterização do gozo do benefício da purgação da mora como tal é o auto ou o termo cartorial, que constitui fonte documental de informação para a prolação da sentença extintiva que reconhece o efeito daquela modalidade de pagamento.

Em suma, se tiver ocorrido pagamento em atendimento ao pedido (cumulado) de cobrança de aluguéis, ou conciliação entre as partes, ou desistência da ação, estas duas últimas mesmo após o deferimento do pedido de purgação da mora, a homologação numa ou noutras hipóteses implica extinção do processo sem julgamento do mérito da purgação, com prejuízo da caracterização da mora. O "benefício" da purgação da mora só pode ser considerado útil para o efeito do parágrafo único do art. 62 se lavrado termo de oblação e proferida sentença que julga a emenda da mora, acolhendo-a como tal.

Esses fundamentos servem à demonstração de que, na atualidade, não deve o juiz, já ao despachar a inicial, ao deferir o processamento da ação de despejo por falta de pagamento, emitir decisão – de resto, atécnica, porque condicional, para evento futuro e incerto – antecipada de concessão da purgação da mora sem que a parte interessada, que também é a que sofrerá os efeitos gravosos mediatos do benefício, a tenha requerido. Atualmente o pagamento a título de *purgação da mora* depende de requerimento intencional do réu. Na realidade, "na ação de despejo por falta de pagamento não se admite a cumulação do pedido de purgação da mora com o oferecimento de contestação, motivo pelo qual não se faz obrigatório o depósito dos valores tidos por incontroversos – Precedentes" (STJ, 5ª Turma, REsp 655.286-RJ, rel. Min. Félix Fischer, j. 4.8.2005, ementa no *DJU* 26.9.2005, p. 440).

20.5 Cláusula contratual impeditiva da purgação da mora ou da liquidação do débito é nula de pleno direito

Cláusula contratual que impeça o exercício do direito de quitação da dívida se cobrada cumulativamente (art. 62, I), ou da faculdade de purgação da mora (art. 61), é reputada não escrita, por infringência do princípio de ordem pública que assegura aquelas defesas nas condições legais. Sendo nula de pleno direito (art. 45), deve o juiz desconhecê-la. O que não se confunde com a supressão da faculdade, depois de exercidas duas purgações no período de um ano.

20.6 Mora do credor e consignação do aluguel pelo devedor

Da obrigação que tem o devedor de pagar decorre-lhe o direito de não ser frustrado em fazê-lo com a conseqüência de incidir em mora. O depósito em consignação é instituto extrajudicial (art. 890 do CPC) ou processual (art. 67 da Lei 8.245/1991) de pagamento, criado por lei para assegurar ao devedor correto e pontual o direito de cumprir a obrigação e poder continuar a sê-lo, sem dependência da outra parte. É a forma de pagamento coativo e unilateral, com efeito de liberação do devedor em relação à obrigação por ele extinta através do depósito da respectiva importância em juízo, ou antes em estabelecimento bancário, com os consectários pertinentes.

O art. 334 do CC de 2002 estabelece que se considera pagamento e *extingue* a obrigação o depósito judicial da coisa devida, nos casos e forma legais. E arrola o art. 335 as situações em que a consignação tem lugar. O depósito pode ser judicial ou em estabelecimento bancário, e tem cabimento se o credor não puder, ou sem justa causa, recusar o pagamento.

A consignação em pagamento é típica ação do devedor que assegura o exercício do direito de extinguir a obrigação cujo normal cumprimento foi obstado ou dificultado pelo credor, para prevenir-se dos efeitos da mora.

Não serve, pois, a consignatória como meio para purgação da mora em que, em princípio, tenha incorrido o devedor da prestação, porque neste caso falta o dúplice requisito essencial: a ausência de sua própria mora, pela presença da do credor. Em suma, para a reparação da mora caracterizada (passado) a via é a da purgação, com sujeição aos seus efeitos; para prevenção da mora ou pré-liberação do risco de caracterização e incorrência (futuro) a via é a consignação em pagamento.

Estes são os pressupostos, por princípio geral, mas a disciplina específica da ação de consignação em pagamento já não é mais tão rígida no Código de Processo Civil (arts. 890 *et seq.*), nem na lei especial (art. 67 da atual Lei 8.245/1991, que contém disciplina própria). Por conta disso, o extinto 2º TACivSP admitiu que, ante a conexão entre o despejo por falta de pagamento e a ação de consignação em pagamento, o valor depositado nesta fosse aproveitado naquela, porém não a qualquer tempo (*RT* 691/127). No mesmo sentido é orientação do STJ, para o qual há incompatibilidade entre a contestação e o pedido de emenda da mora (6ª Turma, REsp 292.973-SP, rel. Min. Hamilton Carvalhido, j. 18.12.2002, ementa no *DJU* 4.8.2003, p. 446).

O valor a ser atribuído à causa corresponde a uma anuidade de aluguel, como já estabelecia a Súmula 449 do STF.

20.7 Mora do devedor e purgação

À violação do precípuo dever legal e contratual do locatário – que é pagar o aluguel e os encargos locatícios devidos no tempo, lugar e forma convencionados – corresponde para o locador o direito de resolução da locação, por via da ação de despejo por mora do devedor, que pode ser imediatamente proposta, independentemente de qualquer aviso ou interpelação, por se tratar de mora *pleno jure*, ou mora *ex re*, certo que ínsito na ação de despejo por falta de pagamento o instituto da purgação da mora pelo réu, na forma da lei.

A ausência de solução adequada e oportuna da obrigação *por culpa do devedor*, por si só, caracteriza a *mora solvendi*, ante a antiga regra do art. 960 do CC de 1916, atual art. 397, consagradora do brocardo *dies interpellat pro homine*, de que "o inadimplemento da obrigação, positiva e líquida, no seu termo, constitui de pleno direito em mora o devedor".

O direito comum (art. 959 do CC de 1916; correspondente ao art. 401 do CC de 2002) e as leis especiais, por motivos arraigados de bondade e de eqüidade, asseguram ao devedor a permissão de emenda ou purgação da mora como rito procedimental para evitar a rescisão do contrato. Daí utilizarem-se os dispositivos legais sobre o assunto, inclusive o art. 62, II a VI, da Lei 8.245/1991, da fórmula tradicional: poderá o réu evitar a rescisão da locação requerendo, no prazo de contestação, lhe seja permitido o pagamento do aluguel e dos encargos devidos, inclusive os que se vencerem até a efetivação do pagamento (art. 401, I, do CC de 2002) etc., carregada de condicionamentos.

Cumpre distinguir entre *purgação*, que é apenas reparação da mora, e *cessação* da mora. Como ensina Carvalho Santos, a primeira (*purgação*) opera para o futuro, mas não elimina os efeitos anteriores já verificados, que somente a renúncia do credor, o decurso de certo tempo ou algum fato extintivo da obrigação podem fazer desaparecer; enquanto a segunda (*cessação*) faz com que desapareça a mora, estendendo-se sua eficácia, por isso mesmo, aos efeitos anteriores à oferta. Lembra o acatado civilista que a purgação opera pelo oferecimento da prestação, e a cessação da mora verifica-se com a novação, perdão da dívida, renúncia do credor etc.[1]

A distinção é da máxima importância para a compreensão das razões doutrinárias que informam duas inovações introduzidas nesse campo na legislação locatícia: a purgação da mora, operando para o futuro, só o alcança na medida em que cubra também as prestações que se vencerem até a efetivação do pagamento; e a utilização reiterada no passado desse benefício extraordinário, porque a contumácia traduz abuso de direito, conduz inapelavelmente à resilição em certas circunstâncias.

Portanto, a purgação da mora facultada pela lei, quando utilizada, *deixa sua marca passada*, numa inexorável composição de currículo negativo para o devedor moroso, que só oferece a prestação devida depois de ter infringido as regras do exato cumprimento espontâneo da obrigação, e será causa de efeitos residuais restritivos no futuro, nos termos da própria lei.

Já a liquidação da dívida locatícia cobrada cumulativamente com o pedido de rescisão não gera efeitos daquela marca negativa, por não prevista em lei qualquer penalidade – o que é possível afirmar com base nos princípios da reserva legal e por interpretação restritiva, que cabe na espécie.

Enfim, as partes envolvidas em relação locatícia devem estar prevenidas sobre os efeitos explícitos e implícitos da cumulação de pedidos (art. 62, I e VI).

1. Carvalho Santos, *Código Civil Brasileiro Anotado*, vol. XII, p. 337.

20.8 Purgação da mora do locatário pelo sublocatário

Ao sublocatário legítimo assiste a faculdade de purgar a mora em ação de despejo por falta de pagamento, em nome próprio, como terceiro interessado (assistente coacto – art. 59, § 2º, da Lei 8.245/1991) na extinção da dívida, na forma do art. 930 do CC de 1916, correspondente ao art. 304 do CC de 2002, com sub-rogação simples (art. 985, III, do CC de 1916, correspondente ao art. 346, III, do CC de 2002) apenas no crédito decorrente do pagamento do débito do locatário-sublocador, sem alteração da relação locatícia. Esse é o efeito geral comum (sub-rogação no crédito do aluguel purgado), tanto na anterior Lei de Locações quanto na atual. A diferença fundamental operada na transição legislativa é que antes a purgação da mora pelo sublocatário na ação de despejo por falta de pagamento movida pelo locador ao locatário podia gerar sub-rogação legal (art. 38) na locação, o que se tornou inviável na Lei 8.245/1991, que não contempla no esquema da ação de despejo norma similar à do art. 38 da Lei 6.649/1979.

Vejamos como funcionava a sub-rogação na locação no sistema revogado, para entender a amputação desse direito do sublocatário pela lei atual.

20.8.1 Efeitos, na vigência do art. 38 da Lei 6.649/1979 (com sub-rogação na locação)

Tendo ressalvado a *preferência* de direito material e processual do locatário sublocador em purgar a mora ou contestar a ação e que não se cuidasse de terceira purgação consecutiva de que se tivesse beneficiado o locatário frente ao locador, enquadrável no impedimento da contumácia do art. 36, § 2º, da Lei 6.649/1979, isto é, satisfazendo as exigências do mesmo art. 36 (e não art. 35, como constava do texto da Lei 6.649, por visível erronia e como se constata do confronto com os textos símiles dos diplomas anteriores), se purgasse a mora do locatário, o sublocatário sub-rogar-se-ia não só no crédito, mas também nos direitos decorrentes da locação, desde que oferecesse ao locador uma das modalidades de garantia previstas no art. 31 daquela Lei 6.649; e, se houvesse mais de um pretendente, o juiz, ouvido o locador, decidia por eqüidade, concedendo a locação a um dos interessados.

É o que dispunham o art. 38 e seu parágrafo único da Lei 6.649/1979, reeditando norma do art. 16 da Lei 1.300/1950 e do art. 12 da Lei 4.494/1964.

Volvamos ao passado, para entender o que ocorria com a presença da previsão do art. 38 no capítulo da "ação de despejo", disciplinada então pela Lei 6.649/1979, para perceber a política legislativa que levou o legislador a simplificar e a suprimir essa sub-rogação na locação na Lei 8.245/1991.

Chega-se à conclusão de que a sistemática peculiar do exercício do direito de sub-rogação na locação em ação de despejo por mora pressupunha a *revelia* do locatário para que o sublocatário habilitado oportunamente, e pela forma do art. 38 da Lei 6.649/1979, intervindo como assistente, fosse considerado gestor de negócio do seu assistido revel (parágrafo único do art. 52 do CPC). Aí, intervindo regularmente o sublocatário para purgar a mora com sub-rogação, tornava-se parte principal a título de gestor de negócio da locação por ele salva, com pretensão deduzida (sub-rogação) contra o locador, eventualmente contra concorrentes na disputa.

Só assim se compreende, no sistema revogado, o prosseguimento da lide de despejo, com execução promovida pelo sub-rogado, contra o locatário inadimplente que perdeu a titularidade da locação. Ainda neste caso, impunha-se ciência específica com color de citação da lide de despejo ao locatário excluído, contra quem se executaria a sentença de despejo, se assim pretendesse o novo titular. Se o sub-rogado, ao intervir, não formulasse pedido expresso de despejo contra o locatário excluído, era evidente que não podia ser decretado o despejo de ofício, sem pedido do interessado.

Em conclusão, assegurando a Lei 6.649/1979 o pagamento pelo sublocatário do débito da mora do locatário, com o direito de sub-rogação na locação quando este último não se valesse da preferência de manter em seu próprio nome a continuidade da relação locatícia, assegurava-o em face do locador e do locatário-sublocador. Tal sucedia através de *sui generis* ação preclusiva, dedutível pelo sublocatário interveniente, no prazo de contestação à ação de despejo movida ao locatário pelo locador, por via da purgação da mora e mediante oferta de garantia locatícia, para que o juiz a julgasse e declarasse em sentença constitutiva, de eficácia para todas as partes.

Mas somente poderia o sublocatário obter o despejo do ex-locatário se cumulasse pedido seu específico nesse sentido, para que o juiz o pudesse atender na sentença sem ofensa aos princípios. Se fosse total a sublocação o problema não surgia, evidentemente, porque o ex-locatário não tinha posse direta.

Nessa ação regressiva de despejo ao ex-locatário ocupante de parte do imóvel nada impedia que, operada a sub-rogação, aquele reembolsasse ao sub-rogado o valor da purga da mora e permanecesse na parte do imóvel que ocupava, agora como novo sublocatário. Isto mostra que a decretação do despejo contra o ex-locatário não era automática, nem poderia ser, porque sem pedido, sem ação, não podia o juiz exorbitar, de regra contra o interesse do sub-rogado; e, se o fizesse, seu pronunciamento seria *obiter dictum*, sem vida ou valor jurídico, que não obrigava os destinatários.

A contagem da contumácia reiniciava-se com o novo locatário frente ao locador, para os fins do § 2º do art. 36 da Lei 6.649/1979, não se computando, evidentemente, as purgações do tempo em que o titular da locação era o primitivo locatário.

20.8.2 Efeitos, na vigência da Lei 8.245/1991 (sem sub-rogação na locação)

Por todos os percalços a que dava ensejo a sub-rogação em pagamento na locação, gerada pela purgação da mora pelo sublocatário, com esse efeito adicional específico previsto no art. 38 da Lei 6.649/1979, dentro do procedimento de ação de despejo – inclusive extrapolações para o arbítrio das partes e até do juízo –, por tudo isso o legislador de 1991 não manteve o complexo instituto na atual Lei 8.245/1991, cujo texto (§ 2º do art. 59) limita-se a impor a ciência do pedido aos sublocatários, facultando-lhes intervir no processo como assistentes. E sem disciplina expressa para outorga de direito excepcional ao sublocatário, e com eficácia contra sublocador e locador, não há mais cogitar, na atualidade, da sub-rogação pelo sublocatário (na locação) em pagamento, na ação de despejo pelos aluguéis devidos por mora, movida pelo locador ao locatário sublocador.

O único efeito insuprimível e subsistente na lei atual é o da sub-rogação *no crédito* correspondente ao pagamento de aluguéis que o sublocatário, como assistente coacto na ação de despejo, tenha efetivado para evitar a rescisão da locação e, conseqüentemente, da sua sublocação. Mantida a relação *ex locato*, sem alteração da sublocação, os pagamentos feitos a título de purgação da mora de sublocador naquelas circunstâncias pelo sublocatário podem ser compensados, em prol da exoneração automática, até o limite das importâncias despendidas, das obrigações do sublocatário pelo débito da sublocação.

21

Questões Processuais e Substanciais sobre Sublocação

21.1 Sublocatário: assistente coacto (do réu?) em ação de despejo. 21.2 Ausência de consentimento do locador à sublocação. Evolução legislativa (§ 2º do art. 13 da lei atual). 21.3 Sublocação: garantia natural subsidiária da locação. 21.4 Responsabilidade subsidiária do sublocatário em face do locador. 21.5 Sub-rogação do locador no crédito do sublocador em face do sublocatário (conexidade entre o art. 16 e o § 2º do art. 59 da Lei 8.245/1991). 21.6 Adiantamento de aluguéis ao sublocador. 21.7 Sublocatários e a ação revisional do aluguel. 21.8 A sub-rogação por continuidade da locação pelo sublocatário está mantida na Lei 8.245/1991. 21.9 A continuação da locação pelo sublocatário é instituto de aplicação extrajudicial. Vários aspectos. 21.10 Constituição e continuidade da locação em ação de retomada direta do locador contra o sublocatário. 21.11 Ainda sobre a resolução da sublocação. 21.12 Natureza da retomada pelo locador contra sublocatários. 21.13 Retenção por benfeitorias pelo sublocatário. 21.14 O contrato de sublocação constitui título executivo extrajudicial (art. 585, V, do CPC) por equiparação legal. 21.15 Preferência do sublocatário na aquisição do imóvel.

21.1 Sublocatário: assistente coacto (do réu?) em ação de despejo

A expressa conceituação da posição processual do sublocatário como assistente em ação de despejo movida pelo locador contra o locatário no parágrafo único do art. 35 da anterior Lei 6.649/1979, com a determinação legal de, "além de citar-se o locatário, dar-se-á ciência do pedido aos sublocatários, que poderão intervir no processo como assistentes do réu", foi uma das mais felizes inovações, que eliminou dúvidas doutrinárias e trouxe implicações sérias; por isso, foi repetida no § 2º do art. 59 da atual Lei 8.245/1991, com a diferença de que houve na lei nova a supressão à referência "do réu"; detalhe importante, pois o sublocatário escolherá, agora a seu livre critério, e não mais coagido pela lei, a parte que lhe interesse assistir (arts. 50 *et seq.* do CPC). De regra, deverá assistir ao réu (locatário) da ação de despejo, pelo interesse jurídico natural presumível de não ver decretado o despejo, que o atingirá como sublocatário; mas a tanto já não mais está coagido pelo texto da lei atual.

Subentendem-se, aqui, os sublocatários de direito, que são os legítimos, consentidos pelo locador, porque os ocupantes clandestinos não são considerados sublocatários com legitimidade para integrar a lide como assistentes de uma das partes principais (*JTJ* 290/57 e *RT* 839/239).

O mérito maior da norma explícita, que constitui o sublocatário como *assistente "ex lege"* em ação de despejo, foi vislumbrar com acuidade e solucionar com segurança delicado problema da cientificação, inovando em relação à tradição processualística para criar a figura do *assistente coacto* (mas não mais, impositivamente, do réu), equiparado ao assistente litisconsorcial da parte principal (art. 54 do CPC), deferindo-lhe direitos e ônus processuais, porque a sentença necessariamente influirá na relação jurídica entre ele e o adversário do seu assistido.

De fato, "por não existir relação *ex locato* entre o sublocatário e locador, este não poderá afrontá-lo pela via da ação de despejo. A demanda deve ser ajuizada contra o locatário e não contra o subinquilino. Todavia, intentada a ação de despejo, por qualquer que seja seu fundamento, deverá o locador dar ciência da mesma ao sublocatário legítimo e consentido, dando-lhe oportunidade de ingressar na relação processual como assistente litisconsorcial, já que sua obrigação é subsidiária e não solidária" (STJ, 5ª Turma, REsp 288.031-PR, rel. Min. Jorge Scartezzini, j. 16.5.2002, ementa no *DJU* 26.8.2002, p. 283).

Os destinatários da norma impositiva da ciência (obrigatória) da ação de despejo ao sublocatário são também o autor, o réu e o próprio juiz, para eficácia da sentença em relação àquele especial terceiro interessado a ser alcançado pela coisa julgada, porque lhe veda a possibilidade de vir a discutir em processo futuro a justiça da decisão, que para ele se torna indiscutível e imutável, a favor ou contra seus interesses, salvo as duas exceções do art. 55 do CPC.

Para o sublocatário, na qualidade de *assistente*, o direito à ciência da ação de despejo (§ 2º do art. 59 da Lei de Locações) gera-lhe – queira ou não – um ônus processual peculiar de fazer-se representar e intervir no processo, de regra, para assistir ao réu (locatário-sublocador), vinculando-se e submetendo-se aos efeitos do julgado ainda que não tenha comparecido. O art. 55 do CPC aplica-se ao sublocatário cientificado da ação, tenha ou não intervindo e atuado, porque assistente da parte ele é por lei, em qualquer situação, e não apenas quando efetivamente intervenha por vontade própria facultativa. Ou seja, a sutil construção da lei atual confere eficácia à sentença entre as partes principais e o assistente coacto (sublocatário cientificado).

A obrigatoriedade da ciência é o núcleo da construção da nova figura da *assistência coacta*. A lei, ao instituir a obrigatoriedade da ciência ao sublocatário, conceituando-o como assistente processual, extrai conseqüências dessa coatividade que teve como razão assegurar a regularidade do processo, preservando a estabilidade da sentença e fixando os limites subjetivos da lide e a extensão da coisa julgada produzida na ação de despejo de imóvel com sublocação legítima. A obrigatoriedade vem acompanhada de sanção nos dois sentidos: contra o autor se não efetivá-la, porque a sentença que lhe seja favorável não alcança o terceiro alheio à causa; contra o sublocatário cientificado, que se vincula aos efeitos da sentença ainda que não tenha intervindo para assistir ao réu ou ao autor.

Na prática não ocorreria a impugnação a que alude o art. 51 do CPC, porque é o próprio autor quem requer a ciência do sublocatário legítimo, declinando seu nome e reconhecendo seu interesse jurídico para intervir sobretudo a bem próprio que a bem do assistido; interesse que é presumido por lei, não podendo ser afrontado por qualquer das partes principais. Logo, ao juiz cumpre atentar para o aspecto da coatividade da ciência para fins de assistência pelo sublocatário, não só deferindo-a quando requerida pelo autor ou pelo réu, se provada a qualidade, como ordenando ao autor que promova a cientificação de todos os sublocatários legítimos dentro do prazo que assinar, sob pena de declarar extinto o processo sem resolver o mérito, aplicando o disposto no art. 267, III, do CPC.

Quando o sublocatário legítimo não revelado pelas partes principais tomar a iniciativa de pleitear sua intervenção no processo como assistente, deverá trazer como prova do interesse jurídico o título em que se funda, para o processamento na forma dos arts. 51 *et seq.* do CPC, se houver impugnação, mas gozando da vantagem que decorre da presunção legal de que, sendo realmente sublocatário, tem interesse *ex lege* (§ 2º do art. 59 da Lei 8.245/1991).

21.2 Ausência de consentimento do locador à sublocação. Evolução legislativa (§ 2º do art. 13 da lei atual)

A ausência de consentimento do locador (art. 13) deixa na clandestinidade a sublocação, que em princípio não gera efeitos jurídicos para o locador. A clandestinidade faz presumir, outrossim, dissimulação do locupletamento ilícito para o locatário em prejuízo para o locador, levando à incidência do art. 104 do CC de 1916: "Tendo havido intuito de prejudicar terceiro, ou infringir preceito de lei, nada poderão alegar, ou requerer em juízo quanto à simulação do ato, em litígio de um contra o outro, ou contra terceiros" – no caso, o locatário e o "sublocatário" –, com as conseqüências previstas no art. 167 do atual CC (nulidade de negócio jurídico simulado).

É vedado o reconhecimento de efeitos jurídicos à sublocação clandestina contra o locador ou a favor dos partícipes da relação ilegítima, porque a lei faz depender do consentimento prévio, por escrito, do locador a validade do ato jurídico (art. 13 da Lei 8.245/1991).

Esse consentimento prévio do locador constitui elemento integrativo do ato jurídico da sublocação total ou parcial. É da essência do ato, mas não está o locador impedido de emprestar livre ratificação posterior ou convalidação do ato infringente. Ratificação, esta, do locador que, todavia, deve ser por escrito (*RT* 677/164).

O consentimento do locador à sublocação pode ser emprestado genericamente ou em casos particulares, no corpo do contrato de locação ou em documento separado. Se do contrato não constar cláusula autorizadora, o silêncio manifesta vontade de proibição, porque a autorização à sublocação não se presume, ainda que o locador não exteriorize, desde logo, formal oposição. A demora pura e simples não reflete anuência – di-lo o § 1º do art. 13 –, salvo se, notificado, nada responder (§ 2º do art. 13).

A Lei 1.300/1950 limitava-se a fazer depender de consentimento, por escrito, do locador a sublocação (*rectius*, cessão e empréstimo). A Lei 4.494/1964 deu um decisivo passo adiante ao dispor, no parágrafo único do art. 2º, que não se presume o consentimento da simples demora do locador em propor ação de despejo. A Lei 6.649/1979 suprimiu a espécie "demora em propor a *ação de despejo*", para alargar o círculo da impresumibilidade. Atualmente, com a intenção de prevenir discussões, o texto legal substitui a ação de despejo por qualquer espécie de manifestação formal da sua oposição – isto é, não será necessariamente só por via de complexa ação de despejo contra o locatário por infração que o locador manifestará sua oposição. Por simples aviso ou notificação poderá fazê-lo. Comunicada a inconformidade aos interessados, subsistindo a infração ao art. 13 por parte do locatário, sujeita-se este à ação de despejo, cujos efeitos alcançarão os "sublocatários" clandestinos. Excepciona-se, no entanto, a exigência do consentimento expresso do locador, presumindo-se, então, sua anuência à sublocação de imóvel destinado a habitações multifamiliares, como já decidiu o extinto 2º TACivSP (*RT* 702/136).

Como o regime legal arreda presunções, salvo quanto ao imóvel destinado a habitações multifamiliares, o consentimento do locador para a sublocação é interpretável em sentido estrito. Assim, a autorização para a sublocação parcial não implica a extensão à total, nem a anuência para a sublocação a determinada pessoa, ou para certo fim específico, encerra concordância genérica do locador para o sublocatário ou, por sua vez, ceder a sublocação ou estabelecer nova sublocação. Aqui também exige-se a anuência do locatário-sublocador, inclusive pela paridade, expressa no art. 14, que a lei dispensa ao locatário e ao sublocatário.

Sempre se entendeu na vigência das primitivas Leis 1.300/1950 e 4.494/1964 que o locatário autorizado sem ressalva a ceder a locação podia sublocar o imóvel. A jurisprudência enfeixada na Súmula 411 do STF, nesse sentido, prevaleceu ante os termos do art. 10 e parágrafo único da anterior Lei 6.649/1979 e subsiste como orientação válida na vigência da lei atual (Lei 8.245/1991), pela equivalência genérica entre sublocação e cessão (art. 13 da lei atual).

O § 2º do art. 13 da Lei 8.245/1991 – dispondo, inovadoramente, que, "desde que notificado por escrito pelo locatário, de ocorrência de uma das hipóteses deste artigo, o locador terá o prazo de 30 (trinta) dias para manifestar formalmente a sua oposição" – reverteu ao locador o ônus da resposta à solicitação de consentimento provocada pela iniciativa unilateral do locatário. Trata-se de solução legal pragmática.

Incumbiu a lei ao locador o dever de oposição expressa aprazada, atribuindo ao silêncio o efeito de encontro de vontades quando pretenda o locatário que ocorra uma das hipóteses: cessão, sublocação ou empréstimo (comodato) sobre o imóvel objeto da locação.

Conquanto a interpretação majoritária da doutrina empreste à expressão "*ocorrência* de uma das hipóteses deste artigo" o sentido de ratificação tácita de cessão infringente já *consumada* pelo locatário antes da notificação, sentimos dificuldade em formar unanimidade no ponto específico, por várias razões.

Entendemos que esse mecanismo não descaracteriza, não excepciona, o princípio incisivo do *caput* do art. 13 de que aquelas *ocorrências* dependem de consentimento prévio e escrito do locador. Antes, confirma-o: prevendo as dificuldades práticas de entendimento em trato *simultâneo* entre locador e locatário, o legislador instituiu um sistema de *sucessividade* na manifestação de vontades, dando *primazia* lógica ao locatário para ter a iniciativa de solicitar a prévia autorização do locador, mas não para desafiar a lei e atuar na base do fato consumado, até porque não é suficiente a *pressionar* a vontade livre do locador, que é amparada pela lei com sanção eficaz.

Se o locador *vetar* a solicitação, opondo-se explicitamente, toda a articulação que tivesse o locatário avançado clandestinamente no campo físico caracterizaria ilicitude violadora da lei, da boa-fé objetiva e do contrato, que lhe traria, por conseqüência, a inoponibilidade do ato/fato infringente ao locador. Configuraria a lesão que iria fundamentar pedido de rescisão e retomada do imóvel pelo locador contra o locatário confesso e quem imprudentemente tenha concorrido para o ato clandestino. Tratando-se de cessão, sublocação ou comodato e ausente o consentimento do locador, admissível é a propositura contra o terceiro estranho à relação locatícia de ação de reintegração de posse, não sendo o despejo a única via adequada contra o locatário, consoante decidiu o extinto 2º TACivSP (*RT* 724/369).

Ou seja, o silêncio do locador notificado, a que alude a lei, não é de rendição a fato ilícito *consumado* – a lei não iria incorrer nessa injúria –, mas, sim, assentimento (prévio) a que o locatário prossiga e consume a *ocorrência* cogitada (que é vocábulo que indica o sentido de algo a *sobrevir*, a ocorrer ou vir ao pensamento).

21.3 Sublocação: garantia natural subsidiária da locação

A sublocação legítima (art. 13) representa ônus e restrições para o locador, como se comprova pelas disposições sobre direito de preferência, renovação de locação ou intervenção processual. Mas tem a contrapartida de se constituir em garantia natural aditiva da locação, representada pela responsabilidade legal subsidiária do sublocatário, instituída pelo art. 27 da anterior Lei 6.649/1979 (art. 16 da atual Lei 8.245/1991), inspirado no art. 1.202 do CC de 1916 (sem correspondente no Código Civil de 2002), como garante natural até o limite da sua própria obrigação sublocatícia.

Esta é, por si, uma boa razão da exigência legal do prévio consentimento escrito do locador, sem presunções (art. 13). Só assim nasce para ambos a reciprocidade nos direitos e responsabilidades estabelecidos em lei. Se o clandestino não responde como sublocatário em face do locador, a recíproca é equivalente: não tem direito oponível ao locador.

A regra máxima tradicional que preserva os direitos e obrigações das partes na sublocação legítima, e a sustém com a dignidade e à altura da locação, é a do art. 14: "Aplicam-se às sublocações, no que couber, as disposições relativas às locações".

É a sublocação uma locação nova. Não gera, de regra, relações diretas de direitos e obrigações entre sublocatário e locador, salvo a responsabilidade do art. 16, mas só entre aquele e o sublocador, mantidas, em conseqüência, inalteradas as relações de direitos e obrigações originárias da locação entre locador e locatário. O sublocatário é locatário do sublocador para todos os efeitos.

Pelo princípio da coincidência da terminação, a sublocação, como tal, não sobrevive à extinção da locação, do que decorre estar sua duração limitada à da locação, sendo ineficaz para o locador qualquer cláusula *inter alios* em contrário.

21.4 Responsabilidade subsidiária do sublocatário em face do locador

Para o sublocatário, em relação ao locador, a única responsabilidade prevista em lei (art. 16) é exclusivamente *subsidiária*, em caso de mora do locatário frente ao locador. Sem agravar a situação do sublocatário legítimo, assegura-se ao locador, na esteira tradicional do direito comum (art. 1.202 do CC de 1916), quando demandar o sublocador, a sub-rogação legal para poder receber diretamente, como se mandatário fosse, o crédito que o sublocador (locatário) tenha com o sublocatário, a fim de se pagar do crédito que tenha com o locatário sublocador. É – como diz Clóvis Bevilacqua, com o aplauso de Carvalho Santos – um transporte de crédito em benefício do credor (da relação jurídica principal), para que não ocorra de o locatário se locupletar em receber do sublocatário sem pagar ao locador. Esse transporte de crédito, que constitui obrigação subsidiária do devedor da relação jurídica secundária, diz respeito exclusivamente a crédito derivado da relação de sublocação, e não a outros haveres estranhos à sublocação. Da mesma maneira, o privilégio criado pelo art. 16 para o locador diz respeito a crédito derivado da relação locatícia, e não a créditos de outra ordem.

21.5 Sub-rogação do locador no crédito do sublocador em face do sublocatário (conexidade entre o art. 16 e o § 2º do art. 59 da Lei 8.245/1991)

A sub-rogação legal do art. 16, correspondente à responsabilidade do sublocador em face do locador, só exsurge eficazmente quando o locatário é demandado pela falta de pagamento dos alugueres e encargos devidos e só obriga o sublocatário a partir da cientificação formal que seja feita pelo locador em exercitá-la, determinando-lhe abstenção de pagamento dos aluguéis vincendos durante a lide ao locatário. Assim, dois são os pressupostos: demanda e cientificação.

Posta em juízo pelo locador a demanda (ação de despejo ou de cobrança) contra o locatário, e notificado cautelarmente por via autônoma paralela (ou intimado nos próprios autos da ação) o sublocatário, para suspender os pagamentos devidos ao sublocador, passa a responder pelos alugueres vencidos que não tenham sido pagos e ainda pelos que se vencerem durante a lide, até o limite de exaustão da satisfação do crédito do locador. A ciência da ação de despejo ao sublocatário tem, aqui, dois objetivos distintos: o do art. 16 e o do § 2º do art. 59; o relacionamento desses dois dispositivos leva o intérprete a uma reflexão mais profunda sobre esses preceitos e os efeitos que em conjunto produzem.

O locador, que até então não tinha ação direta de cobrança contra o sublocatário, sub-roga-se na titularidade do crédito do sublocador em face do sublocatário. Essa sub-rogação em benefício do locador representa uma peculiar forma de excussão da dívida do locatário, porque passa o locador a exercer diretamente todos os direitos decorrentes da sublocação, aplicando as importâncias recebidas no pagamento do seu próprio crédito com o locatário. O sublocatário, nas condições expostas, pagando ao locador, desobriga-se pelo que devia ao sublocador; e, não pagando, responde ao locador sub-rogado até o limite do crédito do sublocador. Se pagar ao sublocador depois de cientificado da sub-rogação, não se exonera em face do locador, que pode exercer contra ele, sublocatário, todas as ações que assistiam ao sublocador, sem excluir a legitimação extraordinária do locador sub-rogado para mover ação de despejo contra o sublocador remisso.

Neste ponto surge a surpreendente autorização para o sublocatário (assistente coacto na ação de despejo), como responsável legal, efetuar depósito judicial, em favor do locador, dos aluguéis devidos ao sublocador (locatário-réu), nos próprios autos da ação de despejo; sobretudo se contestada a mora pelo locatário, de cuja litigiosidade resulta para o sublocatário a dúvida a quem pagar. Torna-se, outrossim, evidente o legítimo interesse do sublocatário interveniente não só em pagar o débito do sublocador, mas ainda em purgar a mora deste, para obstar à rescisão da locação e à resolução conseqüente da sua sublocação (art. 15). E esse direito do sublocatário à purgação da mora torna-se visível quando o valor do débito da mora do locatário ultrapasse o valor do débito do sublocatário; ou seja, de pouco adiantaria ao sublocatário depositar apenas o valor do seu débito (menor) em favor do sub-rogado locador se não for suficiente à emenda da mora do locatário (de valor superior) em face do locador e, pois, inútil a evitar a rescisão da locação *e da sublocação*.

O estado de sujeição à responsabilidade subsidiária do sublocatário, que gera para o locador o direito de sub-rogação no crédito do sublocador, perdura até a satisfação integral do crédito do locador, seja recebendo do sublocador, seja do sublocatário, ou de ambos, nos autos da demanda ou extrajudicialmente.

21.6 Adiantamento de aluguéis ao sublocador

O dispositivo do § 1º do art. 27 da anterior Lei Locatícia, admitindo implicitamente validade a pagamentos antecipados feitos pelo sublocatário ao sublocador, entrava em conflito declarado com a proibição expressa de cobrança antecipada de aluguel (salvo se residencial por temporada ou locação sem garantia), que tipificava a contravenção penal do art. 45, III, da Lei 6.649/1979; por isso, foi suprimido da lei atual, quando o legislador se deu conta da contradição da lei velha.

Indevido o pagamento antecipado, constitui ilícito penal em que incorre o sublocador que cobrar aluguel adiantado do seu sublocatário, salvo as exceções legais.

Enfim, na prática, a regra do § 1º do art. 27 da Lei 6.649/1979 era letra morta, porque a licitude da cobrança adiantada de aluguel, com eficácia jurídica em relação a terceiro – o locador –, só seria reconhecida se se tratasse de prédio residencial para temporada, alugado por prazo não superior a três meses. E nesse caso seria rara a ocasião de sublocação. Mais difícil ainda seria caracterizar-se o interesse do locador em promover a responsabilidade subsidiária do sublocatário simplesmente por já ter ele, de sua parte, recebido antecipadamente nessa curta locação o aluguel do locatário; e, assim, não surgiria oportunidade para incidência do § 1º do art. 27 da lei velha – disposição, esta, não recepcionada pela lei atual.

21.7 Sublocatários e a ação revisional do aluguel

Se houver sublocatário em imóvel objeto de ação de atualização de aluguel (ação revisional dos arts. 68-70), além de se citar o locatário, dar-se-á ciência do pedido ao sublocatário, por analogia, visto que o § 1º do art. 69, conferindo titularidade ativa ao sublocador, confere legitimidade passiva ao sublocatário. Na ação congênere do art. 26 da Lei 4.494/1964, por expressa previsão legal, os sublocatários eram citados como litisconsortes.

21.8 A sub-rogação por continuidade da locação pelo sublocatário está mantida na Lei 8.245/1991

A *sub-rogação legal em pagamento* na locação, que era implicitamente assegurada na sistemática da ação de despejo ao sublocatário no art. 38 da lei anterior, que, por sua natureza, restringia-se à hipótese de purgação da mora, quando exercida regularmente – repita-se – em ação de despejo por falta de pagamento movida pelo locador ao locatário-sublocador, operava ruptura do vínculo que jungia o locatário à locação (e sublocação), mas preservava a relação locatícia, com alteração subjetiva no pólo contratual do locatário, cujo lugar passava a ser ocupado pelo sublocatário pagante, em defesa da estabilidade das sublocações legítimas.

Parece-nos que, se o art. 59, § 2º, da Lei 8.245/1991 impõe a ciência para intervenção do sublocatário como assistente coacto na ação de despejo, sem dizer se do réu ou autor, é para exercer o direito de defesa da sua melhor e autônoma posição. Aliás, por efeito da resolução ampliativa (art. 15) e também pela responsabilidade subsidiária para pagar ao locador (art. 16) é que o sublocatário interveniente pode assistir o autor-locador, e não só o réu-locatário, conforme sabiamente possibilitou a lei atual.

A regra geral do art. 28 da anterior Lei 6.649/1979, substituída pela do art. 15 da atual Lei 8.245/1991, inspirada no então vigente art. 1.203 do CC de 1916 – ainda que esvaziada de conteúdo, pelas restrições opostas pela própria lei –, de resolução das sublocações em decorrência da rescisão ou finalização da locação, sufraga o princípio limitador civilístico tradicional da coincidência da terminação das relações jurídicas principais e secundárias da locação e sublocação. Se a causa da resolução for a mora do locatário-sublocador, a lei assegura ao sublocatário o direito de indenização deste contra aquele, e não mais a sub-rogação em pagamento, na locação, em favor do sublocatário, por ter sido excluído da lei atual dispositivo do jaez do art. 38 da Lei 6.649/1979, que integrava o rito da ação de despejo.

Sob o color e denominação de "continuação da locação", o art. 40 da anterior Lei 6.649/1979, reeditando norma inscrita no art. 14 da Lei 4.494/1964, introduziu (com silêncio total da atual Lei 8.245/1991) limitações à regra do art. 28 daquela Lei 6.649, ao facultar ao sublocatário, exclusivamente em face do *locador* (e não em face de *terceiro não locador*), o direito de suceder sem solução de continuidade o locatário, sub-rogando-se na relação de locação quando ocorresse rescisão amigável da locação ou se morresse o locatário sem quaisquer dos sucessores previstos no art. 11 da atual lei. Por analogia, a continuidade era assegurada ao sublocatário em mais outras situações, como direito próprio do sublocatário, por razões de eqüidade: (a) se morresse o locatário deixando sucessores que não se interessassem pela continuidade; (b) se o locatário unilateralmente desse por finda a locação; (c) por mútuo acordo entre o locador e locatário, de que não tenha participado o sublocatário.

O requisito era sempre o mesmo, o oferecimento ao locador de uma das garantias locatícias previstas em lei.

Nesses casos de sub-rogação por continuidade, se eventualmente ao sublocatário não fosse assegurado o direito na oportunidade do evento ensejador da substituição, poderia valer-se de ação própria de sub-rogação para, satisfazendo os requisitos legais, ver reconhecido seu direito; ou, se houvesse pluralidade de sublocatários legítimos, pugnar, em disputa nos parâmetros legais, para alcançar uma das soluções ali previstas.

O art. 40 da anterior Lei 6.649/1979, reproduzindo regra da Lei 4.494/1964, que só disciplinava locações residenciais, ao conceituar o caso de continuação por morte do locatário fazia alusão "a locação por prazo indeterminado", enquanto para a rescisão amigável não fazia alusão a prazo ou indeterminação de tempo da locação. Por análise integrada desse antigo dispositivo (e a sua origem), vê-se ter o legislador anterior optado pela técnica de tornar inequívoca apenas a alternativa dúbia, no sentido de exprimir a *mens legis* de que, concedendo o mais, concedia o menos. É que não havia dúvida alguma, pelos princípios, de que, havendo prazo estipulado para a duração da locação, não poderia o locador, antes do vencimento, reaver o prédio alugado, nem o locatário poderia devolvê-lo ao locador, e que a lei não discriminava entre *tempo indeterminado* e *prazo certo* ao reconhecer o *direito de continuar a locação* aos sucessores indicados.

Essa interpretação atualizada ainda se mostra útil e pertinente, inobstante o silêncio da lei nova quanto à eventualidade de morte e outros fatos do locatário sem deixar herdeiros mas existirem sublocações legítimas e, pois, sublocatários legitimados para darem continuidade à locação, nas condições equivalentes da lei para a locação (art. 14). É que a morte do locatário-sublocador sem deixar herdeiros não é causa de extinção automática da locação, ante o princípio da manutenção dos contratos.

Constituiria absurdo, por outro lado – que o bom senso do intérprete recusa –, imputar à sabedoria da lei a conclusão de que durante o prazo determinado de duração do contrato não pode haver continuação até seu termo prefixado, mas pode após o vencimento do prazo, ou sempre que houver indeterminação de prazo. Se aqui *pode*, lá *deve*.

Toda vez que o locador dá seu assentimento à sublocação em caso de contrato de locação por prazo determinado está assegurando ao sublocatário, por direito próprio e não por sub-rogação, a faculdade de continuar *até a terminação* do contrato de locação, assumindo a titularidade da locação se satisfizer os requisitos da prestação de garantia, pelo *princípio da coincidência* da terminação da locação e das sublocações, que nesse caso atua em prol do sublocatário legítimo.

21.9 A continuação da locação pelo sublocatário é instituto de aplicação extrajudicial. Vários aspectos

Ainda que obrigatória a ciência da ação de despejo ao sublocatário, como assistente qualificado processual, com direito de intervir na causa, de regra será impertinente a aplicação da norma da continuidade da locação pelo juiz no caso de conciliação entre as partes principais ou no caso de morte do locatário no curso do processo.

A dificuldade de harmonização torna-se palpável na retomada de imóvel residencial com o rito especial, sendo claro que, se o locatário-réu manifestar sua concordância *amigável* com o pedido, nem por isso ao sublocatário é assegurado o direito de sub-rogação ou continuação na locação, porque a relevância das razões da retomada assegura a rescisão.

Do mesmo modo, na ação de despejo por infração contratual ou legal cometida pelo locatário, argüida pelo locador como causa (litigiosa) da rescisão da locação, se ocorrer conciliação entre as partes principais, visando à rescisão da locação e restituição amigável do imóvel, como conciliar a continuação com o disposto no art. 53 do CPC?

A sub-rogação por continuação é aplicável, em princípio, *fora de juízo*, na *ausência* mesmo de litigiosidade, *antes* de ação para o *locador* reaver o prédio locado. Desencadeada a ação contra o locatário, desaparece a incidência da regra em juízo.

Ao menos na hipótese de morte do locatário no curso do processo não é a regra da continuidade que soluciona a questão, até porque a morte da parte não extingue o processo civil sem julgamento de mérito, mas apenas suspende o processo (art. 265, I e § 1º, do CPC). Proceder-se-á à habilitação conforme o art. 1.060 do CPC, dando-se a substituição prevista no art. 43 do diploma processual. Essas substituições são *no processo* – e não na locação. Se o locador vencer a ação de despejo, vence-a contra os sucessores substitutos processuais. Se estes vencerem – isto é, não sendo acolhida a ação de despejo, deixando de operar-se a rescisão, cujo reconhecimento buscava o locador –, então, sim, aí, subsistindo a relação locatícia sem mácula ou ofensa da parte locatária, após a cessação do estado de litigiosidade, produz-se a liberação do empecilho, e já podem os sucessores exercitar o direito do art. 11 da atual Lei 8.245/1991. Se não o fizerem, assiste ao sublocatário fazê-lo sucessivamente.

Se o locatário-réu morrer no curso do processo sem deixar herdeiros ou sucessores previstos no art. 11 da Lei 8.245/1991, o sublocatário poderá, por analogia, habilitar-se diretamente, na forma dos arts. 1.055 *et seq.* do CPC, especialmente o art. 1.061, e suceder o locatário no processo, para "prosseguir na causa" (e não, ainda, na locação). Pela habilitação visa a ser admitido não mais como assistente, mas como parte principal. Se o sublocatário vencer, ocorre o que se disse acima.

Havendo pluralidade de sublocatários, na hipótese configurada surge um litisconsórcio entre os habilitantes substitutos processuais, com eventual disputa paralela.

21.10 Constituição e continuidade da locação em ação de retomada direta do locador contra o sublocatário

Numa hipótese nada incomum, a sub-rogação por continuidade da locação pode ser alcançada pelo sublocatário legítimo contra o qual tenha sido proposta ação direta de despejo pelo locador para reaver o imóvel objeto de sublocação resolvida por rescisão ou finalização da locação.

Ocorrendo as situações ensejadoras da continuação da locação pelo sublocatário mas não lhe tendo sido aberta ou lhe tendo sido recusada oportunidade de manifestar seu interesse *antes* da ação, poderá fazê-lo no prazo de contestação. Como não há prazo de caducidade nem forma do exercício do direito, por analogia, ao contestar a ação de retomada deduzirá pedido expresso em ação conexa ou através de reconvenção (art. 315 do CPC) para ser reconhecido pelo juiz o direito emergente que lhe haja sido subtraído indevidamente pelo locador, oferecendo desde logo qualquer das garantias legais.

Se vários forem os sublocatários permanecentes no prédio em idêntica situação de frustração, sem prejuízo do direito de opção que assiste ao locador, a todos corresponde a faculdade de habilitação, com o ônus processual de exercitá-la na ação de despejo, que em litisconsórcio contra todos foi proposta. Se a ação for proposta apenas contra algum ou alguns, estes, ao atenderem à citação, deverão convocar para a disputa todos os marginalizados.

21.11 Ainda sobre a resolução da sublocação

Se por ocasião da rescisão ou finalização da locação suscetível de enquadramento na continuidade não tiver sido assegurada ao sublocatário a faculdade de assumir a titularidade da locação continuativa, poderá o locador suprir a omissão lesiva abrindo oportunidade expressa ao exercício da oferta de garantia locatícia autorizadora da sub-rogação. Se nada for pleiteado pelos sublocatários interessados, decairão do direito ("resolvem-se as sublocações" – diz o art. 15 da Lei 8.245/1991) e sujeitar-se-ão aos efeitos jurídicos da rescisão ou terminação da locação, expondo-se à ação de despejo do locador, porque a partir daí a permanência no prédio é desprovida de título e caracteriza resistência à restituição.

Se os interessados oferecerem a garantia locatícia mas houver recusa por parte do locador, abrir-se-lhes-á a via judicial para se assegurar o exercício do direito, deduzindo os interessados pretensão para ser discutida e decidida em ação própria contra o locador.

21.12 Natureza da retomada pelo locador contra sublocatários

A retomada que assiste ao locador diretamente contra os sublocatários que permaneçam no prédio após a resolução das sublocações em conseqüência de rescisão ou término da locação, embora possa ostentar aparência externa de denúncia vazia, na verdade integra-se de elementos característicos de ação de despejo por denúncia motivada em rescisão por mútuo acordo ou denúncia tácita do sublocatário no plano sucessivo e secundário da sublocação, porque por natureza a sublocação não tem vida jurídica autônoma.

Explica-se. Nos casos de rescisão da locação por mútuo acordo ou denúncia do locatário, ou por morte do locatário sem deixar sucessores, ou com sucessor não interessado em continuar a locação, os sublocatários são *ex lege* instados a uma definição, porque é de lógica evidência que não há falar em continuação das sublocações como tais após o desaparecimento da locação. Assim, se os sublocatários não tiverem interesse em assumir a titularidade da locação vaga, os efeitos extintivos já operados para a locação transmitem-se às sublocações, resolvendo-as. Atualmente é induvidoso que a ação própria é a de despejo, e não a via possessória, já que à sublocação consentida aplicam-se as disposições sobre a locação (art. 14 da Lei 8.245/1991).

21.13 Retenção por benfeitorias pelo sublocatário

Independentemente do direito de indenização que possa competir ao sublocatário contra o sublocador (art. 15), e justamente quando o direito de indenização se referir a importâncias comprovadamente despendidas em benfeitorias realizadas no imóvel com o prévio consentimento escrito do sublocador e do locador, estende-se ao sublocatário o direito de retenção por benfeitorias.

É oponível ao sublocador em ação de despejo deste contra o sublocatário, com base no art. 14 da Lei 8.245/1991, a exceção de retenção por benfeitorias.

Será também oponível ao locador em ação de despejo deste contra o locatário-sublocador, *desde* que regularmente consentidas pelo locador. O consentimento do locador ao locatário pode ser transferido por este ao sublocatário se já na origem o locador não o deu diretamente ao sublocatário ou em conjunto ao locatário e sublocatário.

A condição para o exercício do direito de retenção por benfeitorias pelo sublocatário frente ao locador, quando autorizado na forma indicada, é intervir o sublocatário como assistente do sublocador ao ser cientificado da ação de despejo (art. 59, § 2º, da Lei 8.245/1991), deduzindo seu direito à indenização por benfeitorias para ser reconhecido na sentença.

Veja-se no Capítulo 12 a matéria sobre *direito de retenção por benfeitorias*, aplicável à sublocação, no que couber.

21.14 O contrato de sublocação constitui título executivo extrajudicial (art. 585, V, do CPC) por equiparação legal

A sublocação legitimada pelo devido consentimento do locador, se estipulada por contrato escrito, constitui título executivo extrajudicial, enquadrável no inciso V do art. 585 do CPC, para a cobrança do "crédito, documentalmente comprovado, decorrente de *aluguel* de imóvel, bem como de encargos acessórios, tais como taxas e despesas de condomínio", ante o dispositivo equiparador da locação com a sublocação (art. 14 da Lei 8.245/1991). Isso porque a normatividade da lei processual especifica crédito decorrente de "locação", de *aluguel de imóvel*, seja aluguel a título de locação ou aluguel a título de sublocação. Como também, de todo modo, a lei especial de regência das locações constrói a identidade de trato legal ao mandar aplicar-se à sublocação o disposto quanto à locação, no que couber, dentro da própria lei ou fora dela, quanto aos mecanismos legais e processuais postos a serviço do instituto da locação *lato sensu*.

Portanto, o sublocador por contrato escrito tem título para cobrança por via executiva do crédito de aluguel, bem como de encargos acessórios, da sublocação contra o sublocatário, e seu fiador, se houver.

21.15 Preferência do sublocatário na aquisição do imóvel

A preferência na aquisição do imóvel locado que seja alienado durante a locação foi instituída em benefício do locatário desde que ocupante ao menos em parte do prédio.

Se tiver havido sublocação consentida do prédio em sua totalidade a lei arreda o locatário (sublocador total) do direito de preferência, transferindo-o para o sublocatário (art. 30). Neste caso, se o prédio estiver sublocado em sua totalidade, a preferência caberá ao sublocatário; e, sendo vários os sublocatários, a todos em comum ou a qualquer deles, se um só for o interessado.

Em conseqüência, aplicam-se aos sublocatários legítimos as disposições sobre o dever do proprietário alienante de dar-lhes conhecimento do negócio e, conseqüentemente, da regra de caducidade do art. 516 do CC de 2002 (art. 1.153 do CC de 1916), que atribui aos preferentes o ônus da resposta em 30 dias (prazo da lei especial locatícia – art. 28 da Lei 8.245/1991).

A decadência do direito de preferência, não o exercendo o locatário nos 30 dias subseqüentes àquele em que for notificado, é regra que se aplica também aos sublocatários, no caso de sublocação total.

Igualmente, aplicam-se aos sublocatários as disposições dos arts. 27 e ss., que regulam o procedimento que assiste ao locatário para tornar efetivo o direito de preferência, quando preterido.

O sublocatário *parcial* não foi contemplado com o direito de preferência, porque não se trata de direito supletivo que possa por ele ser exercitado na omissão ou desinteresse do locatário, mas tão-somente como substituto do locatário sem posse direta, ou seja, quando tenha sido dada em sublocação a totalidade do prédio.

22

Incidência da Lei 8.245/1991 sobre as Locações e o Código Civil de 2002 (Art. 2.035, Parágrafo Único, e Art. 2.036)

22.1 A Lei de Locações atual. 22.2 As interferências do Código Civil de 2002 na locação imobiliária.

22.1 A Lei de Locações atual

O art. 76 da Lei 8.245/1991 dispôs – em termos idênticos ao correspondente art. 55 da revogada Lei 6.649/1979 – que "não se aplicam as disposições desta Lei aos processos em curso". Esta regra de direito intertemporal – aliás, já exaurida no tempo de duração daqueles processos – não se confunde com a da incidência da lei nova às locações (relações contratuais) em curso quando da entrada em vigor da atual lei.

Em decorrência do princípio *pacta sunt servanda*, os direitos e obrigações de natureza material ou substancial dos contratantes regem-se pelo contrato, que atua como lei específica entre as partes, e os efeitos jurídicos das contratações em geral subordinam-se ao império da lei do tempo de sua constituição (*tempus regit actum*). De modo que domina a regra geral de que o conteúdo e os efeitos dos contratos sujeitam-se à lei vigente à época de sua celebração: *in stipulationibus id tempus spectatur quo contrahimus*.

Ainda quando findo o prazo contratual, enquanto o locatário permanecer no prédio alugado a relação de direito substancial da locação reger-se-á pelas condições do contrato terminado, "com as modificações decorrentes do disposto nesta lei" – dizia o *caput* do art. 4º da anterior Lei 6.649/1979, disposição não repetida na atual Lei 8.245/1991 mas latente nos princípios, considerado por extensão o que dispõem o art. 2.035 e o seu parágrafo único do CC de 2002; além da incidência do art. 2.028 do CC como regra de direito transitório pela redução na contagem do prazo de prescrição da ação de cobrança de aluguéis.

Sobretudo em matéria de locação predial urbana, quando sobrevém lei nova estatuindo de maneira diferente, aí, cumpre aferir a natureza da norma inovadora, se imperativa (de ordem pública) ou dispositiva, restritiva ou ampliativa, proibitiva ou permissiva, se de direito processual ou substancial, para ver do seu alcance e a extensão na afetação dos contratos em curso, segundo sejam estes de prazo determinado ou não, contenham cláusulas expressas incompatíveis com o preceito novo ou se silenciaram as partes.

Se a vontade da lei é que informa e delimita a vontade contratual das partes, não há dúvida de que a lei nova incide sobre certos efeitos jurídicos dos contratos de locação em curso, na medida em que estabelece normas imperativas que colidam com o Direito anterior sob cuja disciplina foram estipuladas cláusulas contratuais que passaram a ser infringentes. Na aplicação da lei nova em matéria de locação o fundamental a ser considerado é que não caracteriza retroatividade da lei sua aplicação imediata, mesmo nos casos em que haja contrato escrito em vigor, porque – como sublinhou o Min. Rodrigues de Alckmin ao doutrinar no advento do Decreto-lei 4, de 7.9.1966 – é possível sustentar que a aplicação da lei não fere o direito adquirido, porque o regime contratual pode ser alterado pela lei, posto que as partes aceitam, no contrato, o regime legal estabelecido. A lei vigente no momento do exercício do direito é que rege as relações contratuais, o que está de acordo com o sentido do art. 2.035 do CC.

22.2 As interferências do Código Civil de 2002 na locação imobiliária

Como era previsível, com a entrada em vigor do Código Civil de 2002 uma autêntica revolução no direito privado paira no ar, mas não em relação à locação de *prédio* urbano, cuja regência, que esteve originariamente assentada nos arts. 1.188 a 1.199 (disposições gerais sobre locação de coisas) e arts. 1.200 a 1.210 (da locação de prédios, inclusive urbanos), todos do CC de 1916, restou abolida no Código Civil de 2002, em razão mesmo do disposto no art. 2.036 do atual *Codex*, que remeteu a continuidade da disciplina da locação à lei especial em vigor, da qual as disposições codificadas constituem normas de aplicação supletiva.

Por tudo isso, convém destacar algumas novidades da Parte Geral e da Parte Especial interferentes no direito locatício.

O direito contratual é elevado a um *status* sem precedente, porque o art. 421 do CC de 2002 confere função social aos contratos em geral, *verbis*: "A liberdade de contratar será exercida em razão e nos limites da função social do contrato".

A função social da propriedade já provinha da Constituição de 1988 (art. 170, III), para agora estender-se ao direito contratual, máxime ao relativo à propriedade imobiliária em regime de locação.

O CC de 2002 não afeta as locações, porque o art. 2.036 ressalva, expressamente, que: "A locação de prédio urbano, que esteja sujeita à lei especial, por esta continua a ser regida"; salvo quanto ao registro (art. 576) e à fiança, mas como normatividade subsidiária compatível e de paridade (§§ 1º e 2º do art. 2º da LICC). Operou-se redução do prazo da prescrição, nos termos do art. 206, § 3º, I, do CC:

"Art. 206. Prescreve: (...)

"(...)

"§ 3º. Em três anos: I – a pretensão relativa a aluguéis de prédios urbanos e rústicos; (...)."

Importa ainda considerar o art. 2.035 e seu parágrafo único, apenas em razão de efeitos futuros, no que for aplicável, com destaque para a função social do contrato (e da propriedade), que é norma de validade, com todas as conseqüências.

Finalmente, as disposições codificadas sobre locação de coisas em geral (arts. 565-578) são, por natureza, normas gerais padronizadas, mas apenas subsidiárias para a locação de imóveis da lei especial.

É preciso, como dito antes, ter desde logo em conta o envio da regência da matéria locatícia feito pelos arts. 2.035 e 2.036 do CC à legislação especial e a subsidiariedade da codificação civil, que o art. 79 da Lei 8.245/1991 reserva para a função de complementaridade; fenômenos de renovação reveladores do entrosamento a que dá ensejo o trato legal harmônico da locação imobiliária na sua interpretação sistemática pelos operadores dessa importante área do moderno direito obrigacional-contratual vigente.

Mas, pelo parágrafo único do art. 1º da Lei 8.245/1991, "continuam regulados pelo Código Civil" (e por leis especiais outras que não a de locação de imóveis urbanos) as seguintes locações, ali enumeradas: "a) as locações: 1. de imóveis de propriedade da União, dos Estados e dos Municípios, de suas autarquias e fundações públicas; 2. de vagas autônomas de garagem ou de espaços para estacionamento de veículos; 3. de espaços destinados à publicidade; 4. em apart-hotéis, hotéis-residência ou equiparados, assim considerados aqueles que prestam serviços regulares a seus usuários e como tais sejam autorizados a funcionar; b) o arrendamento mercantil, em qualquer de suas modalidades". Daí que quaisquer outras relações locatícias atípicas ficam com sua regência submetida ao Código Civil.

Para além dos novos princípios positivados como normatividade de incidência obrigatória que ilumina a conduta dos agentes contratantes, o Código Civil de 2002 limita-se a cuidar da "locação de coisas", através de disposições gerais, para bens móveis e imóveis, nos arts. 565 a 578, sem cogitar da disciplina específica da locação imobiliária ("de prédios"), como o fez brevemente o revogado Código Civil de 1916, nos arts. 1.200 a 1.209. De todo modo, registre-se que a regência da prescrição da pretensão para cobrança de aluguéis de prédios urbanos ou rústicos, com ou sem contrato escrito, continua afeta ao Código Civil, de modo que a ação prescreverá não mais em cinco anos, mas em três anos (art. 206, § 3º, I, do CC de 2002); ou seja, houve redução da prescrição qüinqüenal para prescrição trienal (sobre o alcance da nova prescrição trienal e o direito intertemporal, v. item 18.4, *retro*).

Dessa técnica legislativa codificada atual extraem-se a definição do negócio jurídico da locação (art. 56) e sua natureza jurídica (consenso, boa-fé, bilateralidade e onerosidade). Os quatro elementos essenciais, enfim, são: *res*, *tempus*, *pretium* e *consensum*.

Com formalidade escrita, ou não, das respectivas manifestações de vontade de locador e locatário, trata-se de contrato sinalagmático, impessoal, comutativo e de duração ou de execução sucessiva, que tem como peculiaridade o fato de que não se extingue com o pagamento (dos aluguéis), pois a solvência refere-se estritamente ao débito relativo ao período de ocupação do imóvel. São conceitos que abrangem a locação de imóveis urbanos.

Suas características residem no uso e gozo temporário pelo locatário, mediante retribuição ao locador, a quem incumbe assegurar a posse pacífica e correspondente direito à restituição da *res* ao final da relação locatícia.

Os direitos e deveres de ambas as partes da locação codificada estão resumidos nos arts. 566 a 571 do CC de 2002.

O tempo de duração – determinado ou não – é limitado, no sentido de que não se eterniza (art. 573) a cessão de uso, mas extingue-se a relação locatícia; por isso não se confunde com compra e venda, em que se busca a transferência do domínio do imóvel.

Em conclusão resumida, pode-se dizer que, de maneira geral, observa-se uma paridade entre os textos codificados antigo e novo para locação de coisa, prevalecendo para as locações regidas pelo Código Civil, como corolário natural, o princípio da subsidiariedade recíproca das regras da lei especial de locação urbana, por isso aplicáveis quando cabíveis, nos casos omissos das demais locações imobiliárias.

23

Efeitos Especiais da Prorrogação Prevista no § 2º do Art. 46 da Lei 8.245/1991, Reservados para a Futura Ação de Despejo

23.1 Introdução. 23.2 Rito especial da ação de despejo. 23.3 Execução peculiar.

23.1 Introdução

A conseqüência imediata da ausência de oposição do locador, logo após o fim do prazo de locação residencial ajustado por escrito igual ou superior a 30 meses, é que não se opera a resolução se o locatário residencial continuar na posse consentida do imóvel. E, mais que isso, dessa dúplice inércia de locador e locatário surgem conseqüências remotas desdobráveis: opera-se a prorrogação presumida da locação, por prazo indeterminado, mantidas as demais cláusulas e condições do contrato (art. 46, *caput* e seu § 1º, da Lei 8.245/1991).

Pois bem, ocorrendo a prorrogação, por falta de oposição tempestiva, a denúncia da locação em curso passa a ser regida pelo § 2º do mesmo art. 46, assegurado o exercício desse direito potestativo do locador de considerá-la rescindida a qualquer tempo, através de notificação premonitória, concedido *ex lege* o prazo de 30 dias ao locatário para a desocupação, por não mais convir sua continuidade.

23.2 Rito especial da ação de despejo

E, depois desse novo momento, se desatendida a solicitação de restituição voluntária do imóvel, o locador pretendente da retomada haverá de se valer, nos termos do art. 5º, da ação de despejo, subordinando-se ao procedimento previsto no Capítulo II, quanto às regras específicas dessa hipótese particular previstas no art. 61, que faz remissão expressa ao § 2º do art. 46.

Surge, então, o ritual do *caput* do aludido art. 61: se o locatário, no prazo da contestação, manifestar concordância com a desocupação do imóvel, o juiz acolherá o pedido, fixando prazo de seis meses para a desocupação, impondo ao locatário (réu vencido) a responsabilidade pelos encargos sucumbenciais da lide, inclusive pela condenação nos honorários fixos de 20% sobre o valor dado à causa, gozando o réu de isenção se desocupar no prazo fixado.

23.3 Execução peculiar

O texto da parte final do art. 61 revela uma suspensividade extraordinária da execução do julgado, que emerge do efeito da oportuna declaração unilateral de vontade do réu, prevista no art. 158 do CPC: constitui-se imediatamente seu efeito jurídico, obrigando até o juiz, que "acolherá o pedido" do autor, com o qual o réu houve por bem "manifestar sua concordância"; porém, sem execução da condenação de sucumbência, no aguardo do cumprimento voluntário da decisão de despejo pelo réu, dentro do prazo da lei fixado pela sentença.

Se tal eventualidade se confirmar, o réu, restituindo o imóvel ao autor, fica *ex lege* isento da responsabilidade pelos encargos da lide a que fora condenado; caso contrário, desatendido o julgado, então, só será este executado na sua integralidade, do principal (expedição da ordem de despejo) e dos acessórios (cumprimento da condenação nos encargos da lide), contra o renitente locatário.

Quanto à execução do principal (ordem de despejo), será, por óbvio, definitiva e imediata, até porque, se acolhida em primeira instância a concordância com a ação (aceitação do pedido), não pode mais o réu recorrer, nos termos do art. 503 do CPC, por falta de interesse processual, por ter antes se manifestado de acordo com o seu efeito, que é a desocupação, que lhe pareceu vantajosa e final, isto é, indiscutível ou imutável.

O prazo menor, de 15 dias, referido na alínea "b" do § 1º do art. 63, ser-lhe-á concedido, pois que esse dispositivo está direcionado aos casos especiais de *procedência da ação*, aplicável à eventualidade de acolhimento do pedido por manifestação de concordância do réu (art. 61, que se reporta ao fundamento do § 2º do art.46, de execução peculiar).

Esse é, enfim, o *iter* com o resultado prático da conexão dos arts. 46, §§ 1º e 2º, 61 e 63, § 1º, "b", da Lei 8.245/1991, que tem na base uma locação residencial ajustada por escrito, com prazo originário igual ou superior a 30 meses, se o locador não se opuser imediatamente à continuidade da posse consentida do imóvel com o locatário, e depois pretender retomá-lo por denúncia vazia.

Opondo-se o locador à continuidade da locação, embora nada disponha a respeito o art. 46, seja qual for o fundamento do término da locação – no caso, o vencimento do prazo –, a ação do locador para reaver o imóvel é a de despejo, conforme o art. 5º, com base no art. 46, *caput*, da Lei 8.245/1991.

24

A Locação Regida pela Lei de Luvas incorporada à Lei 8.245, de 18.10.1991: Questões Processuais e Substanciais

24.1 Renovação da locação comercial (empresarial) e conseqüências da não-renovação por acolhimento de exceção de retomada. 24.2 Ação renovatória: conceito e aspectos processuais e sumulares. 24.3 Indenização: casos que a ensejam. 24.4 Relevantes questões técnicas sobre a ação renovatória. 24.5 A sentença renovadora da locação: generalidades e aspectos registrários. 24.6 Efeitos entre as partes e terceiros e peculiaridades da renovação.

24.1 Renovação da locação comercial (empresarial) e conseqüências da não-renovação por acolhimento de exceção de retomada

Direito de renovação – que é uma restrição ao direito de propriedade – é a proteção/benefício à atividade econômica empresarial que use imóvel alheio remunerado, em determinadas circunstâncias previstas em lei, socialmente reconhecido, com destaque para o fundo de comércio criado pelo locatário. Aliás, o STJ teve oportunidade de se pronunciar sobre o conceito: "A expressão 'fundo de comércio' é concebida modernamente como fundo de empresa, de vez que abrange o conceito de atividade empresarial, como uma universalidade jurídica, tornando-se irrelevante, para sua caracterização, a figura individual do sócio" (REsp 167.443-RJ, rel. Min. Vicente Leal, j. 23.6.1998, ementa no *DJU* 17.8.1998, p. 102). Nesse mesmo julgamento foi entendido que: "A Lei do Inquilinato não vincula a titularidade do fundo de comércio à pessoa do locador, assegurando o uso da exceção de retomada à transferência de fundo de comércio constituído há mais de um ano de sociedade integrada por seu cônjuge, ascendente ou descendente, quando sócios majoritários".

A Súmula 481 do STF abriu, já antes da Lei 8.245/1991, a possibilidade de retomada com manutenção da continuidade pelo retomante de exploração do mesmo ramo de atividade do locatário quando inviável sua alteração, ou o fundo de comércio é intrínseco ao imóvel – casos de cinema, hotel, garagem coletiva –, isto é, fundo de comércio não criado pelo locatário, por acolhimento da exceção de retomada, presumida em prol do locador (Súmula 485 do STF) como sincera, *juris tantum*, a motivação.

O art. 565 do CC de 2002 traz o conceito genérico de "locação" como sendo aquele em que "uma das partes se obriga a ceder à outra, por tempo determinado ou não, o uso e gozo de coisa não fungível, mediante certa retribuição".

Dispositivos pertinentes: arts. 51 e 52, 58 e 71 a 75 da Lei Locatícia; e recordatório do Decreto 24.150/1934 (*consideranda* e alguns textos legais revogados, mas pertinentes à perfeita compreensão da atual disciplina sobre renovação do contrato de locação não residencial, à luz da Lei 8.245/1991).

Antes da Lei 8.245 a renovação compulsória da locação comercial era regida pelo revogado Decreto 24.150/1934 e tinha por finalidade proteger o "fundo de comércio" do locatário, que ficava a perigo quando, em períodos remotos, o locador exigia "luvas" para renovar a locação valorizada pelo locatário.

Com a unificação da regência de todas as locações urbanas (o que exclui a renovação de imóveis rústicos, prevista no revogado Decreto 24.150, art. 1º), a renovação da locação não-residencial, em amplitude até maior que a comercial da "Lei de Luvas", fica inteiramente disciplinada pela Lei 8.245/1991, arts. 51, 52 e 71 a 75, além das disposições processuais gerais do art. 58 e outros textos compatíveis.

A expressão "luvas", que caracterizou o *nomen juris* do Decreto 24.150, exprime o uso de cobrança desse prêmio em dinheiro pelo locador para início e renovação do contrato.

O Enunciado 9 do extinto 2º TACivSP, ao interpretar o art. 45 da atual lei, reputa válida (portanto, não nula) a cobrança de luvas no contrato inicial da locação comercial, como já ocorria, como se infere do art. 29 do Decreto 24.150/1934, que também não proibia luvas no contrato inicial.

Enfim, a proibição de "luvas" mantém-se na renovação (art. 45, parte final).

Nos casos de falência do locatário comercial (comum ou de *shopping*), aplica-se o art. 119, VII, da Lei n. 11.101, de 9.2.2005 (atual Lei de Falências e Recuperação): "Art. 119. Nas relações contratuais a seguir mencionadas prevalecerão as seguintes regras: (...) VII – a falência do locador não resolve o contrato de locação e, na falência do locatário, o administrador judicial pode, a qualquer tempo, denunciar o contrato; (...)". O administrador judicial decidirá pela manutenção ou não da avença, podendo, a qualquer tempo, porém, denunciá-la.

Para processos ajuizados antes do início de vigência da atual Lei de Falências e Recuperação, ver os termos do art. seu 192: "Esta Lei não se aplica aos processos de falência ou de concordata ajuizados anteriormente ao início de sua vigência, que serão concluídos nos termos do Decreto lei n. 7.661, de 21 de junho de 1945.

Já para falência sob o regime da nova Lei de Quebra aplicam-se outras regras ou disciplinas, dos arts. 117, *caput* e § 1º (regência para contratos bilaterais), com incidência do regramento específico do art. 119, *caput* e inciso VII.

Dizia o texto revogado, do § 1º do art. 116 da antiga Lei de Falências (não revogado pelo art. 90 da Lei 8.245/1991, mas posteriormente revogado pela Lei 11.101/2005): "Se o contrato de locação estiver protegido pelo Decreto n. 24.150, de 20 de abril de 1934, o estabelecimento comercial ou industrial do falido será vendido na sua integridade, incluindo-se na alienação a transferência do mesmo contrato". E a atual lei passou a tratar do tema genericamente, sem as especificidades contidas nos textos revogados.

Na recuperação de empresas, a aprovação do plano importa novação das obrigações, sujeitando, ainda, os credores do devedor-locatário ao que ali estabelecido: havendo débito pendente, cabe ao credor do devedor-locatário, como, ademais, na falência, proceder à habilitação de crédito, se for o caso.

Impende anotar que o deferimento do processamento da recuperação judicial do devedor locador empresarial não tem o condão de suspender ou interromper o prazo para o locatário exercer o direito à renovação, haja vista tratar-se de prazo decadencial; e nem poderia ser diferente.

Houve ampliação da incidência do instituto da renovação da locação. À compulsoriedade da renovação para o locador corresponde o direito do locatário, sob certas condições legais, como modo de preservação do fundo de comércio que este tenha criado e desenvolvido.

Pela atual Lei Locatícia também outros contratos de locação passaram a contar com igual direito (§ 4º do art. 51) se como locatários figuram: (a) indústria; (b) sociedades civis com fim lucrativo, que, atualmente, conforme seu objeto, podem assumir a figura de sociedades simples ou, mesmo, limitadas; e (c) profissionais liberais cuja organização se enquadre no conceito de empresa do atual Código Civil.

Vale dizer, ampliou-se a proteção: não só para "fundo de comércio", mas para "fundo empresarial" e até para sociedades que não tenham como objeto social atividade empresarial (escolas, clínicas, escritórios de Advocacia etc.).

Incluem-se ainda nesse rol de proteção as lojas objeto de locações de espaço em *shopping center* (art. 52, § 2º), além das locações para empresas de *franchising*. Para esta última – acrescente-se – o direito de renovação da locação cabe ao franqueador, ao franqueado ou a ambos, conforme seja a previsão contratual.

24.2 Ação renovatória: conceito e aspectos processuais e sumulares

A ação é de natureza *constitutiva determinativa* (criação de novo período; com determinações conseqüentes à eventual alteração de cláusulas).

São requisitos a serem satisfeitos pelo locatário (arts. 51, 58 e 71): ajuste escrito, como agora o exige expressamente o inciso I do art. 51, que ainda exige prazo "determinado".

A *accessio temporis* (soma de tempo de contratos escritos sucessivos e ininterruptos, de pelo menos cinco anos) sempre foi admitida por construção jurisprudencial; hoje é sufragada expressamente (inciso II do art. 51). E mais: admite-se como tolerância interregno de pequeno intervalo, de tratativas, normais ao êxito ou tentativa de êxito à continuidade amigável – interstício, este, em torno de dois a três meses (parâmetro razoável), segundo a construção jurisprudencial, ainda hoje aplicável.

Outros requisitos estão no inciso III do art. 51 (exploração, no local, do mesmo ramo, pelo menos há três anos) e no art. 71 e seus vários incisos: exato cumprimento do contrato a renovar, quitação de taxas e impostos sobre o imóvel, condições oferecidas à renovação; indicação de fiador idôneo etc.

O prazo de renovação é o do último contrato (Enunciado 6 do extinto 2º TACivSP, no "mínimo" de cinco anos, à luz já do art. 51, II, da atual lei). A Súmula 178 do STF igualmente alude a cinco anos como prazo "máximo".

Quanto ao prazo de decadência (art. 51, § 5º): propositura, de um ano até seis meses antes do vencimento do prazo em vigor.

Segundo a Súmula 106 do STJ: "Proposta a ação no prazo fixado para o seu exercício, a demora na citação, por motivos inerentes ao mecanismo da Justiça, não justifica o acolhimento da argüição de prescrição ou decadência".

E o extinto 2º TACivSP, interpretando o art. 263 do CPC e art. 51, § 5º, da Lei de Locações, também criou o Enunciado 22: "Proposta a ação renovatória no prazo legal, a demora na efetivação da citação não acarreta a decadência do direito".

Com isso, o "Cite-se" é suficiente a assegurar o direito, sem risco de decadência. Hoje só caduca o direito de renovação judicial se não proposta ação no interregno do § 5º do art. 51 (há jurisprudência que se satisfazia com a "distribuição", sendo despicienda qualquer outra atividade *ad terrorem* para o autor). Enfim, o autor não perde o direito desde que não lhe seja imputável qualquer culpa, pois ao Judiciário cabe fazer a parte que lhe incumbe.

Não há reconvenção em ação renovatória (até por ser desnecessária, ante as disposições dos arts. 52 e 72): a retomada pode ser pedida na própria contestação (art. 74), pelo caráter dúplice desta.

O cessionário ou sucessor também tem direito à renovação, nas mesmas condições, independentemente do consentimento do locador (arts. 13 e 51, § 1º); mas – advirta-se –, quanto ao cessionário, desde que autorizada na origem a cessão.

Pelos arts. 63, III, e 116, § 1º, da antiga Lei de Falências era legitimado o adquirente sucessor para pleitear renovação amigável ou judicial da locação que antes tinha como locatário o falido, independentemente de anuência à transferência; legitimação que subsiste na atual Lei de Falências.

O art. 192 da atual Lei de Falências passou a vigorar acrescido do seguinte § 5º, cujo texto tem pertinência: "O juiz poderá autorizar a locação ou arrendamento de bens imóveis ou móveis a fim de evitar a sua deterioração, cujos resultados reverterão em favor da massa".

O síndico (assim denominado no regime falitário anterior), atual *administrador*, também estava legitimado para propor a ação renovatória para resguardar o fundo de comércio integrado também pela locação com direito de renovação, se em curso o prazo decadencial e se ainda não houvesse transferência a terceiro; ou em caso de "continuação do negócio" (arts. 59 e 74 da antiga Lei de Falências), solução cabível agora para o administrador, nas mesmas condições, correspondentes, em parte, ao art. 99, XI, da nova Lei de Falências, que se refere à "continuação provisória das atividades do falido com o administrador judicial".

São nulas as cláusulas que restrinjam o direito à renovação (art. 45 da Lei 8.245/1991; v. art. 29 do revogado Decreto 24.150/1934).

Os requisitos da inicial constam do art. 71 da Lei 8.245.

O inciso II do art. 71 e o inciso I do art. 72 dispõem a sobre purgação da mora: seria a mora impeditiva do direito à renovação?

A Súmula 123 do STF considerava-a impeditiva (antes do esvaziamento da competência do STF para o STJ em matéria infraconstitucional).

Mas no extinto 2º TACivSP editou-se o seguinte Enunciado: "O exercício do direito de purgação da mora em ação de despejo por falta de pagamento é irrelevante para fins da ação renovatória". Isto é, a emenda da mora não descaracteriza o direito ao exercício da ação renovatória (art. 71, II). Vale para a lei atual esse entendimento – aliás, Enunciado 14 do extinto 2º TACivSP, talvez sob influência do CODECON (Código de Defesa do Consumidor).

A proposta (de aluguel definitivo), a ser feita pelo locatário na inicial, é obrigatória, sob pena de o juiz mandar emendá-la (irregularidade suprível).

Deve (pode) o locatário oferecer, na inicial, *aluguel provisório*, como se infere do § 4º do art. 72.

A contestação do locador está disposta nos arts. 52, 58 e 72, além do art. 74.

Sobre o aluguel provisório – se na inicial não foi oferecido aluguel provisório, cabe ao locador, na contestação (art. 72, § 4º), pedir a fixação de até 80% do pedido, para vigorar só a partir do primeiro mês do novo período (Enunciado 29 do extinto 2º TACivSP).

Diz o Enunciado 29 do extinto 2º TACivSP: "O aluguel provisório a ser arbitrado na ação renovatória deve ser contemporâneo ao início do contrato renovando, facultado ao locador pedir a sua fixação, oferecendo elementos hábeis à aferição do justo valor".

Na ação renovatória, ao contrário da revisional, o aluguel – definitivo ou provisório – só é devido após o vencimento do prazo contratual em curso; daí haver entendimento jurisprudencial que admite e aceita a inclusão do pedido de aluguel provisório (por autor ou réu) mais tarde, e que essa fixação se dê após a vinda de elementos de arbitramento pericial para os autos, antes da sentença, para o novo período.

A execução de diferenças é nos próprios autos (art. 73), e devem ser pagas de uma só vez. O texto legal é claro. Se não renovada a locação, não há falar em "diferenças".

A revelia na ação renovatória não dispensa a perícia.

O acolhimento de proposta de terceiro impede a renovação e dá ensejo a responsabilidades (arts. 52, § 3º, 72, III e § 2º, e 71 da Lei de Locações; e art. 472 do CPC).

24.3 Indenização: casos que a ensejam

Há várias causas geradoras de indenização do locatário na eventualidade de retomada na ação renovatória da locação empresarial: (a) não ser dado ao imóvel retomando o destino indicado, em 90 dias (art. 52, § III); b) retomada para construção mais útil (indenização só para despesas de mudança – Súmulas 181 e 444 do STF); (c) indenização por terceiro cuja proposta tenha impedido a renovação (arts. 72, III, e 75 da Lei 8.245/1991).

O caso mais saliente é o da indenização prevista no art. 72, III, da Lei 8.245: trata-se da responsabilidade indenizatória solidária do proponente, que, como terceiro, responde; e, por isso, deve integrar a lide, como litisconsorte.

Se o réu (locador) não trouxe o terceiro proponente, o autor (locatário) deve pedir sua citação para integrar a lide, viabilizando que a sentença que fixe a indenização do art. 75 seja exeqüível contra ambos, solidariamente condenados (art. 52, § 3º, primeira parte).

24.4 Relevantes questões técnicas sobre a ação renovatória

Dispensável é a reconvenção, pelo caráter dúplice da ação, como já afirmado anteriormente.

Na contestação o réu-locador torna-se também autor de pedido (retomada), aplicando-se-lhe, curiosamente, a proibição de *mutatio libelli*.

E na réplica ao autor locatário cabe pleitear indenização se o réu opôs-se à renovação e pediu a retomada.

Execução do despejo, em caso de carência (ou improcedência, por ter o locador pedido a retomada), também opera nos próprios autos, com prazo de seis meses para desocupação, contado após o trânsito em julgado (art. 74). Nessa hipótese a apelação do locatário contra a sentença denegatória da renovação tem efeito suspensivo, como exceção à regra do art. 58, V.

Para evitar o aludido efeito suspensivo, o réu (locador) da renovatória pode optar por não pedir retomada para uso próprio; talvez lhe convenha valer-se da denúncia vazia, noutro processo (ação de despejo), na hipótese de não ter sido renovada a locação.

Se o locador não pedir a retomada, a sentença de carência ou de improcedência não pode determinar a desocupação *ultra petita*.

A conseqüência jurídica fatal da não-renovação sem pedido de retomada é a conversão da locação protegida para a espécie comercial simples, por prazo indeterminado, sujeita a denúncia vazia; cujo eventual despejo só pode ocorrer em ação própria: confira-se o texto claro do art. 74.

A Súmula 375 do STF previa, em caso de conversão (não renovação), a aplicação do direito comum (Código Civil), e não da lei especial de locações. Hoje o direito comum é o da Lei 8.245/1991.

Se o pedido de renovação é desacolhido, não é possível à sentença determinar mudança de periodicidade, só cogitável em caso de renovação, como se infere do § 5º do art. 72, ao tratar desse esquema de reajustamento de aluguel.

É possível na vigência da atual lei, que não a inviabiliza, a antiga ação negatória. Essa ação negatória da renovação, que cabe ao locador, deve, por coerência, ser exercida antes (é prévia), como procedimento do Código de Processo Civil. Se também vier a renovatória, reúnem-se ambas por conexão (negatória-renovatória).

Não exercida antes, perde sua razão de ser, pois em contestação o locador pode pedir a retomada, negando-se a renovar a locação, pelos motivos previstos na lei.

À ação negatória (inspirada no art. 26 do revogado Decreto 24.150/1934), por ser procedimento comum do Código de Processo Civil, não se aplicam necessariamente as regras específicas, sobretudo as restritivas, dos procedimentos da Lei de Locações (art. 58).

No caso de simultaneidade de revisional e renovatória surgem problemas, como, por exemplo: na primeira cabe aluguel provisório para ser pago desde logo; na segunda, não; na renovatória, só se procedente é que se fixa o aluguel definitivo do novo período.

O curso da ação renovatória não impede o exercício da ação revisional; nem impede ou prejudica o exercício de outra renovatória, se no curso da primeira decorrer tempo de duração processual que autorize pedido formal, sob pena de extinção do direito e decadência (§ 5º do art. 51).

Convém ao locatário fazer constar na contratação prazo determinado e cláusula de vigência em caso de alienação; e providenciar averbação imobiliária, já no contrato em curso, para que seja mantida na renovação, para não se expor à denúncia vazia pelo adquirente do imóvel em caso de ausência da averbação do contrato de locação com a cláusula de vigência contra terceiros.

Melhor proposta de terceiro dá ensejo a algumas considerações peculiares.

Haverá litisconsórcio necessário passivo (art. 47 do CPC), sob pena de desconsideração da proposta concorrente do terceiro feita pelo réu na contestação (art. 72, III).

O locatário-autor pode impugnar a melhor proposta de terceiro e exercer direito de preferência em igualdade de condições, na réplica (§ 2º do art. 72).

É devida a indenização por não-renovação (art. 52, § 3º, primeira parte), pelo locador e pelo terceiro solidariamente.

Como litisconsortes no processo (arts. 72, III e § 2º, e art. 75), se não houver renovação ou prorrogação pelo acolhimento judicial da proposta de terceiro, igualmente respondem locador e terceiro nos próprios autos em fase de cumprimento de sentença.

24.5 A sentença renovadora da locação: generalidades e aspectos registrários

Cuida-se de sentença de natureza constitutiva e determinativa, em relação às partes, a que defere o pedido de renovação da locação. Reata-se coativamente entre locador e locatário o liame sobre a relação jurídica locatícia estabelecida no contrato de locação protegida pela sistemática herdada da Lei de Luvas, incorporada à Lei 8.245/1991.

Pontes de Miranda faz ressalva quanto ao locatário, afirmando que este "somente é vinculado ao que ofereceu", podendo manifestar recusa, "mas desde que o faça após a sentença, antes do trânsito em julgado"[1] – ponto de vista que reputamos correto[2] –, sujeitando-se, entretanto, o locatário às conseqüências jurídico-processuais da não-renovação da locação.

Se houve aceitação pelas partes, inclusive se levada a registro no cartório imobiliário da matrícula do imóvel a respectiva decisão judicial renovadora da locação, com essa providência, que integra a execução do julgado, completa-se o ciclo formal de eficácia vinculativa da sentença,

1. Pontes de Miranda, *Tratado de Direito Predial*, § 62, n. 2.

2. Conhece-se v. acórdão inserto por ementa na *RF*, Arquivo Cível 1.450, do antigo Tribunal de Apelação do Distrito Federal, 5ª Câmara, de 13.3.1942, assentando tese de que: "O locatário que, tendo obtido renovação de contrato de arrendamento, não pode suportar o aluguel judicialmente arbitrado não está obrigado a permanecer no imóvel, mas deve desocupá-lo e entregá-lo ao locador, sem direito a qualquer indenização nem a benfeitorias".

que obriga às partes tal qual se tratasse de um novo contrato firmado voluntariamente.

Com mais precisão, o fenômeno que ocorre com a sentença é que se limita à sua função constitutiva integradora das vontades divergentes das partes, para que o "consenso" decorrente da coatividade jurisdicional reflua à fonte dos direitos e obrigações, que é o contrato (título extrajudicial em estado de latência), e o renove e revigore juridicamente, fazendo projetar seus efeitos ressurgidos, de "lei entre as partes", para o tempo futuro, com as alterações emergentes da intervenção judicial.

Transitada em julgado a sentença renovadora da locação, funde-se ela, em essência, ao contrato, imprimindo-lhe eficácia jurídica plena de avença bilateral, acrescendo-lhe uma nova substância quanto às questões que solucionou nos limites objetivos da lide composta.

Não há, pois, no rigor teórico-doutrinal, como estabelecer distinção (que não há) entre a sentença renovadora e o contrato renovado, para ilações que pudessem autorizar a ruptura do vínculo obrigacional (desatendimento ao prazo determinado para o novo período de locação) sem a correspectiva carga de responsabilidade civil decorrente do inadimplemento contratual, e não extracontratual.

24.6 Efeitos entre as partes e terceiros e peculiaridades da renovação

A intervenção supridora judicial por sentença de renovação da locação não se situa em plano inferior ao daquele em que se situaria o contrato bilateral; quer dizer, é como se um novo contrato tivesse sido lavrado, valendo como lei entre as partes (*pacta sunt servanda*). Para valer em relação a terceiros a cláusula de vigência em caso de alienação, cabe *averbação* da sentença no registro imobiliário, a ser providenciada pelo procedimento específico, como de direito.

Daí se infere que, no tocante ao prazo fixado para o novo período de locação, ambos os contratantes estão adstritos à sua observância.

Aliás, pelo esclarecedor Enunciado 6 da Comissão de Estudos Jurídicos do extinto 2º TACivSP, "na renovação judicial do contrato de locação, o prazo *mínimo* do novo contrato é de cinco anos" – numa alteração profunda da antiga orientação emanada da Súmula 178 do STF, que, se, igualmente, aludia ao prazo de cinco anos, fixava, todavia, esse tempo como *máximo*.

Quanto ao locatário, poderia parecer que, como pleiteante favorecido do novo período locatício, lhe assistiria o direito de abrir mão da renovação a meio-caminho. Mas assim não é, porque, uma vez decretada a renovação do contrato para o novo período estabelecido, ambas as partes assumem direitos e obrigações recíprocos. E se, por um lado, o locador não pode, antes do vencimento, romper a locação unilateralmente (art. 571 do CC de 2002 e art. 4º da Lei 8.245/1991), também ao locatário é defeso devolver o prédio ao locador, senão pagando multa (parte final do último dispositivo citado).

Registre-se que por força da renovação judicial do contrato de locação revigora-se, de regra, a sempre presente cláusula de multa compensatória destinada a penalizar a parte que der causa à ruptura antecipada da locação.

A Súmula 9 do extinto 2º TACivSP diz: "As distribuidoras de derivados de petróleo, quando sublocam totalmente os imóveis a terceiros, não têm legitimidade para propor ação renovatória, embora dotem os estabelecimentos revendedores dos implementos necessários à comercialização dos seus produtos, ou os orientem e fiscalizem, ainda que lhes propiciando financiamentos e cuidando dos investimentos publicitários".

Sobre "A Cessão da Locação Regida pelo Direito à Renovação Compulsória" (Capítulo 32), vejam-se os itens 32.1 e 32.2, *infra*, aspectos importantes.

Antecipa-se aqui, apenas, que não é oponível ao locador a cessão não autorizada da locação incluída na transferência da sociedade empresária a terceiro; e, ainda, que é limitado o alcance do registro da cessão não autorizada ou clandestina, que não se confunde com sucessão no negócio.

25
Evolução Legislativa da Multa Compensatória

25.1 Histórico: da cláusula penal nos Códigos Civis. 25.2 Leis inquilinárias e o antigo critério da proporcionalidade. 25.3 A nova Lei Locatícia e o novo critério da eqüitatividade na redução da penalidade.

25.1 Histórico: da cláusula penal nos Códigos Civis

A cláusula contratual destinada a penalizar a parte que der causa à rescisão precipitada da locação dá ensejo a algumas considerações.

O art. 917 do CC de 1916 dispunha que: "A cláusula penal pode referir-se à inexecução completa da obrigação, à de alguma cláusula especial, ou, simplesmente, à mora". Texto acolhido em versão mais moderna e completa no art. 409, com disciplina pormenorizada nos arts. 410 *et seq.*, do CC de 2002.

Disso decorre a conhecida divisão tradicional da cláusula penal em *compensatória* e *moratória*: a primeira é a que diz respeito à inexecução completa da obrigação; a segunda (moratória) diz respeito à execução não-satisfatória, seja pela inexecução de alguma cláusula especial da obrigação, seja, simplesmente, pela mora do devedor. Confira-se Carvalho Santos.[1] Esse renomado autor anotava que os efeitos da cláusula penal variavam conforme a hipótese, sendo uns se se tratasse de cláusula penal compensatória (art. 918) e outros se se tratasse de cláusula penal moratória (art. 919 – todos do CC de 1916).

Quando as partes deixam de declarar explicitamente sua intenção ou esclarecem contraditoriamente o alcance e o escopo da cláusula penal,

1. Carvalho Santos, *Código Civil Interpretado*, 5ª ed., t. XI, Rio de Janeiro, Freitas Bastos, 1953, art. 917, p. 314.

terá o intérprete de se valer de regras de hermenêutica para chegar ao exato efeito jurídico pretendido pelos contratantes.

Carvalho Santos, depois, no t. XVII de sua obra, ao anotar o art. 1.193 do anterior CC, avisa que, havendo pena convencional (sem declaração de ser compensatória ou moratória) estipulada no contrato (de locação), presume-se, em tais casos, ser ela compensatória das perdas e danos, inclusive as devidas por determinação do texto legal do art. 1.193 do anterior CC (art. 570 do atual CC), sobre desvio de uso ou destinação e abuso danoso do imóvel pelo locatário.

Os doutrinadores costumam ver no valor da pena em relação ao valor do objeto da obrigação principal[2] um dos critérios para identificar a natureza da cláusula, lembrando que, se o valor da obrigação principal é grande e a pena é leve, é justo e lógico acreditar-se que a pena é moratória; ao contrário, se a pena equivale à obrigação, seria de natureza compensatória.

E Orozimbo Nonato distingue: "Se o valor da pena rivaliza o da obrigação, índice de muito preço parecerá de haver sido estipulada para o caso de inexecução da obrigação (multa compensatória), e se ínfimo se mostra o valor da cláusula em relação à obrigação principal, caso será, ao que tudo indica, de multa simplesmente moratória".[3]

25.2 Leis inquilinárias e o antigo critério da proporcionalidade

Pelo revogado Código Civil, na verdade, podia o locador romper a locação antes do vencimento do prazo contratual, desde que ressarcindo perdas e danos resultantes para o locatário; já a partir da anterior Lei 6.649/1979, diversamente, não mais podia o locador, em hipótese alguma, reaver antecipadamente o prédio alugado.

Pode em tese ocorrer que, numa ação de despejo, seja através de decisão liminar (§ 1º do art. 59 da Lei 8.245/1991, nos casos enumerados nos incisos I a V), seja por execução provisória de sentença (art. 64), o locador se reintegre na posse do imóvel. Nesses casos, expelido o locatário, ainda que por ato processual, o exeqüente, a seu risco, terá precipitado a ruptura da locação, se sobrevier modificação da decisão liminar ou reforma da sentença – isto é, se, havendo reforma, não for

2. De Crescenzio, invocado por Carvalho Santos, *Código Civil Interpretado*, cit., 5ª ed., t. XI, p. 315.

3. Orozimbo Nonato, *Curso de Obrigações*, t. II, Rio de Janeiro, Forense, p. 369.

acolhido jurisdicionalmente o pedido de rescisão da locação deduzido em juízo.

Prevista para essas eventualidades de antecipação do despejo a prestação de caução, que a lei reverte ao locatário, como pena indenizatória mínima (§ 2º do art. 64), responde objetivamente o locador por perdas e danos causados pela retomada antecipada da posse que precipitou a ruptura da locação, por prazo determinado ou não; obriga-se o retomante a indenizar, por força da lei especial, em harmonia com os princípios do Código Civil.

Quanto ao locatário, pelo anterior Código Civil estaria obrigado, em caso de devolução antecipada do prédio, ao pagamento do aluguel pelo tempo que faltasse; pela legislação especial superveniente a obrigação indenizatória remanesce, apenas sem predeterminação do valor, eis que refere a lei, genericamente, que deverá pagar multa (a chamada "multa compensatória" convencionada pelas partes ou fixada judicialmente), em face dos fatos e circunstâncias de cada caso, principalmente de tempo, considerando-se o prejuízo sofrido pelo locador pela interrupção do auferimento da renda locatícia, proporcionalmente ao limite máximo do valor dos alugueres do tempo faltante. E essa é a regra vigorante pelo art. 4º da Lei 8.245/1991, que evoca a proporcionalidade instituída no art. 924 do CC de 1916, correspondente ao art. 413 do CC atual, que, todavia, substituiu aquele anterior critério pelo da *redução eqüitativa da penalidade* (art. 575, parágrafo único).

Pelo histórico legislativo da anterior Lei de Locações Urbanas, de 1979, a tendência inicial do legislador era a de alterar substancialmente a regra da parte final do parágrafo único do art. 1.193 do CC de 1916. A disposição codificada era no sentido de que não poderia o locatário devolver a coisa alugada ao locador, havendo prazo estipulado à duração do contrato, antes do vencimento, senão pagando o aluguel pelo tempo que faltasse.

Já pela redação final do texto da anterior lei especial de regência das locações urbanas (Lei 6.649/1979), aprovada pelo Congresso Nacional em 1979, a disposição correspondente àquela do antigo Código Civil vinha expressa no sentido de não poder o locatário devolver o prédio alugado ao locador antes do vencimento do prazo estipulado para a duração do contrato, senão "pagando multa de 10% (dez por cento) sobre o valor dos alugueres, correspondente ao tempo que faltar".

A anterior Lei 6.649 o que fez foi, em resumo, mantida a responsabilidade civil do locatário pelo inadimplemento (devolução do imóvel antes do vencimento do prazo contratual), estabelecer uma penalidade genérica, sob a denominação de "multa", compensatória do prejuízo, flexível, a critério do juízo, segundo as circunstâncias do caso concreto, até o limite máximo especificado no parágrafo único do art. 1.193 do revogado CC (pagamento do aluguel pelo tempo que faltasse), desde que omissa no contrato a estipulação da cláusula penal compensatória representativa de uma prefixação dos danos.

25.3 A nova Lei Locatícia e o novo critério da eqüitatividade na redução da penalidade

Portanto, o que fez a lei atual (Lei 8.245/1991, art. 4º), com inegável mérito, foi manter o *status quo* legal anterior da multa contratual, mas invocando explicitamente, como norma cogente, o critério da proporcionalidade prevista na remissão ao art. 924 do antigo CC (vigente à época). É certo, como já se antecipou, que o correspondente art. 413 do CC de 2002 alterou aquele critério para outro de melhor adequação, o da eqüitatividade, aplicável nos termos do art. 2.046.

A proporcionalização para a hipótese de cumprimento em parte da obrigação sempre constituiu princípio jurídico conatural ao direito das obrigações para o caso de expressa *stipulatio poenae* ou de silêncio contratual, servindo por analogia a novidade disposta no parágrafo único do art. 575 do CC de 2002: redução do excesso pelo juiz, mas tendo em conta seu caráter de penalidade.

A jurisprudência de transição já havia assegurado aquela primitiva proporcionalização: "Multa compensatória – Locação – Cumprimento parcial do contrato – Proporcionalização – Necessidade" (TJSP, 27ª Câmara de Direito Privado, ACi 740.285-0/2-Vicente de Carvalho/Guarujá, rel. Des. Campos Petroni, j. 14.2.2006). E, ainda: "Multa compensatória – Locação – Rescisão antecipada por ato unilateral – Infração contratual evidenciada – Multa pactuada livremente entre as partes, aplicada proporcionalmente ao tempo que faltava para cumprimento do prazo estipulado, nos termos do art. 4º da Lei n. 8.245/1991 e art. 413 do CC – Decisão mantida – Recurso improvido" (TJSP, 34ª Câmara de Direito Privado, ACi 870.817-0-Santo André, rel. Des. Irineu Pedrotti, j. 10.8.2005).

A responsabilidade do locatário, inadimplente quanto ao cumprimento do prazo determinado, de compor perdas e danos causados ao locador é inafastável, em princípio, seja no contrato originário, seja em contrato renovado por sentença judicial. Mas beneficiar-se-á o locatário com a regra da eqüitatividade do art. 413 da atual codificação civil, albergada pela lei atual, na forma do art. 2.046, equivalente à moderna revisão de conceitos, a não tolerar o enriquecimento sem causa do locador. Essa é a interpretação integrada da lei atualmente em vigor (art. 4º da Lei 8.245/1991), que não distingue entre a devolução antecipada direta ou por via de ação de despejo a que tenha dado causa o locatário, o qual está obrigado a indenizar, em ambas as situações, pagando multa compensatória eqüitativa ao locador prejudicado.

Em contrato de locação, quando se estipula cláusula penal compensatória, que tem o sentido de prefixação quantitativa (ou de liquidação prévia do valor do ressarcimento), o credor não está obrigado a alegar e provar a ocorrência de prejuízo para exigir o cumprimento da cláusula penal,[4] ficando, enfim, dispensado do ônus dessa prova. Diversamente, na ausência de estipulação de cláusula penal compensatória, impõe-se aquele ônus ao credor. Ambos os casos, aliás, estão em harmonia com o princípio limitador da obrigação, que emerge do art. 412 do CC de 2002, ou seja, de que a indenização que deva ser paga nunca pode ser superior ao valor da obrigação principal, isto é, ao prejuízo sofrido pelo locador com o descumprimento do prazo previsto no contrato por parte do locatário.

Impende anotar, enfim, que a multa compensatória apenas fixa previamente o valor de indenização em caso de culpa pela resolução do contrato. E tanto é assim que, caso não estipulada em contrato, pode ser pretendida referida indenização, cujo valor deve, todavia, ser arbitrado, caso não seja situação de prova mediante perícia. De qualquer forma, o contrato não pode afastar esse direito de indenização (art. 45 da Lei 8.245/1991).

4. Orozimbo Nonato, *Curso de Obrigações*, cit., vol. II, p. 353.

26

Reajuste-Pena do Aluguel

26.1 Generalidades. 26.2 Interpretação da cláusula penal. 26.3 Permanência no imóvel e as conseqüências do art. 575, "caput" e seu parágrafo único, do CC de 2002.

26.1 Generalidades

Quem se obriga também o faz respeitando as cláusulas gerais dos deveres laterais de conduta e de operacionalidade ética do novo direito da cidadania codificada; daí que o locatário obrigado a restituir o imóvel locado ao término do prazo contratual não pode, obviamente, ser considerado investido do direito subjetivo às avessas de obrigar a contraparte confiante – o locador – a suportá-lo no imóvel além do término do dito prazo.

"Obrigado" é quem se obriga – pode-se dizer, acacianamente –, e não aquele que tem o direito de exigir a prestação (a entrega do imóvel locado).

A questão, embora simples, exige três ordens de considerações.

A primeira tem relação com a cláusula contratual que cuida, de regra, da eventualidade do descumprimento do dever de restituir pontualmente o imóvel por parte do locatário, e suas conseqüências.

Uma coisa é a da desconstituição de um contrato no plano extraprocessual; outra, totalmente diversa, é sua desconstituição judicial. Em outras palavras, uma coisa é o locatário dever restituir o imóvel locado ao término da locação, como cumprimento regular da obrigação (dever jurídico); outra coisa é optar ele, com abuso de direito, por se manter renitente, à espera da propositura da ação de despejo e do cumprimento da sentença judicial de desocupação forçada. Não podendo o locador fazer justiça pelas próprias mãos no dia do vencimento do prazo contratual, é da contingência do Estado de Direito dever ele aguardar, em *status* de locação, o tempo excedente de duração do processo judicial que visa a tornar efetiva a desconstituição do contrato locatício e à retomada da posse do imóvel.

Tornou-se praxe salutar a cautela de se prever reajuste do aluguel a vigorar, eventualmente, pelo tempo previsível de duração (residual) do processo de despejo, até a efetiva desocupação do imóvel, evitando-se a perpetuação indevida do aluguel primitivo defasado ou irrisório, como prêmio de incentivo ao inadimplemento do dever de restituir pontualmente.

Esta foi a razão de ser da cláusula de previsão de aluguel majorado em caso de não-restituição do imóvel ao término do prazo de duração da locação; e não outra que pretensamente estivesse derrogando o prazo conatural da locação estipulado. É uma cláusula de índole penal, contra o renitente, e não em seu favor – tanto assim que a jurisprudência, sensível à permanência ilícita inevitável (ilícito contratual) do locatário no prédio além do prazo ajustado, vinha, na vigência das leis anteriores, concedendo a correção monetária do aluguel "para esse período excedente da locação", se reclamada por via de ação judicial pelo locador, como se lê na seguinte ementa: "Aluguel – Reajuste – Contrato – Prazo determinado findo – Permanência do locatário no imóvel – Circunstância em que prevalece o locativo contratado, corrigido pela variação dos índices das ORTNs para esse período excedente da locação. Se o locador se opõe à prorrogação do contrato de locação comercial, ingressando com ação de despejo, logo após o vencimento do prazo contratual, o inquilino deve pagar o locativo contratado, corrigido de acordo com as variações dos índices das ORTNs, desde o término da avença até a desocupação do prédio" (extinto 2º TACivSP, 2º Grupo, EI 122.559, de São Paulo, rel. Juiz Xavier Homrich, j. 5.5.1981).[1]

O art. 575, *caput*, e o seu parágrafo único contêm disciplina invocável, conforme referido no Capítulo 25, *retro*, que soluciona eficazmente a questão.

Portanto, fazer com que o reajuste-pena consubstanciado em cláusula contratual se desfigure para "reajuste-prorrogação" é inverter a ordem natural das coisas. É, em suma, consagrar o ilícito em detrimento do locador cauteloso, com ofensa às cláusulas gerais positivadas nos arts. 113, 187, 421 e 422 do CC de 2002.

1. Cf. Paulo Restiffe Neto, *Jurisprudência da Locação*, São Paulo, Ed. RT, 1982, p. 83.

26.2 Interpretação da cláusula penal

A segunda consideração, indivisivelmente ligada à anterior, toca a essência da interpretação do contrato de locação, agora à luz do art. 113 do CC de 2002 (boa-fé objetiva).

O livre convencimento do juiz na interpretação do contrato só pode subsistir pelo que se contém de intrínseco, afastado, evidentemente, o arbítrio – o que vale dizer que não há julgamento que possa escapar da aferição lógica dentro do sistema e do ordenamento.

De fato, se contivesse o contrato cláusula (a chamada condição potestativa) que tivesse deixado ao arbítrio do locatário a faculdade de prorrogar o contrato de locação, então, teria sentido concluir pela exceção de que se deixou ao arbítrio do locatário a faculdade de não-desocupação do imóvel, com a ressalva do pagamento do aluguel majorado.

Entretanto, o que reza a dita cláusula é coisa justamente oposta, ou seja, que o contrato tem, sim, vencimento certo. A única conclusão congruente será a de que se o locatário não desocupar o imóvel, isto é, se violar o prazo contratual, deverá pagar, pelo período excedente de resistência, aluguel majorado ou atualizado.

Trata-se de reajuste-pena, e não de "reajuste-prorrogação", repita-se.

26.3 Permanência no imóvel e as conseqüências do art. 575, **caput** *e seu parágrafo único, do CC de 2002*

A terceira consideração liga-se ao fator de ocupação do imóvel após o vencimento normal do prazo contratual.

Pondere-se que, se a cláusula de reajuste-pena resulta de cautela tomada pelo locador, não se pretende revogar a cláusula de normal e legal duração da locação. Aliás, se se quisesse fixar prazo maior de locação, isto deveria ficar inscrito na cláusula pertinente ao prazo contratual, e não em cláusula de reajuste-pena.

Em matéria de locação, sobretudo na vigência das últimas anteriores leis de regência das locações urbanas, propendia-se para o prevalecimento do valor do aluguel ajustado no contrato para o período excedente do prazo originário, com eventual reajuste, sempre que inexistisse cláusula específica e o locador não se opusesse à prorrogação.

Nesse sentido, por exemplo, acórdão do extinto 2º TACivSP na ACi 115.919, de Paraibuna (7ª Câmara, rel. Juiz Hermínio Soares, j. 8.10.1980), na vigência da Lei 6.649/1979, com a seguinte ementa:

"Arbitramento – Contrato por prazo determinado, findo – Locatário que permanece no imóvel, apesar de notificado a desocupá-lo – Cláusula de reajuste inexistente – Impossibilidade do arbitramento – Revogação do art. 1.196 do CC pelo art. 4º da Lei n. 6.649/1979 – Prevalência do locativo ajustado no contrato anterior".[2]

A demonstração, *per se*, de militar a cláusula de "reajuste-pena" em segurança do locador está em que, não fora avençada, estaria o locatário usufruindo benefício da prorrogação, já que não se lhe poderia exigir locativo acima do normal por todo o tempo residual de duração da locação excedente, conforme costume arraigado.

Na atualidade são invocáveis com sentido integrativo o art. 575, *caput*, e o seu parágrafo único do CC, que dispõem, renovadoramente, sobre o pagamento do aluguel arbitrado pelo locador quando, notificado o locatário, não restituir a coisa (o imóvel), sujeito o novo valor apenas À redução eqüitativa pelo juiz em caso de excesso manifesto, mas tendo sempre em conta seu caráter de penalidade. Esse arbitramento pode decorrer de cláusula contratual ou de notificação a que se refere o atual texto codificado, que mantém cominação já prevista no art. 1.196 do CC de 1916, de responsabilização do locatário por dano que a coisa venha a sofrer, embora proveniente de caso fortuito.

Veja-se mais sobre o tema no Capítulo 41, *infra*.

2. Cf. Paulo Restiffe Neto, *Jurisprudência da Locação*, cit., p. 6.

27
Excentricidades do Poder de Retomada

27.1 As peculiaridades das espécies de retomada previstas nos arts. 46 e 47 da Lei 8.245/1991 revelam que as locações residenciais tendem a durar mais de 30 meses. 27.2 Coincidência da ininterruptibilidade qüinqüenal e tratamento contraposto (arts. 47, V, e 51, II, da Lei 8.245/1991). 27.3 Contrastes dos arts. 46 e 47 da Lei 8.245/1991. 27.4 A excêntrica retomada na locação residencial para temporada (arts. 48 a 50; art. 59, § 1º, III; e art. 64, § 2º, da Lei 8.245/1991). 27.5 E quanto à locação comercial, ou para atividade empresarial?. 27.6 Casos de retomada não previstos na Lei de Locações.

27.1 As peculiaridades das espécies de retomada previstas nos arts. 46 e 47 da Lei 8.245/1991 revelam que as locações residenciais tendem a durar mais de 30 meses

O enfoque inicial do § 1º do art. 46 da Lei 8.245/1991 propicia a seguinte perspectiva nova: não tendo o locador manifestado formalmente qualquer oposição à continuidade do locatário na posse do imóvel por mais de 30 dias após a expiração do prazo determinado de vigência da locação igual ou superior a 30 meses, previsto no *caput*, do seu silêncio exsurge a prorrogação presumida das demais cláusulas e condições do contrato, por prazo indeterminado.

Convertida aquela locação escrita para a modalidade de prazo indeterminado, em face da prorrogação acima apontada, ao locador é assegurado o direito de denunciar imotivadamente (resilição unilateral) o contrato desde logo, a qualquer tempo, concedido o prazo de 30 dias para desocupação voluntária extrajudicial ao locatário, como dispõe, na seqüência, o § 2º do art. 46.

Depara-se com uma notável metamorfose parcial, que torna essa locação uma espécie peculiar: escrita, originariamente de prazo largo e determinado, igual ou superior a 30 meses, resta prorrogada ao final do prazo, por agregação de dúplice inércia (do locatário em ficar, e do locador em silenciar), tacitamente, para modalidade de prazo indeterminado. Conserva quanto à retomada, todavia, em ambas as etapas, sua característica genética fundamental, que a diferencia das duas espécies outras tipificadas no art. 47 (verbal ou escrita de prazo curto ou indeterminado); isto é, rege-se a do art. 46 pelo princípio da retomada *imotivada*, em contraposição à característica das locações em que só é permitida a retomada *motivada* do imóvel, consoante enumeração legal dos incisos I a IV do aludido art. 47. Sobre a quarta espécie, peculiaríssima, do inciso V, refletiremos mais adiante.

Vejamos as três espécies distintas do *caput* do art. 47: locação verbal; locação escrita de prazo indeterminado; e locação escrita de prazo curto determinado, inferior a 30 meses.

Tresdobrando o conteúdo completo do texto do art. 47 e seu inciso V, temos as seguintes situações autônomas, propiciadas por sua releitura:

(a) Quando ajustada *verbalmente*, somente pode ser retomado o imóvel se a vigência ininterrupta da locação ultrapassar cinco anos.

Logo, pela lei, "verbal" significa "cinco anos".

(b) Quando ajustada por escrito, *sem prazo determinado*, somente pode ser retomado o imóvel se a vigência ininterrupta da locação ultrapassar *cinco anos*.

Novamente, pela lei, "sem prazo" significa também "cinco anos".

(c) Quando ajustada por escrito e com *prazo inferior a 30 meses*, findo o prazo certo estabelecido, a locação prorroga-se automaticamente, *ex lege*, por prazo indeterminado, somente podendo ser retomado o imóvel depois que a vigência somada ininterrupta (da locação) ultrapassar *cinco anos*.

Pela terceira vez, pela lei, "prazo curto" significa "cinco anos" – o que evidencia, ainda segundo a lei, que "prazo curto" é mais largo que "prazo longo", que é aquele igual ou superior a 30 meses.

Quanto à locação verbal, presume-se sempre por prazo indeterminado; e enquanto sua vigência indeterminada e ininterrupta não ultrapassar cinco anos (art. 47, V) fica excluída do sistema de retomada imotivada.

A espécie sob a letra "c" tem dois tratamentos: durante o prazo determinado originário, estabelecido por escrito, curto, inferior a 30 meses, a locação é absolutamente irresilível unilateralmente da parte do locador (art. 4º, primeira parte), pela cogência da regra genérica; e, prorrogada automaticamente *ex lege* ao final daquele prazo certo originário inferior a 30 meses, a retomada antes dos cinco anos é permitida, mas só por um dos motivos clausurados que o art. 47 arrola nos incisos I, III e IV.

Quanto ao motivo do inciso II (extinção do contrato de trabalho entre locador e locatário, se a ocupação do imóvel pelo empregado estiver subordinada à relação empregatícia), vê-se que os pressupostos da retomada nada têm em comum com os dos motivos dos incisos I, III e IV, razão por que constitui espécie autônoma de locação residencial, para empregado do locador, a ser examinada noutro lugar específico.

Assim, passemos, finalmente, ao motivo *temporal qüinqüenal*, inscrito no inciso V do art. 47, que, de per si, autoriza a retomada, *verbis*, "se a vigência ininterrupta da locação [*residencial*] ultrapassar 5 (cinco) anos".

Como o texto ora transcrito não faz distinção entre locação verbal e locação escrita, mas até congruentemente a ambas deve contemplar, porque constam elas do *caput*, a que se subordina o inciso V, interpretamos essa motivação temporal como aplicável sem restrição às locações identificadas no *caput* do art. 47: verbal (por tempo indeterminado, por natureza); escrita, sem determinação de prazo; e escrita, com prazo curto determinado, mas prorrogado por tempo indeterminado, cuja soma (período originário e período prorrogado) leve a um total ininterrupto superior a cinco anos de duração.

Deste diagnóstico conclui-se que a locação verbal ou a escrita que em estado de indeterminação do prazo excedam o qüinqüênio estão sujeitas à retomada livre, por exclusiva razão de ordem temporal limite. Percebe-se que o estado de *indeterminação* do prazo é o elemento *atual* detonador do sistema de retomada quando a locação residencial complete cinco anos de vigência ininterrupta, sem outra motivação além da temporal.

É evidente que durante a locação residencial escrita com prazo determinado superior a cinco anos, em curso, não tem pertinência o sistema típico de retomada temporal do inciso V do art. 47, ao completar cinco anos, à vista da proibição do art. 4º.

Resumindo, as locações residenciais em geral tendem a durar mais de 30 meses, sob o pálio da proteção legal à estabilidade da moradia de aluguel, que é *intuitu familiae*.

A dúvida mais expressiva, que até configura provável incongruência, sobra para a seguinte hipótese "híbrida", como a do art. 46: locação originariamente escrita, com prazo determinado igual ou superior a 30 meses, mas prorrogada pela permanência do locatário e por ausência de oposição do locador, cuja vigência ininterrupta ultrapassou a marca do qüinqüênio, em *status* de locação por prazo indeterminado.

Entendemos como solução correta para essa espécie que ao locador cabe retomar por dois fundamentos, alternativos ou conjugados: (a) por denúncia vazia, conforme § 2º do art. 46; ou (b) por excesso de tempo (inciso V do art. 47), que não deixa de conter o germe da denúncia vazia.

Note-se que em ambos deverá estar presente o pressuposto da ininterruptibilidade da vigência da locação, sob pena de não se apresentar a equação estabelecida pela lei que leve à resilição unilateral por ela autorizada.

27.2 Coincidência da ininterruptibilidade qüinqüenal e tratamento contraposto (arts. 47, V, e 51, II, da Lei 8.245/1991)

Nas locações comerciais sob proteção da "Lei de Luvas", como ficaram conhecidas aquelas que antes eram regidas pelo revogado Decreto 24.150/1934, o elemento temporal sempre constituiu requisito essencial, ao lado da fidelidade do locatário, para colocarem-se ao abrigo do direito de renovação: o contrato a renovar devia antes ser de prazo mínimo de cinco anos, como, de resto, continua atualmente estabelecendo o inciso II do art. 51.

A Lei de Luvas não previa a soma de prazos ininterruptos que totalizassem cinco anos – criatividade que coube à sensibilidade jurisprudencial consagrar e à Lei 8.245/1991 acolher e normatizar como prêmio à fidelidade, também ininterrupta, do velho locatário qüinqüenal cumpridor dos seus deveres empresariais; expressão concretizada dos valores da boa-fé objetiva e de colaboração entre os contratantes e da função social do contrato, da empresa e da propriedade no estágio atual do direito privado nacional.

Assim, a duração qüinqüenal ininterrupta de vigência do contrato escrito de locação comercial também constituiu-se em referencial místico e divisor de águas determinante de critério social para tratamento privilegiado no mundo jurídico, em respeito ao fundo empresarial ou de comércio do locatário antigo e fiel.

Essa parece ter sido a fonte inspiradora do novel legislador locacional para extensão da referência temporal (cinco anos de vigência ininterrupta) à locação residencial, introduzida no inciso V do art. 47.

Entretanto, toda essa inspiração não só comunicou efeitos protetivos ao locatário (residencial) de fidelidade tão duradoura, como sucedia e subsiste na espécie de locação comercial-empresarial; o qüinqüênio de fidelidade e de vigência ininterrupta marca-lhe também a caducidade e convida à dissolução unilateral do vínculo, ao arbítrio de uma das partes – o locador –, como estabelece o art. 47, V, da Lei 8.245/1991, que cristaliza nessa norma o contraposto ao sinal do art. 51, II, da mesma lei.

Trata-se de simples constatação de essência da *mens legis*, dos efeitos de prêmio ou castigo de uma mesma causa, ou seja, das expressões fortemente cunhadas: "vigência ininterrupta" ou "soma dos prazos ininterruptos". Depois de cinco anos de fidelidade, esta a resposta da lei: renovação da locação para uns, renovação do locatário para outros; ou seja, busca-se proteger com justiça o fundo de comércio, mas nem tanto o fundo de família, mesmo "confessando" o legislador que a locação residencial é até impessoal, porque é muito mais, é *intuitu familiae*.

27.3 Contrastes dos arts. 46 e 47 da Lei 8.245/1991

Mas os contrastes não param no que foi acima exposto.

O legislador não se encorajou a ser direto, e adotou o estilo sutil ou engenhoso das "metáforas" ou "parábolas".

Também entre os arts. 46 e 47 o legislador reservou ao intérprete uma surpreendente filosofia de troca de efeitos ou valores, no "jogo das formas e dos prazos", que pode ser assim resumido ou resolvido:

(a) Do ponto de vista do interesse do locador: locação escrita, de prazo igual ou superior a 30 meses, retomada no mês seguinte ao do vencimento.

(b) Do ponto de vista do interesse do locatário: locação verbal, de prazo indeterminado ou de prazo inferior a 30 meses, é, na prática, locação de prazo garantido de 5 anos, porquanto o locador só pode exercer retomada depois de 60 meses do início da locação ininterrupta.

Ou seja, quanto *menos* formal e de prazo *menor* a locação inicial, *maior* será sua duração final; e quanto *mais* formal e de prazo *maior* a locação inicial, *menor* será sua duração.

Ainda: toda locação verbal (portanto, toda locação de prazo *indeterminado*) será sempre e necessariamente de duração *determinada* de 5 anos; assim como toda locação de menos de 30 meses nasce para durar 5 anos.

Em conclusão: quem buscar o mais, faça o menos; quem buscar o menos, faça o mais. Ou, ainda: quem busca o simples, complique; quem busca o complicado, simplifique. É certo que, de regra, quem comanda é o locador predisponente, e não o locatário aderente.

Se não, vejamos que não se trata de jogo de palavras.

Há uma inversão que o intérprete irá constatar na releitura dos textos do art. 47: locações "com prazo *inferior* a 30 (trinta) meses", na realidade, serão de prazo superior a 30 meses; basta atentar para a *prorrogação automática* (*caput*), cujo limite *mínimo* é de 5 anos (inciso V).

Por igual, a locação "ajustada verbalmente" (*caput* do art. 47), que, pela letra da lei, equivale à locação por prazo indeterminado (e assim sempre a tratou, com acerto lógico, a jurisprudência), é, na realidade, locação que vincula o locador até o limite de cinco anos, porque só depois de ultrapassado o qüinqüênio de vigência ininterrupta da locação poderá exercer a retomada, jamais antes.

A essas espécies de locação (a verbal; ou a escrita, sem determinação de prazo; e aquela com prazo inferior a 30 meses mas prorrogada *ex lege*), embora não o diga abertamente a lei, aplica-se-lhes nada mais nada menos que os critérios dos arts. 4º e 6º: durante o qüinqüênio de duração assegurada *ex lege* "não poderá o locador reaver o imóvel alugado". Já o locatário poderá devolvê-lo, sem pagar multa, porque, para ele (locatário), a locação enquadra-se literalmente no art. 6º, e não no art. 4º.

Se a locação se referir a imóvel fiduciado, agrava-se o quadro em caso de contratação ou prorrogação por prazo superior a um ano sem concordância do fiduciário, por *ineficácia* estabelecida genericamente no art. 37-B da Lei 9.514/1997, isto é, sem qualquer identificação casuística e nem previsão dos desdobramentos e efeitos da infração, ou seja, sem medir as conseqüências.

Extrai-se de tudo isso que, para *locador* e *locatário*, as locações descritas no *caput* do art. 47 recebem, sempre, todas, inexoravelmente, tratamento de locação por prazo determinado de cinco anos, e não como as identifica o texto daquele dispositivo. Mas com as seguintes ressalvas: uma vez caracterizadas, erigem-se em direito do locatário sem o ônus da segunda parte do art. 4º; e erigem-se em obrigação do locador, que se sujeita à vedação da primeira parte do art. 4º e, ainda, ao direito unilateral derivado, que assiste ao locatário, inscrito no art. 6º, de denunciar a locação a qualquer tempo.

27.4 A excêntrica retomada na locação residencial para temporada (arts. 48 a 50; art. 59, § 1º, III; e art. 64, § 2º, da Lei 8.245/1991)

Os textos legais envolvidos ensejam melhor exame, especialmente porque a ausência de oposição em 30 dias à permanência do temporadista após o prazo contratual escrito (que não pode ultrapassar 90 dias) implica prorrogação; e prorrogação implica inexorável conversão em locação residencial comum, só denunciável após 30 meses do seu início ou nas hipóteses do art. 47 – dizem o *caput* do art. 50 e seu parágrafo único.

Inicia-se a reflexão deste tema advertindo o locador em potencial no sentido de que, incluída no gênero de residencial, a locação para temporada assume característica de ilusória exceção favorável para o locador, que pode receber adiantadamente os aluguéis etc.; por isso, incumbe-lhe a lei o ônus da prova, de regra através de contrato escrito. É o que decorre do Enunciado 1 da Comissão de Estudos Jurídicos do extinto 2º TACivSP ao interpretar o art. 48 da Lei 8.245/1991: "Inexistente no contrato locativo a indicação de sua natureza para temporada, considera-se tenha sido celebrado para finalidade residencial e com prazo inferior a 30 meses, salvo prova em contrário". Configura-se oportuna advertência ao locador.

No item 3.2, *retro*, sobre prazo de notificação, e novamente logo acima, foi dito – e aqui, para melhor atenção, renova-se – que na locação para temporada o legislador reservou uma surpresa bem sutil: ocorrendo a prorrogação do contrato, equivalente nos seus efeitos à conversão da locação temporária em residencial comum, somente após decorridos 30 meses do seu início originário poderá o locador opor-se à continuidade e denunciá-la sem indicar motivos.

Nessa hipótese (após decorrido o prazo de 30 meses) poderá o locador notificar o locatário da intenção de resilir a locação, concedendo *ipso facto* mais 30 dias para desocupação (art. 50 e parágrafo único). De modo que só se poderia cogitar de eventual novo ajuste autônomo – sem característica de prorrogação – para que não ocorra conversão *ex lege* em locação comum de prazo indeterminado, e se a soma dos prazos de ajustes autônomos sucessivos não ultrapassar o limite legal de 90 dias, para não incidir na nulidade de pleno direito do art. 45.

Pois bem, outras "sutilezas" foram reservadas no trato legislativo às partes contratantes pela Lei 8.245/1991, como a que se encontra inscrita no inciso III do § 1º do art. 59, consistente numa alternativa radical, uma espécie de quase "tudo-ou-nada": se ao término da locação para temporada o locador pretender opor-se com mais determinação à prorrogação ou conversão para locação residencial comum de 30 meses (que é a duração do prazo indeterminado – art. 50 e seu parágrafo único), que o faça não pela singela notificação dentro de 30 dias após o vencimento do prazo de uso para temporada. Porque, nessa opção radical, desfrutará o autor da ação de despejo de um benefício processual extraordinário complementar (inciso III do § 1º do art. 59), qual seja, a concessão liminar para desocupação em 15 dias, prestando caução equivalente aos mesmos três meses de aluguel que tenha recebido pelo adiantamento permitido (arts. 49 e 59, parágrafo único).

Ou seja, o exotismo maior está em que tudo o que o locador recebeu adiantado de aluguel (três meses ou menos) deverá, a seguir, caucionar para, na "obrigatória" ação de despejo, retomar *logo* o imóvel.

Concluamos com um exemplo: locação para temporada envolvendo todo o mobiliário que guarnece o imóvel, aprazada por um mês, cujo aluguel de R$ 1.000,00 tenha sido recebido antecipadamente pelo locador, em que o locatário, findo o prazo ajustado, permaneça no imóvel.

Proposta a ação de despejo nos 30 dias subseqüentes à não-devolução do imóvel, se o locador pretender uma decisão liminar para desocupação em 15 dias deverá prestar caução de R$ 3.000,00, correspondente a três meses de aluguel (art. 59, § 1º e inciso III).

O que acontecerá em caso de eventual reforma da decisão que concedeu liminarmente o despejo está expresso no § 2º do art. 64, ou seja, todo o valor caucionado pelo autor (locador despejante) reverte-se ao locatário despejado, como indenização mínima a título de perdas e danos, sem prejuízo de responder pelo excesso que for reclamado em ação própria (§ 2º do art. 64).

É literalmente um "jogo legal", que reserva lances surrealistas de emoções fortes alternadas, de lado a lado, que o juiz deve arbitrar no desenrolar da pugna, em que o vencedor pode sair vencido ou vice-versa.

Mas convenha-se que o locador de temporada é até um privilegiado, ao menos em grau mínimo, porque a caução é só de 3 meses, e não de 12 a 18 meses de aluguel, como é para outros locadores; se bem que nas perdas e danos não há distinção quanto ao limite máximo a que pode ser condenado.

Só que no mundo real será improvável que toda essa parafernália ocorra contra o locador se, consciente, realizar essa espécie diabólica de locação para temporada e não ficar atento aos perigos da lei.

27.5 E quanto à locação comercial, ou para atividade empresarial?

Chega-se, agora, ao estágio conclusivo, de que a política que mais interessa ao locador de imóvel *residencial* está na adoção de *prazo longo* (igual ou superior a 30 meses); ao passo que para o locatário a maior proteção de que pode desfrutar dos meandros da lei encontra-se na locação por prazo indeterminado ou, ainda, na de prazo inferior a 30 meses.

E o que dizer da política que mais interessa ao locador de imóvel *não-residencial*?

É exatamente a inversa da política de locação de imóvel residencial. Por outras palavras, na locação comercial, ou empresarial, o que mais favorece o locador (e será o que menos favorece o locatário) é a adoção de *prazo curto* (inferior a cinco anos), em cujo termo poderá exercer a retomada imotivada (art. 56), ou de prazo indeterminado que não se aproxime de cinco anos de vigência (art. 57). Já para o locatário a vigência alongada e ininterrupta da locação empresarial (sempre escrita), pelo mínimo de cinco anos, assegura-lhe requisito temporal do direito em tese à renovação por igual prazo (art. 51).

Esse é, enfim, o sistema da lei, de pesos e contrapesos, que torna excêntrico o poder de retomada e clama pela atenção dos operadores da lei.

Com a vigência do Código Civil de 2002 entra em desuso a expressão "locação *comercial*", porque, derrogado o Código Comercial, instituiu-se o "direito de empresa" ou "do empresário", com o fundo de empresa, ou fundo empresarial, mercê do texto do art. 966: "Considera-se empresário quem exerce profissionalmente atividade econômica organizada para a produção ou a circulação de bens ou de serviços". E o art. 1.142: "Considera-se estabelecimento todo o complexo de bens organizado, para o exercício da empresa, por empresário, ou por sociedade empresária". Idem, art. 982.

É certo que a Lei 8.245/1991 adota terminologia genérica – "Da Locação Não-Residencial" – e o art. 51 refere-se a "locações de imóveis destinados ao *comércio*" (*caput*) e a "fundo de comércio" (art. 52, II, e §§ 1º e 2º), como também a "sociedade comercial" (art. 51, § 3º) – expressões que devem ser interpretadas com atualização, por ordem de *correspondência* (art. 2.046 do CC).

27.6 Casos de retomada não previstos na Lei de Locações

Veja-se o item 14.6, "Outros Casos Legais Possíveis de Retomada Não Previstos Expressamente na Lei de Locações, mas em Leis Especiais e no Código Civil".

28

Construção e Aquisição de Imóveis para Moradia Familiar de Aluguel

28.1 O art. 86 da Lei 8.245/1991 é prenúncio de nova era. 28.2 Construção de imóveis de aluguel para moradia familiar.

28.1 O art. 86 da Lei 8.245/1991 é prenúncio de nova era

O art. 86 da Lei de Locações seria um corpo estranho, de inserção intrusa de matéria de outra natureza, como que a lhe emprestar espaço legal, ao acrescentar o vocábulo "moradia" no art. 8º da Lei do Sistema Financeiro da Habitação/SFH (Lei 4.380, de 21.8.1964), sem qualquer razão de congruência?

Preferimos admitir um lance sutil e consciente de oportuna afinidade entre os dois campos, e extrair conseqüências positivas, e não mera especulação, dessa congruência de intenções que creditamos ao legislador.

Suposta essa premissa, o art. 86 é uma extraordinária norma programática de cunho social, que traz para o campo econômico-jurídico da *locação residencial* ("moradia"), como "modesta" disposição final da Lei 8.245/1991, o embrião real, e não fictício, da "construção e aquisição" de imóvel, não apenas para destinar-se a ser utilizado para casa própria de uso residencial privativo do adquirente (que para isso temos o Sistema Financeiro Imobiliário/SFI), mas para *moradia*, e moradia sem restrições, vale dizer, *moradia de aluguel*. Esse é o sentido que inspira a norma, pelo nosso modo de ver.

28.2 Construção de imóveis de aluguel para moradia familiar

O texto do art. 8º da Lei 4.380/1964, referido no art. 86 da Lei 8.245/1991, contempla dupla modalidade: (a) *construção* de moradia para aluguel; e (b) *aquisição* de moradia para aluguel.

De tal modo brilhante e avançado em sua concepção genial que poderá, em tese, ser a semente revolucionária ou o esforço de solução do *déficit* habitacional, pelas regras de mercado, desde que o intérprete governamental "descubra" no texto a sua potencialidade.

Esse invencível *déficit* macula os foros de dignidade da maioria da população empobrecida e favelada em progressão geométrica em nosso país (país ora referido sem adjetivação positiva ou negativa, por se pretender expor mera constatação de realidade).

Entendemos que a reforma das regras da locação e da retomada do imóvel para moradia dessa nova categoria adotará outros princípios básicos que assegurem a não-frustração de um futuro sistema de construção que contemple a *moradia multifamiliar*, mas não como expressão dos tristes cortiços de hoje, que "evoluíram" após a falência do SFH, constatado o permanente déficit de vários milhões de moradias condignas, evidentemente, das classes menos favorecidas.

Para isso deverá ocorrer necessariamente uma abertura urgente corajosa, que admita às expressas na relação jurídica dessa peculiaridade locatícia, no pólo do locador residencial, *pessoa jurídica*, isto é, empresa locadora, com prerrogativas incentivadoras, que hoje são exclusivas da *pessoa física*. Só pessoa física é locador residencial – demonstra a prática da locação urbana residencial no Brasil, que desconhece a existência de empresas profissionais de locação de imóveis residenciais à população. Pessoa jurídica não é destinatária, hoje, como locador, por exemplo, do inciso III, e § 1º, "a" e "b", do art. 47 da Lei 8.245/1991, que contempla só locador pessoa física. Revelação, esta, de antiga realidade, que é confirmada por uma exceção: locação para moradia de empregado.

29

Ainda a Relação de Dependência entre Emprego e Locação

29.1 Retomada de imóvel residencial alugado para moradia do empregado, em decorrência da extinção do contrato de trabalho. 29.2 Legitimação ativa exclusiva do locador-empregador (arts. 47, II, e 59, II, da Lei 8.245/1991) para ação de despejo com desocupação liminar.

29.1 Retomada de imóvel residencial alugado para moradia do empregado, em decorrência da extinção do contrato de trabalho

Além do que ficou exposto nos itens 14.4.2 a 14.4.4, sobre o tema valem as considerações a seguir.

Há algumas diferenças de redação entre o texto mais explícito do art. 8º da anterior Lei 6.649/1979 ("O empregador pode dar por findo o contrato de locação com o empregado quando houver rescisão do contrato de trabalho ...") e o texto mais vago do inciso II do art. 47 da atual Lei 8.245/1991 ("... em decorrência de extinção do contrato de trabalho, se a ocupação do imóvel pelo locatário estiver relacionada com seu emprego"). O empregador é o locador; o empregado é o locatário; e a locação é residencial, peculiar pela relação de emprego.

No antigo texto não restava dúvida de que a legitimação ativa para a retomada era exclusivamente deferida ao patrão-locador, e jamais a locador que não fosse patrão, ainda que a locação-moradia estivesse relacionada ao emprego do locatário.

No atual texto, com a generalização verificada na redação, que suprimiu a importante alusão ao empregador como locador, o intérprete é induzido ou tentado, pelo método literal, a alargar o sentido atual da norma, para abrigar a legitimação para retomada também pelo locador não-empregador que tenha alugado o imóvel em razão do emprego do locatário, em decorrência da extinção da relação empregatícia com terceiro.

Mas não é congruente essa interpretação propiciada pela letra do texto mais genérico.

Primeiro porque, nesse caso, o direito de livre devolução é que deveria estar assegurado ao locatário, quando extinto o contrato de emprego (e não somente quando *transferido* pelo empregador alheio para outra localidade diversa), com deslocamento da previsão do inciso II do art. 47 para o parágrafo único do art. 4º.

Segundo porque o locador não-empregador é estranho em relação ao contrato de trabalho do seu locatário com terceiro, de modo que a extinção da relação de emprego é *res inter alios*, que não afeta a relação locatícia, muito menos para propiciar a retomada contra o locatário, em benefício do locador puro e simples, sem expressa previsão legal.

Terceiro porque as exceções devem ser interpretadas restritivamente, o que significa que a *mens legis* do inciso II do art. 47 só tem pertinência quando o locador seja o próprio empregador e o imóvel se destine a ser ocupado como moradia de aluguel de seu empregado, enquanto perdurar a relação empregatícia que motivou a locação.

29.2 Legitimação ativa exclusiva do locador-empregador (arts. 47, II, e 59, II, da Lei 8.245/1991) para ação de despejo com desocupação liminar

Torna-se mais crítica e imperiosa a restritividade na aplicação do texto novo, no mesmo sentido explicitado na lei revogada, ante a superposição da norma processual estritíssima do inciso II do art. 59, que exige a comprovação da rescisão do contrato de trabalho (ou extinção por aposentadoria) para a concessão de liminar ao retomante (ex-empregador) na ação de despejo; esta autoriza até expedição de ordem liminar de desocupação, embora com prestação de caução, que teve em vista agilizar a retomada em benefício do locador-empregador, e não do locador comum (não empregador do locatário), precisamente porque o imóvel locado destina-se à moradia dos seus empregados – destinação, essa, que só se justifica enquanto em vigor a relação trabalhista entre o empregador e seu locatário.

Tratando-se de direito do locatário comum (daquele que não é empregado do seu locador, também comum), seu direito locacional é indisponível, e sua frustração por adesão a eventual cláusula contratual ampliativa da restrição deve ser desconsiderada, em face do art. 45.

Em conclusão: destinatário único da situação excepcional privilegiada prevista no inciso II do art. 47 e dos efeitos do art. 59, II, é exclusivamente o locador-empregador, como era na lei anterior, para retomar por ação de despejo o imóvel residencial do seu ex-empregado.

Finalmente, essa locação (*residencial*) não se confunde com aqueloutra peculiar (*não-residencial*) do art. 55, em que locatária é empresa e o imóvel é tomado em locação dada por terceiro locador para uso dos funcionários da locatária, determinados ou não.

30
Retomada nas Locações Não-Residenciais

30.1 Alcance da expressão "nos demais casos de locação não residencial" (art. 56 da Lei 8.245/1991). 30.2 Qual o regime de retomada do imóvel referido no art. 55 da Lei 8.245/1991 (prédio residencial, com locação não-residencial)? Denúncia imotivada.

30.1 Alcance da expressão "nos demais casos de locação não-residencial" (art. 56 da Lei 8.245/1991)

A locação descrita no art. 55, ainda que destinado o imóvel a uso residencial de pessoas vinculadas à empresa locatária, é considerada não-residencial, para todos os efeitos.

O art. 56 regula a cessação da locação não-residencial por prazo determinado; e o art. 57, a denúncia da locação não-residencial prorrogada ou de prazo indeterminado.

O *caput* do art. 56 (penúltimo dispositivo da seção "Da Locação Não-Residencial") regula a forma de retomada dos "demais casos" de locação não-residencial (*de prazo determinado*), enquanto o art. 57 (último dispositivo da aludida seção) disciplina a forma de retomada das locações não-residenciais (*de prazo indeterminado*), sejam locações de prazo indeterminado originariamente ou por prorrogação sem prazo determinado (na situação descrita no parágrafo único do art. 56).

A colocação topográfica do art. 56 ao final da seção que enumera e identifica várias espécies de locações não-residenciais, protegidas pelo direito à renovação – hospitais e escolas; espaços de *shopping centers*; e até para empresa locatária que destine o uso do imóvel de terceiros para seus funcionários –, ao longo dos arts. 51 a 55, deve ajudar o intérprete a encontrar o sentido adequado da expressão "nos *demais casos* de locação não-residencial", emprestando-lhe o significado de referência aos casos *residuais*, isto é, com *exclusão* dos casos referidos antes naqueles artigos antecedentes.

Quais seriam, pois, esses "demais casos" residuais de locação não-residencial por prazo determinado aos quais se aplica a regra do art. 56, de cessação de pleno direito, findo o prazo estipulado, independentemente de notificação ou aviso?

Sem dúvida, na disciplina de retomada, pelo art. 56, de imóveis dados em locação não-residencial estão os três seguintes casos: (a) de prazo determinado inferior a cinco anos de duração a locação, que por outras circunstâncias não esteja sob proteção renovatória; (b) de qualquer prazo determinado de duração a locação que envolva como locatário sociedade não-empresária; (c) e a locação que tenha decaído da proteção, por não proposta a ação renovatória no prazo legal, ou por outro motivo.

30.2 Qual o regime de retomada do imóvel referido no art. 55 da Lei 8.245/1991 (prédio residencial, com locação não-residencial)? Denúncia imotivada

No caso, a pessoa jurídica é a locatária, mas usuários do imóvel tomado em locação de terceiro são seus executivos, agentes, funcionários etc., enumerados no art. 55, de modo que a relação entre estes ocupantes que não são sublocatários e a empresa a que pertencem não é locatícia, que só existe entre esta (locatária) e o terceiro (locador).

Antes de mais nada, considere-se que à empresa, enquanto locatária – portanto, possuidora de boa-fé –, cabe, em caso de rescisão da relação interna de trabalho em sentido amplo, em que o ex-vinculado permaneça na ocupação indevida do imóvel, a reintegração de posse (e não, obviamente, ação de despejo, não sendo ela – empresa – locadora). Ou, por outro lado, eventual ação de despejo, por algum motivo legal, em tese, cabe, por óbvio, ao locador do imóvel, contra a empresa locatária, conquanto seus efeitos atinjam os ocupantes não-locatários, como terceiros interessados, a esta (empresa) vinculados.

Sobraria alguma dúvida quanto à regência da retomada do imóvel objeto da locação *não-residencial* caracterizada no art. 55. A colocação topográfica subseqüente do art. 56, que alude aos "demais casos", será que estaria excluindo essas locações do regime de retomada que a lei trata, por ficção, como não-residenciais, em que locatário seja pessoa jurídica que destine o uso residencial do imóvel de terceiros a seus funcionários?

Para a resposta correta, raciocine-se, por exclusão, que: se a regência da retomada não fosse a do art. 56, qual seria, então, o regime aplicável à retomada de imóvel do art. 55? Não há outro que não o regime da denúncia, seja na hipótese do *caput*, seja na do parágrafo único, do art. 56.

"As locações residenciais, quando contratadas por empresa para uso de seus agentes, são reguladas como não-residenciais, sendo possível despejo imotivado" (STJ, 6ª Turma, REsp 29.283-RJ, rel. Min. Pedro Acioli, j. 21.2.1995, ementa no *DJU* 26.3.1995, p. 7.199).

Já enfatizou o STJ: "Consoante reiterados julgados deste Tribunal, é cabível denúncia imotivada da locação não-residencial destinada à moradia de funcionário da pessoa jurídica locatária" (6ª Turma, REsp 246.674-SP, rel. Min. Vicente Leal, j. 6.9.2001, ementa no *DJU* 1.10.2001, p. 256).

Mesmo que de duração de cinco anos, não há fundo empresarial a ser protegido. De regime de locação residencial também não se trata *ex lege*. Logo, para não ficar excluída de algum modo da possibilidade de retomada, aplica-se ao caso do art. 55 também o regime do art. 56, *caput* e parágrafo único, qualquer que seja o prazo determinado dessa locação, apesar do vocábulo "demais", que excluiria aquela espécie de imóvel destinado a funcionários da pessoa jurídica locatária.

Na verdade, a dificuldade toda decorre somente da colocação do tema dessa locação, tipificada por ficção legal como não-residencial mas destinada ao uso de funcionário da empresa locatária (art. 55), antes dos arts. 56 e 57, e não depois, como seria lógico e certo.

O dispositivo do atual art. 55 deve ser lido e interpretado como se estivesse deslocado para depois dos atuais arts. 56 e 57, de vez que aquele texto (art. 55) não cuida de retomada como o fazem os arts. 56 e 57; tão-somente emite um conceito destinado a evitar que aquela espécie de locação capitulada como não-residencial possa ser confundida com a residencial, por sua destinação de uso para moradia; enfim, é tratada pelo art. 55 como não-residencial pela qualidade do locatário (empresa), e não pelo seu uso como moradia (do funcionário).

Examinada com o sugerido deslocamento topográfico do art. 55 para depois dos arts. 56 e 57 a expressão "*demais casos* de locação não-residencial" (que dá início à disciplina de cessação e retomada das locações não-residenciais por prazo determinado), concluir-se-á que não ficará excluído aquele *caso* da regência do art. 56 (se determinado o prazo); como não estará excluído da regência do art. 57 (se indeterminado o prazo).

Em suma: também a locação conceituada como não-residencial no art. 55, apesar do vocábulo "demais", constante do art. 56, cessa ao fim do prazo determinado desde que não continue a empresa locatária ou algum preposto seu no imóvel sem oposição do locador por mais de 30 dias (parágrafo único do art. 56), e tem a retomada disciplinada no *caput* desse último dispositivo; já, se por prazo indeterminado, a retomada será por denúncia vazia, observados os requisitos do art. 57. Esse dispositivo finaliza o "Título I – Da Locação" (regência de direito *substancial*, que se exprime nos arts. 1º a 57 da Lei 8.245/1991).

Por último, uma observação cabe à referência, no parágrafo único do art. 56, quanto à utilização do vocábulo "locatário" no texto que diz "(...) se o locatário permanecer no imóvel (...)".

Poder-se-ia pensar em impropriedade vocabular da lei quando o uso do imóvel seja destinado a funcionário da pessoa jurídica locatária, como é o caso do art. 55; logo, a permanência no imóvel seria do funcionário, e não do locatário.

Entretanto, o que conta, aí, não é a utilização pelos funcionários "A", "B" ou "C" – pouco importa essa eventual variação subjetiva de funcionários, pois o morador sempre será um preposto, designado pela pessoa jurídica locatária, que paga o aluguel.

Está, pois, correto, o sentido amplo da letra da lei ao utilizar o vocábulo "locatário", identificado como empresa contratante.

E, mesmo que não esteja sendo ocupado efetivamente o imóvel, o que importa é a posse das chaves com o locatário, a representar *permanência* no imóvel, para fins e efeitos do parágrafo único do art. 56.

31

Locação Estável de Imóvel Não-Residencial (Art. 53 da Lei 8.245/1991)

31.1 Locação de imóvel destinado a hospitais, asilos, escolas, templos etc. 31.2 Essas locações dispensam a proteção da renovação compulsória. 31.3 Peculiaridades. 31.4 Problemas da execução provisória do despejo dessas entidades (art. 64 da Lei 8.245/1991).

31.1 Locação de imóvel destinado a hospitais, asilos, escolas, templos etc.

Revogada que foi pelo art. 90, II, da atual Lei de Locações a Lei 6.239, de 19.9.1975, observa-se, em primeiro lugar, que as relações locatícias de imóveis utilizados por hospitais, unidades sanitárias oficiais, repartições públicas, asilos, bem como estabelecimentos de saúde e de ensino autorizados e fiscalizados pelo Poder Público e, ainda mais recentemente, por entidades religiosas devidamente registradas, passaram a ter sede no art. 53, com regência que prima pela tendência de estabilidade, ao manter a restrição anterior para a rescisão e retomada do respectivo imóvel, de conformidade com os incisos I e II.

Até os critérios privilegiados de fixação de prazos para desocupação em caso de despejo previstos no art. 41 da anterior Lei 6.649/1979 foram, em linhas gerais, preservados nas ressalvas dos §§ 2º e 3º do art. 63 da atual Lei 8.245/1991, e diferem profundamente dos prazos comuns de desocupação para outros imóveis.

A segunda observação diz respeito à parte locatária. Como locatário não tem de figurar necessariamente a própria instituição utilizadora do imóvel, porque a lei não alude senão às "locações de imóveis utilizados por (...)". E, de fato, a destinação do imóvel para sua utilização como unidades hospitalares, de ensino, saúde etc. já está a indicar que a titularidade da locação pertence a uma pessoa física ou jurídica locatária *mantenedora* do estabelecimento, oficial ou particular, fundacional ou não, muitas vezes exclusivamente assistencial, até sem fins lucrativos.

Portanto, o que importa para o desfrute do tratamento privilegiado é a destinação de uso do imóvel locado. Não é a identidade ou qualificação do seu locatário que caracteriza essa espécie peculiar de locação não-residencial tratada pelos arts. 53, *caput*, e 63, §§ 2º e 3º, da Lei 8.245/1991.

Andou bem, portanto, a Lei Locatícia ao estatuir "locação não-residencial" como *nomen juris*.

31.2 Essas locações dispensam a proteção da renovação compulsória

Outra questão, também de grande relevância, é a seguinte: essas locações estariam sujeitas à proteção (e aos riscos) do sistema de renovação compulsória? Isto é, têm interesse jurídico à renovação da locação os seus locatários, em igualdade de condições com os demais?

À primeira parte da pergunta responde-se negativamente – isto é, não se lhes aplica o sistema de renovação compulsória. E a razão é de lógica jurídica simples e estrita: trata-se de locação estável; por isso, os locatários dessa espécie não têm interesse na renovação da locação, porque são indestituíveis, em razão da destinação. Mesmo se de prazo certo e determinado, a expiração não afeta o *status* (a estabilidade) da locação. Isto é, o decurso do tempo fixado não leva à cessação da locação, sendo inaplicável o parágrafo único do art. 56, porque a prorrogação é absolutamente inobstaculizável por oposição do locador; o que vale dizer, também, que a indeterminação do prazo não autoriza a denúncia vazia unilateral pelo locador, arredada a cogitação de incidência do art. 57. Enfim, essa espécie de locação, uma vez iniciada, só termina por um dos motivos arrolados nos incisos I e II do art. 53, o que afasta o interesse por renovação compulsória.

A proteção superior e sem riscos de que desfruta naturalmente a estabilidade legal dessa locação torna inaproveitável a proteção inferior e com riscos próprios do sistema de renovação compulsória.

Enfim, seria equivocado e sem interesse jurídico reivindicar o direito à renovação compulsória para um vínculo locatício estável, pétreo e intangível por retomada a título de cessação ou denúncia da locação.

O legislador desde há muito preocupou-se em excluir a proteção renovatória àquelas utilizações de interesse social e de cunho humanitário, oferecendo muito mais, isto é, assegurando-lhes estabilidade própria, pelos riscos e dificuldades que o sistema de renovação compulsória envolve.

Sem falar que, se imprescindível fosse a ação renovatória, as sociedades não-empresárias que utilizassem imóveis para hospitais, asilos, escolas, como prestação de serviços assistenciais gratuitos à comunidade, na qualidade de locatárias, não satisfariam jamais os requisitos do *fim lucrativo* e, pois, do fundo de comércio (art. 51, III, e §§ 2º e 4º), ou ainda teriam de enfrentar prazo de decadência e concorrência com melhor proposta de terceiros, profissionais do comércio lucrativo.

Impende ter em consideração que a adoção legislativa da teoria da empresa (art. 966 do CC) alargou o espectro das sociedades que podem ser caracterizadas como empresárias.

31.3 Peculiaridades

Daí a seguinte potencial questão, de solução mais intrincada, do tipo "tudo-ou-nada": certas locações de utilização escolar, clínicas de saúde etc. que não se enquadrarem na estabilidade máxima propiciada pelo art. 53 ficam à margem também da proteção renovatória mínima, restando expostas ao regime da cessação e/ou denúncia – o que é paradoxal.

A *sui generis* locação de imóvel não-residencial destinado a utilização por hospitais, unidades sanitárias oficiais, asilos ou estabelecimentos de saúde e de ensino autorizados e fiscalizados pelo Poder Público, como também entidades religiosas devidamente registradas (art. 53), consubstancia a mais estável modalidade de relação locatícia regrada pela Lei 8.245/1991. Qualquer que tenha sido a forma do seu início, verbal ou escrita, por prazo de duração determinado ou não, caracteriza-se pela seguinte constatação: adquire estabilidade que a coloca acima de qualquer risco de retomada, exceto a rescisão nas quatro hipóteses do art. 9º e o motivo do inciso II do art. 53 – este, desde que implique demolição e edificação com aumento mínimo de 50% da área útil.

Fora dessas exceções em *numerus clausus*, nem mesmo sujeita-se esse contrato de locação à retomada pelos permissivos gerais dos arts. 7º e 8º, ante os termos exaustivos e peremptórios do art. 53 ("*somente* poderá ser rescindido") e dos §§ 2º e 3º do art. 63. Assim entendemos também porque eventual ausência de registro e de cláusula de oponibilidade a terceiro adquirente não diminui aquela estabilidade da locação, de vez que exatamente o fator "prazo determinado", que é relevante em outras espécies de locação para integração do requisito de oponibilidade ao adquirente, afigura-se irrelevante para a espécie do art. 53, até porque a ostensividade do gênero de utilização do imóvel é bastante ao conhecimento *erga omnes* da atividade nele desenvolvida sob proteção legal específica, de ordem pública e de interesse social.

31.4 Problemas da execução provisória do despejo dessas entidades (art. 64 da Lei 8.245/1991)

Inicialmente cumpre distinguir, entre si, os estabelecimentos de ensino (§ 2º do art. 63), cuja desocupação deva coincidir com o período de férias escolares, das demais entidades indicadas no § 3º do aludido art. 63.

Ainda, para fins de execução do despejo, devem ser previamente consideradas as espécies de fundamentos (*numerus clausus*) para a rescisão da locação (art. 53).

As quatro hipóteses diversificadas previstas nos incisos I a IV do art. 9º são: (a) mútuo acordo; (b) infração contratual; (c) falta de pagamento; (d) reparações urgentes. E o quinto motivo, que é o da retomada para uso próprio, nas condições previstas no inciso II do art. 53.

Estabelecidas essas considerações preliminares, passa-se, agora, à verificação do conteúdo dos §§ 2º e 3º do art. 63. A conclusão imediata a que se chega é de que a regra geral da execução provisória tem algumas exceções dilatórias.

Por exemplo, não há como cogitar de imediata execução provisória (art. 64) para despejo de estabelecimento de ensino autorizado – cujo prazo mínimo é de seis meses e a desocupação deve coincidir com período de férias escolares – antes da ocorrência daqueles dois requisitos, cumulativamente (prazo e ocasião).

Da mesma forma, as entidades enumeradas no § 3º do art. 63 não se sujeitam à execução provisória imediata do despejo quando decretado com fundamento no inciso IV do art. 9º (realização de reparações urgentes) ou com fundamento no inciso II do art. 53 (uso próprio), enquanto não decorrido um ano (ou seis meses, se entre a citação e a sentença o processo teve duração superior a um ano). Para a primeira hipótese é dispensável caução (art. 64, *caput*), para a segunda hipótese a execução provisória depende de caução, pela regra geral do mesmo art. 64, *caput*.

Decorre dessas disposições especiais que só o despejo dos imóveis utilizados pelas entidades privilegiadas identificadas nos arts. 53 e 63, §§ 2º e 3º, decretado com fundamento em acordo, no inciso I do art. 9º, comporta, depois, execução provisória com prazo comum de 30 dias (*caput* do art. 63).

Esse último prazo ficará reduzido à metade (15 dias) se o despejo for decretado em ação em que entre a citação e a sentença houver decorrido lapso de tempo superior a 4 meses (§ 1º, "a", do art. 63).

Finalmente, se o despejo tiver sido decretado com base em infração contratual ou falta de pagamento, nos incisos II e III do art. 9º, conforme dispõe o § 1º, “b”, do art. 63, o prazo será, depois, de 15 dias, dispensada até a caução se o fundamento foi o do inciso II do art. 9º.

Conclusão: há uma variedade de prazos para desocupação a serem atendidos, com as ressalvas dos §§ 2º e 3º do art. 63; e, uma vez decorridos, as entidades de regime próprio de execução, locatárias dos imóveis com destinação especial (art. 53), também ficam sujeitas ao regime geral de execução provisória da sentença de primeiro grau, com as variáveis apontadas, sempre dentro, rigorosamente, das previsões legais protetivas apontadas.

32

A Cessão da Locação Regida pelo Direito à Renovação Compulsória

32.1 Não é oponível ao locador a cessão não autorizada da locação incluída na transferência da sociedade empresária a terceiro. 32.2 O alcance do registro de cessão não autorizada e a boa-fé.

32.1 Não é oponível ao locador a cessão não autorizada da locação incluída na transferência da sociedade empresária a terceiro

Uma questão que surge é a da cessão do negócio com inclusão do direito à renovação compulsória da locação empresarial sem anuência do locador. Advirta-se que a boa-fé objetiva está agora positivada, com todas as suas implicações, no processo interpretativo das contratações em geral (art. 421 do CPC).

A partir do disposto na primeira parte do § 1º e no § 2º do art. 51 da Lei 8.245/1991, viceja uma interpretação que dispensa o consentimento prévio e escrito do locador para a cessão da locação comercial, ao entendimento de que o direito à renovação compulsória integra o próprio fundo de comércio ou empresarial pertencente à sociedade transferida, que desenvolve suas atividades no imóvel locado. Ou seja, surge um ciclo contínuo: o direito à renovação foi instituído em proteção ao fundo de comércio, e esta proteção passa a integrar o fundo de comércio.

O texto do § 2º do art. 51 começa pela premissa de que (só) quando o contrato (de locação) autorizar que o locatário utilize o imóvel para as atividades de sociedade de que faz parte e a esta passe a pertencer o fundo de comércio o direito à renovação poderá ser exercido pelo locatário (sócio) ou pela sociedade.

Portanto, é clara a lei ao exigir, para legitimar o locatário-sócio ou a sociedade à renovação da locação naquela situação tipificada, que o contrato de locação contenha cláusula de autorização prévia do locador, sob pena de não lhe ser oponível pela sociedade cessionária o título da cessão da locação, como se infere do inciso VII do art. 71, que inclui como requisito a prova de ser cessionário ou sucessor, em virtude de título oponível ao proprietário.

A infringência pode conduzir à dúplice ilegitimidade ativa: do locatário cedente, por falta de interesse, porque já não será mais integrante da sociedade comercial titular do fundo de comércio; e da sociedade cessionária, porque seu título de cessão não é oponível ao locador (a lei diz "ao proprietário").

32.2 O alcance do registro de cessão não autorizada e a boa-fé

Dir-se-ia que, se o contrato de locação (sem cláusula autorizatória) estiver registrado na matrícula do imóvel, será oponível ao locador ou proprietário, suprindo a falta de autorização específica se, por analogia com o § 2º do art. 13, não ocorrer oposição formal à notificação do locatário.

Esse registro do contrato sem cláusula autorizatória, ao contrário, prova em favor do locador a falta da autorização específica exigida pela lei para aquela situação típica.

Em tema de consentimento dependente do locador à sublocação, cessão ou sucessão da locação a interpretação é estrita, em face do próprio art. 13, sobretudo para fins específicos de investir de legitimidade ativa o infrator ao exercício da via renovatória contra o contratante desconsiderado.

O art. 13, *caput*, é norma geral que alcança todas as espécies de locação; para não incidir a dependência de consentimento na locação com direito à renovação compulsória seria necessária sua exclusão por exceção explícita, o que não se verifica no texto do § 1º do art. 51 ao estender o direito de renovação ao cessionário ou sucessor.

Logo em seguida, no § 2º do mesmo art. 51, o texto é taxativo: "Quando o contrato autorizar (...)" – o que mostra que a restrição está conforme com o inciso VII do art. 71: o cessionário ou sucessor deve provar que tem "título oponível ao proprietário" (*rectius*, locador).

O risco é do locatário, que não se preveniu para uma situação de oposição até previsível, restando-lhe tentar suprir a omissão pela notificação subsidiária inscrita no § 2º do art. 13, certamente sem garantia de silêncio do locador ou resposta favorável.

A se desprezar ou minimizar a exigência da prévia autorização formal do locador, chegar-se-á à situação imediata, de negativa da eficácia à *oposição* que tenha manifestado o locador antes da ação ou ao tomar conhecimento formal da *infração* de que foi vítima, quando citado na ação renovatória (inciso VII do art. 71). Esse talvez seja o efeito deletério mais grave, do ponto de vista jurídico objetivo, que conduz à solução mais rigorosa da questão de início proposta.

O registro imobiliário através de averbação do contrato de locação gera efeitos jurídicos determinados tipicamente em *numerus clausus* na Lei de Locações: (a) contrato escrito, com prazo determinado ou não, outorga ao locatário eficácia de *direito real de preferência* para fins de aquisição do imóvel em caso de alienação, em igualdade de condições com terceiros (art. 27), ou, se preterido, alcançar adjudicação compulsória judicial, na forma do art. 33 (podendo valer-se do que estatuído no art. 466-C do CPC); (b) contrato escrito, com prazo determinado, que contiver cláusula de vigência da locação em caso de alienação a terceiro é oponível ao terceiro adquirente (art. 8º).

Entretanto, o registro do instrumento de cessão da locação – que, aliás, pressupõe a averbação anterior do contrato de locação na matrícula do imóvel – não qualifica o título como oponível ao locador que não tenha autorizado na forma da lei a cessão, ou que a ela tenha manifestado formal oposição. Assim, a cessão clandestina ou afrontosa não se aperfeiçoa pelo registro, sendo *res inter alios* que não produz efeito constitutivo oponível ao locador; isto é, não assegura legitimação do cessionário clandestino para o exercício da pretensão de renovação da locação (arts. 13 e 51, §§ 1º e 2º, combinados com o art. 71, VII), em face do locador injuriado.

Finalmente, inclusive em face do princípio da boa-fé colaborativa, seria incogitável "supor" que o registro imobiliário de uma cessão clandestina pudesse, por extensão, produzir efeitos equivalentes à notificação ao locador, prevista no § 2º do art. 13, e, sendo estranha ao locador, sem nenhum aviso, gerasse decadência do direito de veto ou oposição formal deste e suprisse a ausência, no contrato de locação, da cláusula de autorização a que se refere o § 2º do art. 51.

Já a sucessão no negócio – no fundo de comércio ou de empresa –, que não se confunde com a mera cessão da locação (sucessão *inter vivos*) ou com a sucessão hereditária, é fato jurídico que independe de anuência do locador, como se infere dos §§ 1º e 2º do art. 51.

Sobre "A Locação Regida pela Lei de Luvas Incorporada à Lei 8.245, de 18.10.1991: Questões Processuais e Substanciais", veja-se o Capítulo 24, *retro*.

33

Cumulação do Pedido de Rescisão por Falta de Pagamento com a Cobrança do Débito Locatício

33.1 Introdução às questões que a cumulação de pedidos conexos em ação de despejo suscita. 33.2 Distinção entre pagamento do débito cobrado e purgação da mora. 33.3 Ainda a liquidação, inconfundível com a purgação. 33.4 Insuficiência do depósito. Prosseguimento da ação de despejo (art. 62, IV, da Lei 8.245/1991). 33.5 Contumácia: óbice à terceira purgação da mora (e não à liquidação do débito). 33.6 Eventualidade de contestação. 33.7 Cumulação objetiva da ação de despejo com cobrança, e subjetiva contra o locatário e o fiador.

33.1 Introdução às questões que a cumulação de pedidos conexos em ação de despejo suscita

Os incisos I e VI do art. 62 da Lei 8.245/1991 trouxeram a inovadora cumulação do pedido de rescisão da locação conexo com o de cobrança dos aluguéis, jamais cogitada, aqui posta em epígrafe, que gera efeitos talvez imprevistos. Vale dizer: o legislador não teria medido todas as conseqüências da inovação?

As partes podem até surpreender-se com os possíveis desdobramentos dessa peculiar e inadvertida ação cumulada.

Primeira e menos importante dúvida: trata-se de ação de despejo, com rito ordinário *ex lege*, cumulada com ação de cobrança, ou de ação de despejo contendo dois pedidos distintos, cumulados?

Pela colocação da matéria na lei, a segunda hipótese seria a mais consentânea se se entendesse que a intenção do legislador teria sido limitada ao escopo de economia processual, para viabilizar que nos próprios autos de despejo (rito ordinário) pudessem ser executados não só os encargos sucumbenciais da lide, mas também os aluguéis e seus acessórios, todos reconhecidos por sentença como devidos e que, não pagos, constituíram a causa do pedido de rescisão (e, pois, da decretação do despejo) e da cobrança por título executivo judicial condenatório.

Entretanto, a *mens legis* alargou-se, com repercussões extrapolantes daquele limitado objetivo originário de economia processual.

Quanto à cobrança cumulativa não-executiva dos aluguéis, visto que o rito da ação de despejo é o ordinário *ex lege* (art. 59), a cumulação do pedido condenatório pelos aluguéis está, em tese, conforme os princípios processuais; obviamente não pela força de título executivo, com penhora, mas pela via cognitiva, ainda que por quantia líquida e certa (incisos I e VI do art. 62 da Lei 8.245/1991; e inciso I do art. 475-N do CPC).

Não há óbice algum à não-utilização da via executiva, que corresponderia normalmente a contrato escrito (título executivo extrajudicial), até porque o rito ordinário para adoção cumulativa da cobrança dos aluguéis em ação de despejo por falta de pagamento desses mesmos aluguéis decorre de lei – o que é razão suficiente, ademais, sem qualquer incongruência. Desse modo, insustentável qualquer alegação de falta de interesse de agir ou de impossibilidade jurídica do pedido e da sua causa de pedir.

33.2 Distinção entre pagamento do débito cobrado e purgação da mora

Do aludido esquema legal decorrem efeitos jurídico-processuais relevantes.

Um deles é o risco que assume o autor que abre mão de se valer da força executiva do contrato escrito para cumular pedidos diversos pela via ordinária. Se a locação é verbal não há prejuízo, por inexistente título executivo – ante a ausência da prova escrita da obrigação –, de modo que a inovação constitui um avanço de efetividade do processo.

Da dedução do pedido de cobrança do crédito locatício que fundamenta igualmente o de rescisão resulta que o pagamento do valor cobrado pode ser feito, à escolha opcional do citando, a título de purgação da mora, se adotar o rito desse incidente (incisos III a V do art. 62) próprio da ação de despejo. Mas pode o réu, ao ser citado dos cumulativos pedidos de rescisão e cobrança, saldar o débito discriminado no cálculo que instruiu a inicial (final do inciso I do art. 62), fazendo o depósito judicial imediato, para pagamento no prazo de contestação, manifestando que o faz a título de satisfação do pedido de cobrança, e não a título de purgação da mora *stricto sensu*, que corresponderia propriamente ao pedido de rescisão-despejo.

Daí surgem conseqüências desdobradas. Se esse pagamento não caracterizou purgação da mora ínsita no rito procedimental do pedido rescisório, mas ocorrência de simples satisfação do débito reclamado, atendido foi pelo réu o pedido concernente à ação de cobrança. Como tal pagamento naquelas circunstâncias não caracteriza purgação da mora em sentido processual estrito, não será computado como fator impeditivo previsto no parágrafo único do mesmo art. 62.

Isto porque o atendimento ao pedido de cobrança constitui causa prejudicial lógica do pedido de rescisão, porquanto este último seria o único apto a levar à decretação do despejo quando não purgada a mora.

Assim, esse pagamento do débito locatício cobrado não deverá pesar no futuro como "purgação da mora" contra o locatário; como também, se já tiver este utilizado a faculdade de purgação da mora por duas vezes, na terceira, se o locador cumular ambos os pedidos, não estará o locatário impedido de *pagar* o débito.

E mais, sempre que o locador cumular ambos os pedidos o locatário poderá liquidar a dívida que lhe esteja sendo cobrada, prejudicando o pedido de rescisão-despejo. Portanto, na cumulação de pedidos é o réu que, citado, escolhe a via alternativa de *liquidação do débito* ou de *purgação da mora*, com efeitos jurídicos distintos.

33.3 Ainda a liquidação, inconfundível com a purgação

Até aqui vimos a eventualidade do pagamento ou satisfação unilateral do débito cobrado cumulativamente como causa prejudicial do pedido de rescisão concernente à ação de despejo; e vimos que só em relação ao pedido de rescisão-despejo tem lugar o incidente processual de purgação da mora, o qual resta prejudicado pela satisfação do pedido cumulativo de cobrança. E ao locador não cabe recusar o pagamento objeto da cobrança, que ele próprio cumulou nos pedidos.

Passemos à outra eventualidade: a da ocorrência inequívoca do depósito como efetivo incidente processual, propriamente dito, da *purgação da mora*, como tal requerida pelo locatário, no prazo de contestação, "para evitar a rescisão da locação" (inciso II do art. 62 da Lei 8.245/1991).

Neste caso a intenção manifestada não foi a de satisfazer o pedido de cobrança do débito, mas evitar fosse acolhido o pedido de rescisão. Surgirá, então, o tradicional procedimento incidental descrito no inciso III, de purgação da mora, que supõe não tenha sido efetuado o prévio depósito-pagamento do débito cobrado, mas sim requerida no prazo de contestação a autorização para emenda da mora, como tal, para que, deferida *stricto sensu* pelo juiz, o locatário efetue o depósito judicial em purgação até 15 dias após ser intimado do deferimento etc.

No incidente de purgação da mora o locador é instado a atuar processualmente, podendo impugnar o pedido no caso de contumácia (parágrafo único do art. 62) ou alegar que a oferta não é integral, justificando a diferença; caso em que ao locatário caberá complementar o depósito no prazo de 10 dias da ciência dessa manifestação (inciso III). Se não completar o valor indicado, incide o inciso IV (prosseguimento, com levantamento do depósito pelo locador).

Ademais, na purgação da mora, como incidente da ação de despejo, o locatário só pode pagar em juízo mediante depósito tempestivo dos aluguéis vencidos e vincendos (inciso V), o que significa que o locador não fica obrigado, com amparo na *perpetuatio jurisdictionis*, a aceitar pagamentos diretos, paralelos, extrajudiciais, do moroso no curso da lide. E, se o locatário o fizer, será por sua conta e responsabilidade.

Tal não ocorre, todavia, com a liquidação do débito, pela força extintiva imediata da lide de cobrança composta espontaneamente pelo locatário devedor para satisfação integral do crédito reclamado, em que o adimplemento, embora tardio, tem a eficácia de manter a relação locatícia e restabelecer a normalidade do curso do cumprimento bilateral do contrato de locação. E, nessa hipótese, eventual recusa pelo locador ao recebimento do pagamento direto dos aluguéis subseqüentes vincendos será injusta, de regra, e ensejará o direito de consignação pelo locatário, com base no art. 67.

Enfim, citado o locatário do pedido (cumulado) de cobrança dos aluguéis, a satisfação plena da obrigação via depósito judicial para liquidação a contento do valor do débito apontado pelo locador no cálculo discriminado que integrou a inicial, com os acréscimos cabíveis, ou conforme especificação constante das alíneas "a" a "c" do inciso I do art. 62, não se confunde com o sentido e os efeitos da purgação da mora (incidente específico do pedido de rescisão).

São duas realidades processuais distintas, nascidas do uso do instituto da cumulatividade, isto é, ensejadas por dois distintos pedidos formulados cumulativamente no processo. O pagamento do débito cobrado é um fenômeno cronológico que produz certa ordem de efeitos jurídicos internos e externos ao processo; enquanto a purgação da mora para evitar a rescisão-despejo é outro fenômeno incidental, que gera efeitos jurídicos próprios.

33.4 Insuficiência do depósito. Prosseguimento da ação de despejo (art. 62, IV, da Lei 8.245/1991)

Outra eventualidade é a da insuficiência do depósito, seja para liquidação do débito cobrado, seja para evitar a rescisão da locação; como não atinge os fins previstos na lei, não constitui causa prejudicial do pedido rescisório e não afeta o prosseguimento da ação de despejo, como ocorre na hipótese de insuficiência do depósito destinado à purgação da mora (inciso IV).

A insuficiência do depósito, portanto, não complementado pela diferença faltante (inciso IV), conduz à procedência de ambos os pedidos, visto que, mesmo incompleto, o depósito insuficiente é ato processual que configura reconhecimento implícito da ação, não contestada. Caso em que é autorizado o levantamento, em favor do locador, da quantia insuficiente depositada, por isso reputada incontroversa processualmente, prosseguindo o pedido de rescisão pela diferença.

Na verdade, aqui transparece uma impropriedade ou deficiência do texto do inciso IV: o prosseguimento não é só pela rescisão, mas é também pelo pedido condenatório pendente, para que a sentença sirva de título para a desocupação pelo cumprimento do despejo e satisfação do saldo devedor cobrado nos mesmos autos, caso ambos os pedidos sejam acolhidos, na forma exata do inciso VI; este foi o propósito originário principal da lei atual ao propiciar a cumulação processual de pedidos de rescisão e de cobrança na ação ordinária peculiar de despejo por falta de pagamento.

33.5 Contumácia: óbice à terceira purgação da mora (e não à liquidação do débito)

Cumpre observar que o texto do parágrafo único do art. 62 da Lei 8.245/1991 erige óbice somente à emenda ou purgação da mora (contumácia, nas circunstâncias que a lei considera), por se tratar de "faculdade"; mas não inclui óbice algum à liquidação do débito exigido, porque trata-se, aí, de direito inato do devedor, citado de qualquer pedido de cobrança, de cumprir a obrigação reclamada, em juízo, visto que o credor, cumulando pretensão de cobrança do seu crédito, por isso suscitou a realização, mesmo tardia, do pagamento pelo devedor, sem o color do incidente de purgação da mora.

33.6 Eventualidade de contestação

Com a *litiscontestatio* estabelecida, sem depósito liquidatório do débito nem mesmo a título de purgação da mora, todas as questões serão submetidas ao crivo jurisdicional, como de direito, normalmente, para solução da lide, sujeitando-se as partes aos efeitos próprios de todo julgamento contencioso, seguindo-lhe o rito sincrético, ou seja, com fase de acertamento e eventual liquidação e cumprimento de sentença.

33.7 Cumulação objetiva da ação de despejo com cobrança, e subjetiva contra o locatário e o fiador

Optando o locador pela cumulação dos pedidos conexos de rescisão por falta de pagamento dos aluguéis e cobrança desse débito e havendo garantia locatícia representada por fiança, pode – e convém – formular sua pretensão não só em face do locatário, como também de seu fiador, certo, porém, que a este assiste o benefício de ordem, se for o caso.

É esta a orientação definitiva emanada do STJ: "É firme o entendimento deste Tribunal no sentido de que é possível a cumulação das ações de despejo e cobrança formulados em um único processo contra o locatário e fiador, a teor da regra especial prevista no art. 62, I, da Lei do Inquilinato" (6ª Turma, REsp 432.093-MG, rel. Min. Vicente Leal, j. 27.8.2002, ementa no *DJU* 16.9.2002, p. 243).

E, ainda: "É possível a cumulação de pedidos, quais sejam, despejo por falta de pagamento e cobrança de aluguéis, a teor do art. 62, I, da Lei n. 8.245/1991" (STJ, 5ª Turma, REsp 149.291-PR, rel. Min. Jorge Scartezzini, j. 2.9.1999, ementa no *DJU* 4.10.1999, p. 75).

A cobrança duplamente cumulada de que se cuida não é pela via executiva, evidentemente, pois desenvolve-se nos autos da ação de rito ordinário peculiar de despejo, em que o fiador é legitimado passivo em litisconsórcio com o locatário afiançado.

Se houver procedência dúplice, a preferência facultada no inciso VI do art. 62 é pela execução (cumprimento) da condenação da parte de cobrança da sentença antes da desocupação, sem qualquer óbice ou incongruência.

Afinal, a funcionalidade do processo pode ser operada; certo, por óbvio, que o fiador só responde pela cobrança dos aluguéis, cuja satisfação prévia é causa prejudicial do pedido de rescisão-desocupação dirigido e cumprido só contra o locatário, também demandado, quando houver procedência total, como antes referido.

Veja-se o item 20.1, *retro*: "A Mora como Fundamento de Cumulação Objetiva dos Pedidos de Rescisão (Despejo) e de Cobrança dos Aluguéis e Cumulação Subjetiva".

34

As Locações Comuns e as Amparadas pela Revogada "Lei de Luvas" e pelas Leis de Falências Antiga e Atual

34.1 A vigência residual das regras locatícias extravagantes nas Leis de Falências antiga e nova. 34.2 Despejo por falta de pagamento de aluguel de imóvel ocupado por estabelecimento do locatário falido. 34.3 Inclusão da transferência da locação na venda do estabelecimento do falido.

34.1 A vigência residual das regras locatícias extravagantes nas Leis de Falências antiga e nova

Cabe, previamente, recordar que há duas hipóteses diversas possíveis de influência da falência na locação: a primeira, de locação de imóvel ocupado por estabelecimento falido (como locatário); e a segunda, de locação de imóvel pertencente à massa falida (como locadora).

Em ambas existe um ponto comum: os contratos bilaterais não se resolvem pela falência de um dos contratantes, seja falido o locador ou o locatário, podendo ser executados – isto é, terão continuidade pelo administrador, se achar de conveniência para a massa, sob superintendência do juiz da falência; certo que o falido perde, no ato da decretação, o direito de administrar seus bens, exercer direitos ou cumprir obrigações em nome próprio ou de terceiro – a massa –, de resto, como já ocorria na vigência da antiga Lei Falimentar e subsiste no regime da nova Lei Falencial.

Com a revogação da antiga Lei de Falências (Decreto-lei 7.661, de 21.6.1945) pela nova Lei de Falências e Recuperação (Lei 11.101, de 9.2.2005), impõe-se, inicialmente, estabelecer a comparação, quando cabível, e a eventual correspondência, perfeita ou aproximada, entre os textos correlatos no tocante à locação.

Ressalve-se, ainda, que, pelo art. 216 da atual lei, consta a seguinte disposição transitória, de direito intertemporal, relevantíssima: "A falência já declarada e a concordata preventiva já requerida, ao entrar em vigor esta Lei, obedecerão, quanto ao seu processo, à lei anterior". O que implica até continuidade de vigência extraordinária residual de disposições peculiares sobre locação contidas no revogado Decreto-lei 7.661/1945.

O art. 43, *caput*, e parágrafo único da Lei Falencial revogada, disciplinando os efeitos da falência quanto aos contratos do falido, dispunham que os contratos bilaterais não se resolvem pela falência e podem ser executados pelo síndico, se achar de conveniência para a massa.

Já o art. 117, *caput*, e os seus §§ 1º e 2º da Lei Falencial revogadora dispõem, em sentido idêntico, com atualização técnica e redacional, que os contratos bilaterais não se resolvem pela falência e podem ser cumpridos pelo administrador judicial se o cumprimento reduzir ou evitar o aumento do passivo da massa falida ou for necessário à manutenção e preservação dos seus ativos, mediante autorização do Comitê.

Quanto aos contratos de locação de imóveis em que locatária era a empresa falida houve algumas alterações de sentido, além de atualização técnica e redacional, de modo que certas disposições velhas desapareceram na atual Lei Falencial.

Os arts. 44, VII, 63, III, e 116, §§ 1º e 2º, da já revogada Lei de Falências (Decreto-lei 7.661, de 21.6.1945) cuidavam do contrato de locação de imóvel ocupado pelo estabelecimento do locatário falido, sob o antigo regime da também já revogada Lei de Luvas (amparo do direito de renovação compulsória, albergado na Lei 8.245/1991).

Assim, foi suprimida na lei atual a hipótese regrada no antigo art. 44, VII, que assegurava à locação do imóvel ocupado pelo estabelecimento do falido que estivesse amparada pelo sistema da renovação ("Lei de Luvas") não ter o locatário o despejo decretado por falta de pagamento se o atraso não excedesse a 2 meses e a purgação da mora não se efetuasse no prazo de 10 dias na ação de despejo.

Agora, no correspondente art. 119, VII, da lei vem disciplinado outro tema, isto é, o de que a falência do locador não resolve o contrato de locação. E, quanto à falência do locatário, o administrador judicial pode, a qualquer tempo, denunciar o contrato; o que ocorre porque a falência em si não resolve o contrato se o locatário vier a falir. Mas nada é dito que sustente a antiga regra de que só a mora do falido superior a 2 meses de aluguel constitua fato condicionante da ação de despejo por falta de pagamento em locação protegida pela "Lei de Luvas" e o síndico (ou, agora, o administrador judicial), intimado, não purgar a mora dentro de 10 dias (art. 44, VII, da antiga Lei Falencial).

O antigo art. 63, III, ao cuidar da arrecadação de bens e livros ou documentos do falido pelo síndico, fazia inclusão expressa dos contratos de locação do falido, até mesmo para os efeitos do art. 44, VII, acima referido; ao passo que o correspondente art. 22, III, "f", da lei atual, se mantém com detalhes o encargo arrecadatório do administrador judicial, não reproduz qualquer disposição que implique tratamento discriminatório à locação do locatário falido no sistema de renovação ou não.

O inciso III do art. 63 daquela Lei Falimentar incumbia ao síndico da massa falida *arrecadar* inclusive os contratos de locação, para os fins dos seus arts. 44, VII, e 116, § 1º, que fazem remissão ao Decreto 24.150, de 20.4.1934 (Lei de Luvas), diploma revogado pelo art. 90, I, da atual Lei 8.245/1991.

Surgem, então, três constatações prévias: *primeira*, o Decreto 24.150/1934 foi expressamente revogado pelo inciso I do art. 90 da atual Lei de Locações, mas subsistiu em vigor na atual Lei Locatícia o regime de proteção da denominada locação da "Lei de Luvas"; *segunda*, aquelas mencionadas disposições especiais da antiga Lei de Falências sobre locação comercial protegida (de imóvel ocupado pelo falido como locatário) não figuraram no rol das leis revogadas pela Lei 8.245/1991, e nem com esta última se tornaram incompatíveis; *terceira*, mas também aquelas disposições antigas acabaram sendo revogadas, depois, pela atual Lei Falencial (Lei 11.101, de 9.2.2005), que não contém dispositivos correspondentes aos arts. 44, VII, e 116, § 1º, do Decreto-lei 7.661/1945.

De modo que, quanto à primeira constatação, pondere-se que – questão prévia – a revogação da antiga Lei de Luvas decorreu apenas da *incorporação* daquele regime legal pela atual Lei Locatícia, mas sem esvaziar seu conteúdo nem estabelecer incompatibilidade com os preceitos da lei revogada.

Mas, quanto às outras duas constatações, desapareceu a peculiaridade alusiva à ação de despejo contra locatário falido, que não mais subsiste eficazmente (inciso VII do art. 44 da antiga Lei de Falências: "Somente poderá ser decretado despejo se o atraso no pagamento dos alugueres exceder dois meses e o síndico, intimado, não purgar a mora dentro de dez dias"). Vigora a atual Lei de Falências não apenas quanto à arrecadação, verificação e continuidade dos contratos de locação protegida, para sua transferência integrada à venda do acervo do estabelecimento comercial ou industrial do falido (art. 116, § 1º, da antiga Lei de Falências), mas em termos diversos, e até mais completos, do art. 140, § 3º, da Lei 11.101/2005. Para falência anteriormente decretada incide o art. 216 da atual Lei Falencial, que leva à operância daquelas disposições locacionais da antiga Lei de Falências, quando for o caso.

Portanto, absorvido o regime do Decreto 24.150/1934 pela Lei 8.245/1991 e não tendo, então, sido revogadas nem tornadas incompatíveis com a Lei Locatícia as anteriores regras falenciais da locação protegida, como normas de ordem pública aplicáveis ao locatário falido, restaram recepcionadas eficazmente as exceções peculiaríssimas subsistentes naquela Lei especial de Falências, em face do silêncio expressivo da atual Lei das Locações em geral.

Ou seja, a Lei 8.245/1991 recepciona e incorpora as peculiaridades da regência falencial que estiver em vigor, da locação de imóvel ocupado pelo locatário falido.

Consigne-se que, por acréscimo de um parágrafo ao art. 192 da atual Lei de Falências (§ 5º), "o juiz poderá autorizar a locação ou arrendamento de bens imóveis ou móveis a fim de evitar a sua deterioração, cujos resultados reverterão em favor da massa".

Pode-se dizer que as disposições locatícias extravagantes da legislação falencial, incorporadas à Lei geral das Locações, continuam a atuar harmonicamente no regime pertinente às matérias correspondentes, sendo congruente a interpretação integrada, como se verá em subitens logo mais adiante, com prevalência das normas de ordem pública falenciais que estiverem em vigor, na locação de imóvel ocupado por locatário falido, sobre as regras comuns locatícias.

O administrador judicial da massa falida está legitimado a propor a ação renovatória para resguardar o fundo de comércio, se em curso o prazo decadencial e se ainda não houve transferência a terceiros; ou em caso de continuação provisória das atividades negociais (art. 99, XI, da atual Lei de Falências). O adquirente assume, como sucessor do locatário falido, o direito de pleitear renovação amigável ou judicial, ou prosseguir no processo.

Para esse fim, instrutivos serão, como fonte primária de informação, os efeitos dos dispositivos apontados e a clássica doutrina sedimentada de direito falimentar. Também os estudos monográficos especializados em renovação da locação em face do antigo Decreto 24.150/1934 são importantes na tentativa de elaboração de um sistema unitário integrado da atual Lei de Locações, subordinada às regras extravagantes preferenciais subsistentes na atual legislação falencial cogente.

Pelo art. 114 da atual lei, o administrador pode até dar em locação bens da massa, neles incluído imóvel, com o objetivo de produzir renda.

Finalmente, o art. 140, § 3º, da atual Lei de Falências, que corresponde ao art. 116, § 1º, da velha Lei Falitária, cuida do tema da alienação do estabelecimento ou da empresa falida, no mesmo sentido da integralidade, ou em conjunto de determinados bens necessários à operação rentável da unidade de produção, que poderá compreender "a transferência de contratos específicos", nos quais se inclui o contrato de locação, principalmente se regido pela proteção do direito de renovação.

34.2 Despejo por falta de pagamento de aluguel de imóvel ocupado por estabelecimento do locatário falido

O art. 117 da atual Lei de Falências dispõe que os contratos bilaterais não se resolvem pela falência e podem ser executados pelo administrador judicial, se achar de conveniência para a massa. E o art. 99, XI, até faculta ao próprio falido a continuação do seu negócio, nas condições e limitações previstas no último dispositivo.

Caso típico de constatação de uma realidade jurídica incontroversa: o estado falimentar opera alterações na universalidade do *status quo* dos negócios do falido, gerando novos efeitos não só em relação ao falido, mas também em relação aos credores em geral e seus contratantes bilaterais.

Quanto às partes contratantes de negócios bilaterais com o comerciante que venha a falir no curso do contrato, é interessante observar que as leis falenciais adotam o princípio geral da não-resolução automática – e, pois, da continuidade consentida da execução –, isto é, do cumprimento do contrato de locação pelo síndico ou administrador judicial; por outro lado, quanto à espécie de contrato de locação amparada pelo direito à renovação compulsória, a própria Lei Falimentar altera em parte o regime genérico legal da locação, peculiaridade que não pode escapar ao intérprete.

Não incorre em mora *ex re* o falido (*rectius*, seu sucessor legal específico, que é a pessoa jurídica da massa falida, representada pelo administrador). Ou seja, está excluída a incidência da regra *dies interpellat pro homine*. Impõe-se a interpelação, por se tratar, excepcionalmente, por força de lei (art. 117, *caput* e §§ 1º e 2º, da atual Lei de Falências), de mora *ex persona*, cuja constituição depende de intimação ao devedor ou responsável – no caso, o administrador –, com prazo certo de 10 dias para declarar se cumpre, ou não, o contrato, escolha a que não fica alheio o juízo universal.

Portanto, o estado falencial do locatário opera notável efeito – para a espécie de contrato de locação não-residencial sob amparo ou não do direito de renovação compulsória –, a tal ponto de transubstanciar a essência da mora *ex re*, conatural às obrigações derivadas da relação locatícia, em mora *ex persona*, que exige intimação pessoal do síndico da massa falida (art. 117 e §§ da atual Lei Falencial) antes da dedução de pretensão.

No mais, em conclusão, afora a variação subjetiva do locatário pelo substituto *ex lege* (massa falida), aplicam-se as disposições da Lei Locatícia, inclusive a restrição por contumácia prevista no parágrafo único do art. 62 da Lei 8.245/1991.

Se o locador propuser ação de despejo por falta de pagamento, cumulando o pedido de rescisão com o de cobrança dos aluguéis, como permite o art. 62, I, da Lei de Locações, sujeita-se ele aos pressupostos adicionais subministrados pela Lei de Falências.

34.3 Inclusão da transferência da locação na venda do estabelecimento do falido

Constitui dúplice exceção a forma de realização do ativo da massa falida, prevista no § 1º do art. 116 da Lei de Falências, que possibilita a venda pelo administrador judicial do estabelecimento comercial ou industrial do falido na sua integralidade ou conjuntamente, inclusa na alienação a transferência do mesmo contrato de locação amparada pelo direito de renovação compulsória; essa alienação-transferência não é *cessão* (art. 13), mas *sucessão* (art. 51, § 1º, da Lei 8.245/1991).

A venda do estabelecimento na sua integralidade ou em conjunto é uma exceção aberta por sucessão no interesse da massa de credores ao conceituar a Lei Falencial como parte componente do fundo de comércio ou empresarial de valor intangível a locação com o direito à renovação compulsória; por isso, fazendo incluir na alienação a transferência do mesmo contrato para o sucessor do locatário falido.

E a inclusão incondicionada da transferência do direito à renovação da locação, como parte integrante da alienação do acervo do negócio empresarial estabelecido no imóvel alugado, independentemente de anuência prévia e escrita do locador, visto que não prevista essa exigência nas vendas da Lei Falimentar, constitui outra exceção contraposta à regra geral do art. 13 da Lei de Locações, ancorada no art. 51, § 1º, da mesma Lei 8.245.

Por fim, a jurisprudência do STJ reconhece que: "A ação de despejo não é atraída pelo juízo universal da falência. Aqui reúnem-se passivo e ativo do falido, a fim de os credores receberem o mesmo tratamento. A ação de despejo tem finalidade e conteúdo diversos" (6ª Turma, REsp 64.804-1-MG, rel. Min. Luiz Vicente Cernicchiaro, j. 28.8.1995, ementa no *DJU* 27.5.1996, p. 17.924).

35

Locação de Imóvel e Alienação Fiduciária

35.1 A Lei do Sistema Financeiro Imobiliário/SFI. 35.2 Regime jurídico da locação de imóvel fiduciado, com ou sem anticrese. 35.3 Aspectos gerais da locação de imóvel alienado fiduciariamente. 35.4 Ainda a exclusão do direito de preferência do locatário de imóvel fiduciado. 35.5 Locação de imóvel fiduciado. Ineficácia de contratação ou prorrogação, pelo locador fiduciante, por prazo superior a um ano, sem concordância do fiduciário.

35.1 A Lei do Sistema Financeiro Imobiliário/SFI

Além do que foi visto nos itens 14.5 e 17.3, *retro*, sobre imóvel fiduciado, a Lei do SFI (Lei 9.514, de 20.11.1997) revela e propicia compatibilidade entre os institutos da locação de imóvel e da alienação fiduciária em garantia sobre o imóvel locado, a propósito de facultar a constituição de anticrese (art. 17, § 3º) como garantia complementar do credor e proprietário fiduciário nas operações do SFI, sem confundir os sujeitos das relações jurídicas envolvidas e nem retirar do devedor alienante a titularidade da posse direta para seu uso ou disposição, como, *v.g.*, especialmente para alugá-lo a terceiros.

Essa compatibilidade advém da técnica de redação adotada no § 3º do art. 17 da Lei 9.514/1997, ao se referir às operações do SFI que envolvam locação e à possibilidade de constituição de uma segunda garantia, suplementarmente, por anticrese (sobre a renda do respectivo aluguel).

A primeira observação é no sentido de que a Lei do SFI é posterior à Lei de Locações; e esta, ao elencar em *numerus clausus*, no seu art. 1º, as hipóteses de exclusão da incidência do seu regime legal, é a disciplinadora residual natural da nova modalidade de locação anticrética, autorizada pela Lei do SFI, que recai sobre imóvel alienado fiduciariamente (art. 17, § 3º, da Lei 9.514, de 20.11.1997), posto que esta última lei limitou-se a referir as operações que envolvam locação, ao permitir a constituição da *anticrese* (sobre renda) como garantia complementar ou subsidiária do credor, superposta à garantia do domínio fiduciário do imóvel.

Diz o § 3º do art. 17 da Lei 9.514/1997: "As operações do SFI que envolvam locação poderão ser garantidas suplementarmente por anticrese". E mais não disse.

Esse texto genérico induz o estudioso da matéria locatícia a vislumbrar uma realidade de alcance amplo, associando, nos casos ocorrentes, a garantia anticrética (arts. 1.506-1.510 do CC de 2002) com a locação de imóvel objeto de alienação fiduciária em garantia. Mas, talvez precipuamente a simples permissibilidade de locação de imóvel fiduciado leve o intérprete a um aprofundamento no campo da locação, particularmente dentro do regime da Lei de Locações. É que a presença *sui generis* de um novo sujeito – o titular da propriedade fiduciária em garantia sobre o imóvel objeto de locação – ou, ainda, a interferência no plano jurídico dos princípios das garantias fiduciária e anticrética na relação locatícia entre o locador fiduciante e o locatário (terceiro) geram em potencialidade uma gama multiforme de questões específicas, a reclamarem solução harmônica compatível com as três áreas de Direito envolvidas (locação, fidúcia e anticrese).

35.2 Regime jurídico da locação de imóvel fiduciado, com ou sem anticrese

O texto do § 3º do art. 17 da Lei do SFI não limita o direcionamento da concessão de financiamento com garantia fiduciária exclusivamente a imóveis que ainda não sejam objeto de locação, conquanto possa ser um dos principais objetivos da Lei do SFI propiciar financiamento para aquisição de imóveis destinados a locação, e não só para uso direto e exclusivo do mutuário, seja imóvel residencial ou não, seja pessoa física ou jurídica o financiado.

Se assim é, também sobre imóvel já usado e em regime de locação pode vir a ser constituída propriedade fiduciária. Ou seja, o proprietário já locador pode obter financiamento, oferecendo como garantia a alienação fiduciária do imóvel que já estava locado a terceiro, sem alteração na relação locatícia preexistente.

Das duas alternativas possíveis, acima esboçadas, resultam questões comuns de ambas e específicas de cada grupo (fidúcia pós-locação ou locação pós-fidúcia), que se enlaçam com a anticrese ou o direito do credor fiduciário do locador de receber os aluguéis a serem pagos pelo locatário, por conta da dívida fiduciada.

E em todas as modalidades em que ocorra o binômio locação-fidúcia (ou fidúcia-locação) pode, ainda, ter ou não lugar a garantia suplementar da anticrese. No caso de imóvel alienado fiduciariamente e que seja objeto de locação a terceiro, a anticrese suplementar consiste na cessão ao mesmo credor fiduciário do direito de perceber do locatário, em amortização da dívida do locador, os frutos e rendimentos (art. 1.506 do CC de 2002), que são os alugueres, no todo ou em parte, sem interferência do credor fiduciário na relação locatícia entre o devedor fiduciante (locador) e o locatário, salvo livre estipulação entre todas as partes envolvidas, presentes os arts. 1.506 a 1.509.

Os três institutos devem atuar com autonomia harmônica (propriedade fiduciária, garantia suplementar de anticrese e locação do imóvel) entre os sujeitos dessas relações jurídicas coligadas – do que resulta um cortejo de questões a serem solucionadas nessas áreas, das quais mais interessam aos limites deste estudo as referentes à relação locatícia, dentro da disciplina aplicável, que é a da Lei 8.245/1991.

35.3 Aspectos gerais da locação de imóvel alienado fiduciariamente

A primeira observação é quanto à realização do pacto adjeto de garantia de alienação fiduciária de imóvel no curso da locação: não há propriamente o problema de oponibilidade da locação ao adquirente fiduciário, e por isso nem é cogitável direito de preferência do locatário, porque não configura caso de venda, promessa ou cessão e dação em pagamento do imóvel no curso da locação (arts. 8º e 27 *et seq.* da Lei 8.245/1991). Mesmo que a alienação fiduciária não tivesse sido acrescentada em termos explícitos ao rol do art. 32 da Lei de Locações, por se tratar de instituto resolúvel de garantia, embora de natureza dominial, não é suscetível de gerar direito de preferência para o locatário, como causa de perda transitória da propriedade que exclui o direito de preferência do locatário.

A alienação fiduciária em garantia não se acha incluída nos casos de alienação genérica previstos no art. 27 da Lei de Locações (venda, promessa ou cessão de direitos e dação em pagamento) por se tratar, como dito, de negócio jurídico resolúvel de garantia o de constituição da propriedade fiduciária sobre o imóvel, que não se equipara a qualquer tipo que confira a preferência.

Na alienação fiduciária a posse direta fica com o alienante, que pode arrendá-la, isto é, dar a coisa em locação, com ou sem anticrese. Portanto, a relação jurídica da locação não se altera, porque permanecem as mesmas partes como locador e locatário, antes ou depois da alienação fiduciária.

Se houver anticrese a situação não se altera, a não ser, então, quanto à destinação do pagamento do aluguel, pelo locatário, a ser feito ao credor do seu locador; ou seja, em nome daquele, por conta deste, conforme termos que lhe forem cientificados.

Em suma, o credor e proprietário fiduciário não é parte na relação locatícia, nem o estabelecimento desta depende, em princípio, de sua autorização, e vincula diretamente o locador, que é o possuidor direto (devedor alienante), e o locatário, o qual tem os mesmos direitos e deveres que teria numa locação de imóvel sem alienação fiduciária.

35.4 Ainda a exclusão do direito de preferência do locatário de imóvel fiduciado

Prosseguindo no que foi exposto no item 17.3, cabe reiterar que foi coerente o acréscimo da regra excepcional de exclusão, para os contratos de locação firmados a partir de 1º.10.2001, do direito de preferência do locatário de imóvel fiduciado em caso de inadimplemento do fiduciante no contrato de alienação fiduciária que leve à consolidação para realização da garantia pelo credor fiduciário, desde que conste do contrato de locação cláusula explícita destacada – diz o final do parágrafo único do art. 32 da Lei 8.245/1991.

Sucede, por outro lado, que na locação de imóvel pré-fiduciado o locatário é terceiro na anterior relação fiduciária, que ignora. E não está obrigado a tomar conhecimento do gravame que não lhe seja revelado pelo fiduciante silente no posterior contrato de locação; e, portanto, não consignada em cláusula contratual a preexistente restrição ao direito de preferência genérico do regime locacional, pode surgir uma questão jurídica.

Embora conste a propriedade fiduciária obrigatoriamente do registro imobiliário, não é condição prevista na Lei 8.245/1991, para estabelecimento válido da relação locatícia, certidão imobiliária. Mas, se se pudesse entender que, pela eficácia *erga omnes* da publicidade registrária, estaria o futuro locatário submetido aos seus efeitos, então, passaria a ser condição ou requisito a referência àquele documento para a realização do negócio jurídico locacional – fenômeno descuidado na prática negocial, isto é, nos usos e costumes locais (art. 113 do CC de 2002), por isso inoponível perante o locatário.

Por outro lado, do texto do parágrafo único do art. 32 da Lei 8.245/1991 infere-se, não deixando dúvida, que a "condição" para ser excludente do direito de preferência do locatário é constar expressamente do contrato de locação a cláusula destacada da existência de constituição da propriedade fiduciária sobre o imóvel objeto da locação; trata-se de dever atribuído ao fiduciante locador, até como estipulante – tanto que a lei se utiliza de expressão própria aplicável aos contratos de adesão, "destacando-se das demais por sua apresentação gráfica", na linha da redação dos §§ 3º e 4º do art. 54 do CDC.

Mas paremos por aqui quanto à constituição da propriedade fiduciária, concluindo que foi útil e oportuna a inclusão na lei da nova espécie de exclusão do direito de preferência do locatário, conquanto se cuide de disciplina deficiente.

Quanto às demais espécies de exclusão acrescidas no parágrafo único do art. 32 da Lei 8.245/1991, não se vê óbice a que, dos atos de excussão – como "perda da propriedade ou venda por quaisquer formas de realização de garantia, inclusive mediante leilão extrajudicial" –, seja dada ciência prévia e oportuna ao locatário, para participar fazendo defesa de terceiro interessado em face de cada situação concreta; até porque, se desejar, oferecerá o mesmo "dinheiro" visado pelo credor, ou adquirente ou excutinte, sem qualquer prejuízo injusto ou indevido para este; o que seria melhor, do ponto de vista da cidadania e da proporcionalidade jurídica, que eliminar *a priori* a vez do locatário de imóvel fiduciado, como resulta da literalidade da lei, em lance radical desnecessário.

Em conclusão, aos vários casos ressalvados na redação originária, isto é, no *caput* do art. 32 da Lei de Locações, foi-lhes acrescentado um parágrafo único, não só inovador de outras ressalvas como explicativo destas, consoante inclusão normativa estabelecida através do art. 61 do Lei 10.931, de 2.8.2004.

Assim, o direito de preferência do locatário na aquisição do imóvel objeto da locação, previsto no art. 27 da Lei 8.245/1991 (no caso de venda, promessa de venda, cessão ou promessa de cessão de direito ou dação em pagamento), que já havia sofrido a ressalva do art. 32 (para não alcançar os casos de perda da propriedade ou venda por decisão judicial, permuta, doação, integralização de capital, fusão e incorporação), recebeu novas ressalvas por acréscimo, como se lê do parágrafo único do mesmo art. 32: "Nos contratos firmados a partir de 1º de outubro de 2001, o direito de preferência de que trata este artigo não alcançará também os casos de constituição da propriedade fiduciária e de perda da propriedade ou venda por quaisquer formas de realização de garantia, inclusive mediante leilão extrajudicial, devendo essa condição constar expressamente em cláusula contratual específica, destacando-se das demais por sua apresentação gráfica".

35.5 Locação de imóvel fiduciado. Ineficácia de contratação ou prorrogação, pelo locador fiduciante, por prazo superior a um ano, sem concordância do fiduciário

Não se encontra no texto da Lei de Locações, mas sim na Lei 9.514, de 20.11.1997 (Lei do SFI), o dispositivo legal do art. 37-B, segundo o qual: "Será considerada ineficaz, e sem qualquer efeito perante o fiduciário ou seus sucessores, a contratação ou a prorrogação de locação de imóvel alienado fiduciariamente por prazo superior a 1 (um) ano sem concordância por escrito do fiduciário".

Esse dispositivo comporta algumas observações, a primeira delas para compreensão do motivo de não estar também normatizado na legislação locatícia; possivelmente porque outros imóveis que não urbanos – isto é, cuja locação continue regida quer pelo Código Civil e outras leis especiais, quer pelo Estatuto da Terra – sejam passíveis de garantia fiduciária; vale dizer, a Lei 8.245/1991 não esgota as possibilidades locacionais.

Ainda, a segunda observação é no sentido de que mesmo no âmbito das locações de imóveis urbanos regidos pela Lei Locatícia os regimes são distintos para imóveis residenciais, tanto a contratação quanto a prorrogação, sem confusão com o sistema disciplinador para imóveis não-residenciais. Disso resulta que a releitura do texto do art. 37-B da Lei 9.514/1997 revela uma generalidade que pode esbarrar em regras cogentes e até de ordem pública da legislação inquilinária no ponto em que se cogite de efeitos jurídicos de locação ou prorrogação legal automática de locação "por prazo superior a 1 (um) ano", acima da vontade das partes.

Assim, pelos arts. 46 e 47 da Lei 8.245/1991 (locação residencial), ajustadas as locações por tempo igual ou superior a 30 meses, findam-se e não ficam prorrogadas para prazo indeterminado, diversamente do que ocorre com a locação por prazo inferior a 30 meses, que se prorroga automaticamente para prazo indeterminado; e a retomada é regida por cânones que desfrutam de natureza de ordem pública – como se vê, por exemplo, do inciso V do art. 47 –, que só admitem a retomada depois de cinco anos.

Quanto às locações não-residenciais, há três classes – comum, compulsoriamente renovável e estável –, todas com regimes diferenciados, dependendo das condições e da natureza de cada qual delas, prorrogáveis umas e não outras; fatores específicos que não entraram na composição do texto do art. 37-B da Lei 9.514/1997.

A Lei de Locações não distingue entre imóvel fiduciado ou não, o que vem fazer o art. 37-B da Lei do SFI, com potencialidade de gerar conflitos de interpretação, para dizer o menos. Ou seja, pelo texto do regime fiduciário, a eficácia e a produção de efeitos da locação de imóvel, sua contratação ou sua prorrogação pelo fiduciante (locador) perante o fiduciário passariam a depender de concordância prévia e expressa por escrito deste, se por prazo superior a um ano. Essa condição que restringe direitos do locatário não está presente na Lei Locatícia, de modo que, quanto aos ajustes para locações novas, é difícil harmonizarem-se os diplomas legais específicos correspondentes em ato participativo de todos os atores do negócio jurídico locatício igualmente sem prazo, de prazo inferior a 30 meses e sem contrato escrito (art. 47); isto é, em face da prorrogação automática nos casos previstos em lei para locações residenciais. Até porque poderão ser frustrados os efeitos perante o fiduciário (terceiro na relação locatícia) em caso de imputação de prática conjunta de infração legal ao art. 37-B em que possam ter incorrido os contratantes principais.

Assim, o texto do art. 37-B da Lei 9.514/1997 reclama aplicação prudente e interpretação inteligente, em consonância com o regramento locacional da Lei 8.245/1991 e a realidade das situações concretas, sem perder de vista os direitos do locatário, terceiro alheio ao negócio fiduciário, que conta com a proteção legal deferida ao seu *status* inquilinário e que goza, em tese, do direito de retenção e por benfeitorias indenizáveis (art. 578 do CC de 2002).

36

Locação em "Shopping Center"

36.1 Peculiaridades de maior destaque no âmbito locacional. 36.2 "Res sperata" no "tenant mix" do "shopping center". 36.3 Cláusula de raio. 36.4 COFINS, PIS. Incidência sobre receitas das administradoras de "shopping centers" oriundas de aluguel da locação de lojas e espaços.

36.1 Peculiaridades de maior destaque no âmbito locacional

O contrato de organização de centro de compras varejistas de fins econômicos de *shopping center*, por instrumentalizar empreendimento coletivo, sem intenção societária, para exercício de atividades empresárias distintas mas conjugadas entre empreendedor e lojistas, é negócio jurídico complexo empresarial, que envolve um misto de locação e prestação de serviços pelo locador e tem na ponta também o interesse do Fisco e, ainda, do consumidor a ser tutelado, no âmbito de cada agente envolvido.

Vencidas as fases de concepção do empreendimento e de aquisição do terreno e construção, chega-se à terceira fase, de implementação contratual e corporificação dos espaços instalados, com os lojistas locatários em atividade.

Pela primeira vez, como resultado da evolução jurídico-econômica do tema, a ocupação de lojas e espaços físicos em *shopping center* ganhou regime jurídico próprio, explícito na Lei 8.245/1991, arts. 52, § 2º, e 54, como locação, que se espraia para os arts. 71 a 75 (sobre a ação renovatória).

Desde o Simpósio de fins de 1983, promovido no Rio de Janeiro pela ESMAN em colaboração com a ABRASCE – muito antes, portanto, da Lei de Locações, de 1991 –, preponderou a tese da "locação", então defendida por Caio Mário da Silva Pereira; e como organização econômica unitária de centro de atividade comercial, sem intenção societária, prevaleceu o entendimento de Carlos Langoni.

Essas locações diferenciadas, porque qualificadas por peculiaridades, estão identificadas nas relações mais amplas entre lojistas (locatários) e empreendedores (locadores).

A Lei de Locações, ao entrar em vigor, além de resolver dúvidas geradas pela lacuna legislativa, *recepcionou* e *convalidou* a realidade das cláusulas vigentes de locações anteriores dessa espécie e disciplinou as futuras de igual modo, sem solução de continuidade, sufragando-as: "(...) prevalecerão as condições livremente pactuadas nos contratos de locação respectivos e as disposições procedimentais previstas nesta Lei" (art. 54, *caput*). Liberdade contratual assegurada dentro dos parâmetros legais da locação e de direito substantivo disponível, mas com submissão à regência procedimental estabelecida a partir da Lei de Locações, são os dois fatores de identificação desse pacto locatício peculiar.

Ou seja, a Lei 8.245/1991 submeteu essas locações, anteriores ou futuras, às disposições substanciais e procedimentais compatíveis nela estabelecidas. Aplicam-se-lhes todas as ações especiais previstas, como despejo, consignatória e revisional de aluguel (arts. 58 e ss.), com as regras pertinentes ao regime locatício não-residencial, inclusive estendendo-lhes o direito à ação renovatória da locação, com restrição apenas quanto ao caráter dúplice desta no que tange ao pedido de retomada para uso próprio ou para abrigar fundo de comércio preexistente do empreendedor ou familiares.

A jurisprudência do STJ firmou, em definitivo, a orientação, pela 3ª Seção, nos EREsp 331.365-MG (rel. Min. Hamilton Carvalhido, j. 26.3.2008, ementa no *DJU* 6.8.2008), no sentido de que: "A Lei do Inquilinato aplica-se aos contratos de locação de espaço em *shopping center* (inteligência dos arts. 1º, 52, § 2º, e 54 da Lei n. 8.245/1991)" – invocando como precedentes o AgR no Ag 706.211-RS e o REsp 424.936-SP.

Com a incidência da Lei de Locações fica excluída, por exemplo, a ação de reintegração de posse para retomada da área da loja de *shopping center* pelo locador, sendo cabível a ação de despejo (REsp 429.936-SP, rel. Min. Gilson Dipp). Esta, com observância do incidente processual de eventual purgação da mora se por falta de pagamento, por exemplo; ou por qualquer outra infração legal ou convencional do locatário, se for o caso, nos termos dos arts. 56 e 57.

Essas locações diferenciadas estão protegidas, do ponto de vista do locatário, pelo direito à *renovação compulsória*, nas mesmas condições daqueloutras também protegidas (art. 51). E estão até mais protegidas (art. 52, § 2º), contando ainda o locatário com representatividade extrajudicial e amparo por legitimação extraordinária judicial da entidade de classe – associação dos lojistas do respectivo centro de compras –, com ingerência parcial no controle do "orçamento de despesas" que lhes são afetas (art. 54, §§ 1º e 2º), inclusive no fundo promocional.

E o direito correspectivo do locador, de gestor, prestador de serviços e fiscalizador do empreendimento, que se projeta sobre aspectos da atividade do lojista, é saudável ao equilíbrio do bom relacionamento de cooperação entre as partes envolvidas no universo da comunidade empresarial.

E o "mecanismo incomum" da estipulação de um sistema peculiar de aluguel móvel variável e dúplice ("piso mínimo" e "percentual" sobre o faturamento, ou variantes complementares) e até em dobro o aluguel mínimo dos meses do "Dia das Mães" e do "Natal" não desnatura essa peculiar relação locatícia *ex lege*, e está perfeitamente conforme à natureza e validade da livre estipulação, porque é uma das características essenciais de segurança do locador-empreendedor prestante de serviços essenciais aos lojistas, de manutenção, segurança, *marketing* e estacionamento. Sem o piso mínimo haveria o risco permanente de desequilíbrio contratual e até da conversão da locação em comodato, bastando que a atividade do lojista se reduzisse e o faturamento fosse igual a zero. Desapareceria, pois, nesses supostos períodos de abstenção de vendas, o referencial (valor das vendas) para sobre ele incidir o percentual que produziria o valor locativo. Já o aluguel em dobro não significa dobrar em determinados meses o percentual (por exemplo, de 8% para 16%) sobre o faturamento bruto do lojista locatário, já avolumado para épocas especiais, mas destina-se a assegurar uma receita mínima majorada para cobrir despesas extras de ocasião, em benefício do incentivo promocional de vendas; e não para quadruplicar o aluguel, visto que nesses meses o faturamento já dobra ou triplica, hipervalorizando o aluguel percentualizado.

Essa receita locatícia de natureza mista (piso mínimo mais percentual excedente sobre o faturamento do lojista locatário) das pessoas jurídicas, proveniente da locação de imóveis, tem sido tratada pelo Fisco como aluguel e fato gerador do PIS e da COFINS, com acolhimento pelo STJ (cf. adiante, item 36.4).

Esta é uma nova questão que ficou resolvida pela visão fiscal da cobrança de valores do lojista a título de aluguel pela pessoa jurídica locadora de espaços em *shopping center*.

Há outra característica marcante que justifica a liberdade de condições contratuais da locação de espaço de loja em *shopping center*, que é o tríplice *fundo de comércio*: o amplo, do empreendimento como um universo de todos (lojistas e empreendedor); outro, estrito, só do empreendedor; e finalmente, um estritíssimo, de cada lojista individualmente considerado. Todos fazem jus à proteção harmônica, em cada âmbito do direito e dever que lhes corresponder.

Enfim, não tendo a Lei 8.245/1991 arrolado em seu art. 1º, dentre as hipóteses de exclusão de incidência, as locações de espaço de lojas de *shopping center*, o art. 54 avocou a disciplina das relações entre lojistas e empreendedores (locatários e locadores) no sentido de que: (a) quanto à matéria de fundo, referente aos contratos de locação, prevalecerão as condições livremente pactuadas; (b) quanto à matéria processual, a regência será a das disposições procedimentais da Lei de Locações, inclusive quanto à ação renovatória dos arts. 71 a 75, nos termos da exceção contida no § 2º do art. 52 da mesma Lei Locatícia.

Tenha-se desde logo presente o conceito de "espaço de loja" como a *fração* do imóvel que abriga o centro comercial de vendas organizado, estruturado e integrado como *tenant mix* pelo empreendedor do *shopping center*, que pode deferir trato diferenciado a determinadas lojas, como às âncoras e às magnéticas, respectivamente de suporte e atração, ou ainda a estabelecimentos de diversão ou lazer etc.

Em seqüência lógica, deve ser compreendido o alcance do vocábulo "livremente" na expressão legal do *caput* do art. 54.

Não se trata de outorga de liberdade absoluta, nem de voluntariedade plena, porque sujeitas as condições às limitações próprias da licitude dos atos jurídicos em geral, e sobretudo não devem os negócios jurídicos ferir princípios de ordem pública (art. 104 do CC de 2002).

Esses aspectos impedem que a contratação atinja o extremo oposto, da adesão cega do locatário-lojista a todas as regras impostas pelo locador-empreendedor, porque aí já se caracterizaria contra-senso, pela exclusão de uma das partes na formulação das "condições *livremente* pactuadas", que pressupõem certo grau de autonomia e sentido de colaboração recíproca, que se reflete na aceitação voluntária, por interesses legítimos conciliáveis de vantagens a serem auferidas, que têm seu custo empresarial embutido.

De modo que as restrições contratuais impostas ao locador-empreendedor não se limitam aos casos específicos elencados no § 2º do art. 52 e nos §§ 1º e 2º do art. 54, mas abrangem cláusulas pertinentes, reputadas nulas de pleno direito no art. 45, e ainda comportamentos sujeitos a sanções de ordem contravencional tipificados no art. 43 (quanto às condutas tipificadas como crimes no art. 44, refogem à natureza da locação não-residencial).

A regra da renovação compulsória da locação, nos termos da lei, está implícita, mas assegurada com suficiente clareza na técnica de redação da casuística do § 2º do art. 52, que não admite recusa do locador por um fundamento tradicional previsto na lei para as locações protegidas em geral.

É que o locador tem como atividade primária a de empreendedor, que se justifica em avaliar, organizar e administrar o *tenant mix*, e não em realizar comércio direto de venda de produtos ou serviços ao público, em concorrência com os lojistas aderentes ao empreendimento, que é de risco comum, para todos e cada um, por desempenho.

Pelo texto do art. 54, a locação de espaço em *shopping center* não se presume, devendo ser pactuada por instrumento contratual escrito para que prevaleçam as condições livremente articuladas.

Com a previsão expressa de que prevalecerão as disposições procedimentais da Lei 8.245/1991 nas relações locatícias de *shopping center* entre empreendedores e lojistas (art. 54, *caput*), têm aplicação irrestrita as disposições gerais sobre os procedimentos (art. 58), bem assim as disposições sobre as ações de despejo, consignação em pagamento, revisional de aluguel e renovatória da locação (arts. 59-75). E, como título executivo, esse contrato de locação enseja execução forçada por aluguel de imóvel (arts. 566 e 585, V, do CPC).

Embora não esteja dito expressamente no art. 54, consideram-se aplicáveis, outrossim, as disposições sobre locação não-residencial que não colidirem com as peculiaridades das condições livremente pactuadas nos contratos de locação de espaço.

Também as disposições substanciais da locação em geral da Lei 8.245/1991 são invocáveis supletivamente ou como fonte de interpretação em casos de lacunas ou de dúvidas das cláusulas dos contratos. Em segundo plano, estão disponíveis as normas civis codificadas sobre locação de coisas (arts. 565 a 578 do CC).

Finalmente, os preceitos de ordem pública e o das nulidades (art. 45), por alcançarem todas as modalidades de locações não excluídas da Lei 8.245/1991, incidem, em princípio, no que couberem, também nas locações de espaço em *shopping center*.

O valor da causa ("12 meses de aluguel") nas ações referentes à locação de *shopping center* constitui questão processual que deve ser resolvida pela integração do inciso III do art. 58 com o critério de convenção do aluguel inerente à peculiaridade dessa relação locatícia livremente pactuada.

Assim, a unidade de referência mais objetiva será a do piso fixo mínimo mensal, com exclusão de outros critérios possíveis, eventuais, complementares e flexíveis.

Do aluguel dúplice, composto de dois elementos determinados ou determináveis, um fixo (piso mínimo) e outro variável ou pela *performance* (percentual sobre faturamento), não deve ser tomado como parâmetro o componente variável para fixação do valor da causa, pela sua própria natureza complexa; e que seria causa potencial geradora de incertezas e incidentes de impugnação do valor da causa nas ações locatícias se ficasse ao arbítrio de cada parte a escolha de um dos outros dois referenciais, conforme lhe conviesse, como a apuração da média ou do limite máximo (mês a mês) nos últimos 12 meses antes do ajuizamento.

36.2 "Res sperata" no "tenant mix" do "shopping center"

No REsp 152.497-SP, a 4ª Turma do STJ (rel. Min. Ruy Rosado de Aguiar), ao examinar contrato de reserva de área comercial para posterior instalação de loja em centro comercial, legou primorosa conceituação do negócio jurídico do *shopping center* e, nele, do contrato de reserva de destinação de espaço futuro pelo lojista, mediante prestação de recursos (*res sperata*) inerente ao *tenant mix* do empreendimento, *verbis*: "O negócio jurídico que reúne empreendedora de *shopping center* e lojista é misto e regula relações de natureza vária. Apesar de sua complexidade, nem por isso perde a unidade, especialmente considerando-se que tudo é contratado tendo em vista uma única finalidade principal, que é a instalação de uma loja no recinto do *shopping center*, estabelecimento comercial que tem características próprias, entre elas a de garantir a afluência do público com a instalação de alguns pontos comerciais especialmente atrativos para grande número de pessoas, o que beneficia o pequeno comerciante, e adotar um certo perfil na distribuição dos pontos, seja quanto à localização, seja quanto à natureza do negócio que realizam. O contrato de reserva da localização (*res sperata*) serve para captar recursos na fase de construção (Caio Mário, "*Shopping center*", *RT* 580/19)".

Entendemos que a *res sperata* (quantia inicial paga na primeira fase – e não para renovação – pelo lojista para assegurar-se da futura posse do espaço no *tenant mix* que pretenda tomar em locação; esta, então, contratada sob condição suspensiva ou de espera da conclusão do empreendimento) é instituto vocacionado próprio do sistema mercadológico de participação no *tenant mix* de *shopping center*, que não infringe a proibição de luvas.

Duas outras razões corroboram essa assertiva. A primeira é que se trata de contribuição inicial que não afeta o direito de renovação da locação, até porque se for por prazo inferior ao mínimo legal nem há falar em proteção concernente ao direito de renovação compulsória. A segunda: é a própria Lei de Locações que homologa a prevalência expressa e ampla das "condições livremente pactuadas nos contratos de locação respectivos", por reconhecer que a locação é apenas uma das relações jurídicas inseridas num complexo negócio jurídico-econômico muito mais amplo.

As *luvas* para renovação da locação protegida é que são proibidas e até incogitáveis em face do direito assegurado ao locatário, na forma da Lei de Locações.

36.3 Cláusula de raio

Uma nova cláusula contratual, que alguns *shoppings* inserem nos seus contratos empresariais dessa atividade, de natureza organizativa, é a já chamada "cláusula de raio", que limita o exercício das atividades dos lojistas participantes, ao lhes atribuir um dever de abstenção de se estabelecerem com a mesma atividade no espaço geográfico circular, de raio variável, tendo como centro o *shopping* em que já estão estabelecidos, para não concorrer com este, ao menos durante um certo lapso temporal, para também não ofender o princípio da liberdade de iniciativa privada e o direito concorrencial.

Cabe averiguar se nas tratativas entre empresários está presente essa cláusula-condição pactuada livremente (art. 54), em cada caso.

36.4 COFINS, PIS. Incidência sobre receitas das administradoras de "shopping centers" oriundas de aluguel da locação de lojas e espaços

A 1ª Seção do STJ e as 1ª e 2ª Turmas que a compõem reiteraram entendimento já antes pacificado, mas que de início esteve dividido, em favor do Fisco, no sentido da incidência da COFINS e do PIS sobre as receitas de aluguel de imóvel próprio de pessoas jurídicas, das administradoras dos *shopping centers*, oriundas da locação das lojas, mesmo quando o aluguel seja pago em percentual sobre o faturamento do lojista locatário, inobstante tratar-se de uma relação jurídica contratual mais ampla, de natureza mista, ante a contrapartida de prestação de serviços pelo administrador, como manutenção, segurança, *marketing* e estacionamento. O último julgamento é da 2ª Turma, no REsp 748.260-RS (rela. Min. Eliana Calmon, j. 4.9.2008), em que são citados como precedentes os EREsp 727.245-PE (*DJU* 6.8.2007), EREsp 662.978-PE (*DJU* 5.3.2007) e EREsp 712.080-PR (*DJU* 16.6.2008), em que toda a matéria é debatida e esclarecida.

Essa surpreendente inovação legislativa e interpretativa abre ensejo a futuras colocações sobre a natureza do contrato de locação em *shopping center*, ao qual se agrega a contrapartida lógica da prestação de serviços essenciais pelo locador à comunidade de lojistas locatários; de modo que no aluguel do imóvel está embutida parcela de receita destinada a custeio a cargo do empreendedor, que tem inata a coordenação das atividades do centro comercial, sem que isto afete o contrato de locação, como tal disciplinado na Lei 8.245/1991.

37

Desocupação Liminar e Tutela Antecipada: Generalidades e Casuística em Ação de Despejo

37.1 Generalidades sobre antecipação de tutela. 37.2 Mútuo acordo. 37.3 Extinção da relação de emprego. 37.4 Término da locação para temporada. 37.5 Morte do locatário sem sub-rogação na locação. 37.6 Permanência de sublocatário no imóvel. 37.7 Observações sobre o despejo do sublocatário pelo locador. 37.8 Tutela antecipada na relação locatícia. Conclusões.

37.1 Generalidades sobre antecipação de tutela

A concessão da liminar de desocupação do imóvel em ação de despejo (§ 1º do art. 59 da Lei 8.245/1991) inspirou-se no modelo do instituto processual da antecipação de tutela específica, então introduzido no Direito Brasileiro pelo art. 84 e seus §§ do CDC, para cumprimento de obrigação de fazer ou não fazer que assegure resultado prático equivalente ao do adimplemento.

Com a "Reforma do Código de Processo Civil" operada através da alteração dos arts. 273, 461 e 461-A, outros elementos inovadores foram ministrados pelo legislador comum, que podem melhor informar subsidiariamente a disciplina do incidente processual antecipatório de tutela na ação de despejo, ao menos nas hipóteses enumeradas na Lei de Locações, "admissível, em princípio, a antecipação da tutela para desocupação de imóvel em ações de despejo, desde que evidenciado o preenchimento dos requisitos previstos no art. 273 do CPC" – como já bem, iterativamente, entendeu a 35ª Câmara de Direito Privado do TJSP no AI 1.182.086-0/7 (rel. Des. Clóvis Castelo, j. 9.6.2008).

O certo é que, modernamente, por razões bem conhecidas – de acesso ao Judiciário, de um lado, e de efetividade do processo, de outro –, a tendência é a generalização do instituto da tutela antecipada, ou do seu equivalente, como emerge de propostas mais recentes contidas em estudos e anteprojetos para reforma mais profunda do processo civil brasileiro.

No STJ foi acolhido o posicionamento doutrinário pelas várias Turmas, como se vê no AgR na MC 4.205-RS, da 5ª Turma (rel. Min. José Arnaldo da Fonseca): "A doutrina tem sustentado ser cabível a tutela antecipada em toda ação de conhecimento, seja a ação declaratória, seja constitutiva (negativa ou positiva), condenatória, mandamental (...)" – invocando, ainda, precedentes da 3ª Turma (REsp 195.224-PR, rel. Min. Waldemar Zveiter, j. 15.12.2000) e da 1ª Turma (REsp 231.560-CE, rel. Min. Garcia Vieira, *DJU* 28.2.2000).

Ressalva-se – voltando às peculiaridades próprias da ação de despejo – a incidência da norma do § 2º do art. 65 da Lei 8.245/1991, que proíbe radicalmente qualquer modo de execução do despejo até o trigésimo dia seguinte ao do falecimento de familiares das pessoas que habitem o imóvel, penalizando até criminal e civilmente os infratores (art. 44, IV e parágrafo único, da Lei 8.245).

A Lei 8.245 rompeu com a tradição e instituiu uma notável inovação, de caráter excepcional, na ação de despejo que tenha por fundamento exclusivo um dos cinco motivos dispostos em *numerus clausus* nos incisos I a V do § 1º do art. 59, ao autorizar a concessão de liminar para desocupação do imóvel em 15 dias, inclusive *inaudita altera pars*, desde que, como condição geral, o autor, pleiteando a medida na inicial, tenha desde logo oferecido em garantia caução no valor equivalente a três meses de aluguel.Além da condição geral prevista no texto do § 1º, e, obviamente, com a permanência do locatário, sublocatário ou terceiro, conforme o caso, no imóvel, no momento da propositura da ação, a lei estabelece pressupostos específicos pertinentes a cada uma das hipóteses circunstancialmente consideradas, que diferem entre si.

37.2 Mútuo acordo

Assim, na casuística do inciso I do § 1º do art. 59 da Lei 8.245/1991 (descumprimento de mútuo acordo – art. 9º, I), a medida liminar supõe: (a) distrato formalizado por documento escrito extrajudicialmente, com assinatura das partes e duas testemunhas; (b) ajuste de prazo convencional mínimo de seis meses para desocupação; e (c) decurso desse prazo, contado da data da assinatura do instrumento.

O "mútuo acordo", aqui, autorizador da concessão de liminar não será o do art. 70, exeqüível como título judicial (sentença homologatória), nos *próprios autos* da ação de revisão do aluguel, e nem o do art. 61, próprio das ações de despejo fundadas no § 2º do art. 46 e nos incisos III e IV do art. 47.

37.3 Extinção da relação de emprego

Já na casuística do inciso II do § 1º do art. 59 da Lei 8.245/1991 (rescisão do contrato de trabalho – art. 47, II) a concessão da medida liminar depende ou da apresentação de prova escrita da extinção da relação de emprego, ou da sua demonstração em audiência prévia, conforme seja indicado na inicial.

37.4 Término da locação para temporada

Para a casuística do inciso III do § 1º do art. 59 da Lei 8.245/1991 (término do prazo da locação para temporada – art. 50, *caput*) a concessão da liminar está subordinada à propositura da ação dentro de 30 dias após o vencimento do contrato.

O que não significa que a liminar só possa ser concedida se a locação tiver sido instrumentalizada necessariamente por contrato escrito, porque o emprego do vocábulo "contrato", no texto legal, tem sentido amplo, de qualquer meio de prova escrita convincente.

37.5 Morte do locatário sem sub-rogação na locação

O quarto caso enumerado (morte do locatário sem deixar sucessor legítimo sub-rogado na locação) é de compreensão estrita para locação de finalidade residencial.

É *sui generis* a hipótese, porque, falecido o locatário, não se cogita do *de cujus* como réu da ação de despejo, nem de sub-rogado na locação, precisamente por não ter deixado sucessor (cônjuge supérstite etc. residente no imóvel – art. 11, I). Daí que a ação de despejo, seguindo o princípio contido no art. 5º, é cabível, e com medida liminar, em consideração ao fato do término da relação de locação por morte do locatário sem ocorrência de sub-rogação. Devendo ser proposta contra os eventuais ocupantes identificados, estranhos à relação locatícia finda, a concessão da ordem liminar de desocupação depende da comprovação dos fatos expostos desde logo com a inicial ou em audiência de justificação prévia; ônus cujo desempenho deve ser facilitado pelo juiz, em face da dificuldade de prova negativa de fatos de difícil domínio pelo locador.

37.6 Permanência de sublocatário no imóvel

Por fim, a casuística do inciso V do § 1º do art. 59 da Lei 8.245/1991 refere-se à permanência exclusivamente de sublocatário no imóvel após a extinção da locação (art. 15). Isto é, já estando resolvida a sublocação, o desaparecimento conseqüente do título que legitimava a ocupação do imóvel pelo sublocatário é que autoriza e legitima o exercício direto extraordinário da ação de despejo contra ele pelo locador; e, porque ausente a relação locatícia com o sublocatário remanescente na posse do imóvel, a lei concede ao locador o efeito da concessão da ordem para desocupação *initio litis*, no prazo de 15 dias.

37.7 Observações sobre o despejo do sublocatário pelo locador

Esta última espécie, supra-anotada, revela um aspecto colateral surpreendente, que implica a seguinte conclusão lógica: só é cabível essa ação direta contra o sublocatário desde que ou se e quando não tenha havido ação de despejo contra o locatário. Isto é, se a desocupação tiver ocorrido independentemente de processo judicial, ou se na ação de despejo movida efetivamente contra o locatário não tenha sido cumprido o disposto na regra cogente do § 2º do art. 59, não se tenha dado ciência ao sublocatário; caso de infringência, em que a coisa julgada não o alcança, por não ter sido parte, e, pois, obriga o locador a mover uma segunda ação, autônoma, precisamente contra o sublocatário ignorado na primitiva ação de despejo, mas agora com a força nova, de desocupação liminar, consoante permissivo do inciso V do § 1º do art. 59.

É conseqüência jurídica do sistema legal.

Pode-se imaginar, no caso figurado, que, desconsiderado o sublocatário na primitiva ação de despejo, ao ser molestado com ameaça de execução da ordem de despejo, opôs-se por embargos de terceiro e terá saído vencedor, mantido na posse do imóvel até que lhe fosse movida a ação direta de despejo, que acima estudamos.

37.8 Tutela antecipada na relação locatícia. Conclusões

A orientação jurisprudencial, como visto no item 37.1, é no sentido do cabimento de antecipação dos efeitos da tutela em todas as ações de conhecimento, inclusive nas ações de despejo, como se vê do REsp 445.863-SP (STJ, 5ª Turma, rel. Min. José Arnaldo da Fonseca, j. 5.12.2002 – confirmando julgamento da 10ª Câmara do extinto 2º TACivSP, de relatoria da Juíza Rosa Maria de Andrade Nery, que, por sua vez, fundara-se na lição doutrinária de Gildo dos Santos, in *Locação e Despejo*, 4ª ed., São Paulo, Ed. RT, pp. 361-363), cuja ementa está no *DJU* de 19.12.2002, *verbis*: "Ação de despejo – Tutela antecipada – Possibilidade. Cabível, nas ações de despejo, a antecipação de tutela, como o é em toda ação de conhecimento, seja a ação declaratória, seja constitutiva (negativa ou positiva), condenatória, mandamental, se presentes os pressupostos legais".

Outro julgamento, oriundo da 31ª Câmara de Direito Privado, AI 1.125.108-0/9, de São Paulo (rel. Des. Francisco Casconi, j. 4.3.2008): "Locação de Imóveis – Ação ordinária de despejo – Denúncia vazia – Antecipação de tutela para desocupar o imóvel em 15 dias – Requisitos legais da Lei Inquilinária atendidos, presentes aqueles do art. 273, I, do CPC – Recurso não provido".

Veja-se, ainda: STJ, 6ª Turma, REsp 595.172-SP (rel. Min. Paulo Gallotti, j. 21.10.2004, ementa no *DJU* 1.7.2005, p. 66).

Na verdade, mais que isso, a tutela antecipada, que, nas ações locatícias, demanda a presença dos requisitos ali estabelecidos (art. 59, § 1º), transcende seus lindes, já que há situações concretas em que, verificados a verossimilhança e o receio de dano irreparável ou de difícil reparação, mas desde que revogável, exigem a concessão liminar, de modo que o próprio contrato, por desvirtuamento culposo de uma das partes, tem sua vocação e finalidade alterados. E isso se sustenta na má utilização do bem imóvel ou, mesmo, no desvio de finalidade a que se propôs a locação.

Os arts. 273, 461 e 461-A do CPC, como dito no início do item 37.1, *retro*, são invocáveis, em termos.

38

Fiança Locatícia

38.1 Aspectos relevantes e inovações codificadas. 38.2 Exoneração da garantia pelo fiador, renúncia a esse direito disponível e as Súmulas 214 e 268 do STJ. 38.3 Outros temas sobre fiança locatícia: vênia conjugal, nulidade e a evolução da Súmula 332 do STJ. 38.4 A fiança locatícia é título executivo extrajudicial?. 38.5 Penhorabilidade da moradia familiar do fiador locatício e a Emenda Constitucional 26/2000. Controvérsias que se sucedem. 38.6 O fiador e as cumulações conexas objetiva e subjetiva de pedidos em ação de despejo por falta de pagamento. 38.7 Legitimidade passiva do fiador.

38.1 Aspectos relevantes e inovações codificadas

Como se depreende do texto explicativo do art. 818 do CC de 2002, pode-se sintetizar o enunciado jurídico conceitual de fiança locatícia como formal pacto acessório escrito de garantia pessoal (*intuitu personae*), subsidiária e limitada. Não se estende a pessoas diversas, não se prolonga no tempo, nem se alarga para outras obrigações o contrato pelo qual um terceiro – o fiador –, salvo cláusula de solidariedade passiva com renúncia ao benefício de ordem, assegura, com prazo certo ou não, ao credor de um contrato principal, escrito ou não, o adimplemento de obrigação futura assumida pelo devedor afiançado, caso este não a satisfaça. Aí, responde, então, pelo inadimplemento com todo seu patrimônio, até a ocorrência de alguma causa de extinção da garantia, com soluções variáveis ao sabor ou em função dos acontecimentos; isto é, pode-se saber como começa, mas não como acaba a fiança locatícia, até pelo que dispõem os arts. 204, § 3º, 818 a 839, 1.642, IV, e 1.645 a 1.650, todos do CC de 2002.

Como modalidade de garantia locatícia (art. 37, II, da Lei 8.245/1991), a fidejussória é a mais praticada no mercado. E, "salvo disposição contratual em contrário" – diz, genericamente, o art. 39, aludindo a todas e quaisquer modalidades de garantia –, estende-se até a efetiva devolução do imóvel locado, sendo vedada, sob pena de nulidade, mais de uma modalidade para garantia de um mesmo contrato de locação – complementa o parágrafo único do art. 37.

Nesse sumário estão reunidas quase todas as fontes de problemas e questionamentos acerca da fiança que mais têm suscitado busca de soluções, na interpretação sistemática, dadas pela jurisprudência, que faz integração dos dispositivos da Lei de Locações e da matriz desse instituto de garantia, que é o Código Civil.

A fiança, conquanto represente obrigação unilateral do fiador, é contrato bilateral, firmado por este em face do credor do devedor afiançado, mesmo sem ciência ou até contra a vontade deste.

Quer dizer que, se o fiador compromete-se a pagar "caso" o afiançado não o faça, resulta ser a fiança, por natureza, *subsidiária*, o que exclui a *solidariedade passiva* – insista-se –, salvo cláusula expressa (art. 265 do CC de 2002), pela qual assuma voluntariamente ser devedor principal, tornando-se coobrigado solidário no contrato de locação, o que implica renúncia ao benefício de ordem próprio da fiança pura e simples. A renúncia ao benefício de ordem (assunção de solidariedade passiva) não implica renúncia à exoneração da garantia e da responsabilidade após o prazo originariamente pactuado e prorrogado.

38.2 Exoneração da garantia pelo fiador, renúncia a esse direito disponível e as Súmulas 214 e 268 do STJ

De início recorde-se que, de regra, "renúncia insere-se no âmbito de disponibilidade dos direitos do fiador" (Gildo dos Santos), com a ressalva, entretanto, conforme entendimento do STJ, de que "é nula a cláusula contratual mediante a qual o fiador renuncia ao direito de exonerar-se da obrigação, nas hipóteses em que a locação vige por prazo indeterminado" (5ª Turma, REsp 884.917-PR, rel. Min. Arnaldo Esteves de Lima, j. 17.4.2007, ementa no *DJU* 14.5.2007, p. 393).

A eventualidade de renúncia do fiador ao direito de se exonerar da garantia fidejussória de tempo indeterminado é, de fato, outra questão que deu ensejo ao posicionamento do STJ, no sentido de que: "a fiança dada em contrato de locação com cláusula *até a entrega das chaves* não implica renúncia à faculdade de exonerar-se o fiador da garantia concedida pelo art. 1.500 do CC de 1916" (rel. Min. Cláudio Santos, *RSTJ* 11/364) – correspondente, em parte, ao art. 835 do CC de 2002. E, coerente, o STJ assentou que, "respondendo o fiador pelas obrigações pactuadas até a desocupação do imóvel locado, é válida a cláusula mediante a qual renuncia ele ao direito de exonerar-se da fiança (art. 1.500 do CC de 1916), ainda que a locação se tenha prorrogado por prazo indeterminado" (rel. Min. Edson Vidigal, *RT* 737/188).

A fiança com cláusula até a entrega das chaves é fiança *a termo* (mas sem limitação de tempo), com os efeitos jurídicos conseqüentes, de estar o fiador obrigado a respeitar o prazo determinado, e só depois disso poderá promover interpelação para verificar-se a extinção de sua eficácia em locação prorrogada, nos termos inovadores do art. 835 do CC de 2002.

Como ainda ensina Gildo dos Santos, se os reajustes dos locativos atenderam ao que o contrato previa, com o pressuposto do efetivo conhecimento do fiador ao prestar a fiança, subsiste sua responsabilidade pelos aumentos verificados enquanto eficaz a garantia.

O que o STJ vinha não admitindo era a interpretação extensiva da fiança se o fiador não deu expressa anuência à prorrogação, não se satisfazendo com a cláusula genérica de responsabilização até a entrega das chaves (REsp 440.110-SP, rel. Min. José Arnaldo da Fonseca, *DJU* 11.11.2002, p. 284, e, entre outros, REsp 422.079-MG, rel. Min. Jorge Scartezzini, *DJU* 11.11.2002, p. 270).

A 6ª Turma do STJ consolidou entendimento no sentido de que os fiadores continuam responsáveis pelos débitos locatícios posteriores à prorrogação legal do contrato se anuíram expressamente a essa possibilidade, no REsp 755.226 (rel. Min. Carlos Fernando Mathias, j. 18.9.2007).

Começa a ganhar espaço a reinterpretação da Súmula 214 no próprio STJ, para limitar a extinção da fiança no sentido mesmo em que ela fora concebida, que distingue entre *prorrogação* do contrato de locação no qual foi prestada a garantia fidejussória e *aditamento* sem anuência do fiador, para restringir a desoneração do fiador locatício apenas nesta segunda hipótese (*aditamento* contratual sem sua anuência). Manteve-se aquela responsabilidade nos casos de prorrogação legal ou tácita do contrato locativo, a que o fiador comprometeu-se até a devolução do imóvel, porque não se confundem as situações – isto é, se anuiu expressamente à possibilidade de não se exonerar ou, quando for o caso, enquanto não se exonerar na forma do art. 835 do CC de 2002.

Foi como decidiu a 6ª Turma no REsp 821.935-RS, por maioria de votos, em 2.8.2007 (rel. Min. Nilson Naves, vencido, designado para lavrar o acórdão o Min. Paulo Gallotti, com voto vencedor e condutor do julgamento), na esteira de recente entendimento da 3ª Seção.

Enfim, a mais recente posição do STJ é no sentido esclarecedor de que a Súmula 214 não se aplica à prorrogação do contrato, mas apenas à hipótese de aditamento contratual sem a anuência do fiador, como consta do enunciado sumular.

De todo modo, como dito antes, pelo art. 835 do CC de 2002, se por prazo indeterminado, pode o fiador exonerar-se, respondendo tão-só até o final dos 60 dias da notificação, pela qual se opera a cessação dos efeitos da fiança sem prazo determinado, que não se confunde com *fato determinado*, tal como a entrega das chaves.

A Súmula 214 do STJ corrobora o sentido abrangente das restrições que reconhece: "O fiador na locação não responde por obrigações resultantes de aditamento ao qual não anuiu". Interpreta-se restritivamente o tempo de duração da garantia, também quanto aos reajustes e acessórios (benefício de divisão), ou ainda quanto à solidariedade passiva (renúncia ao benefício de ordem).

Logo, se o reajuste decorrer de sentença em ação revisional de aluguel, ou de aditamento contratual, é preciso que tenha tido ciência ou participação para que responda o fiador.

E, ainda, a Súmula 268 do STJ é peremptória: "O fiador que não integrou a relação processual na ação de despejo não responde pela execução do julgado".

Daí o corolário decorrente: no STJ consolida-se o entendimento que admite a cumulação, num único processo, da ação de despejo por falta de pagamento com a cobrança dos respectivos aluguéis não só contra o locatário, mas também em conjunto litisconsorcial com seu fiador; de resto, nos termos do art. 62, I, da Lei de Locações, combinado com os arts. 46 e 292 do CPC.

Dando eficácia ao princípio da interpretação restritiva (arts. 114 e 819 do CC de 2002) e no sentido mais favorável ao fiador, o art. 2.036 do atual CC não é empecilho a que, sobre a *exoneração do fiador* (art. 835 do CC de 2002), a nova sistemática evoluísse tecnicamente em relação à anterior, no ponto relevante em que, prestada a garantia "sem limitação de tempo", agora desobriga-se o fiador locatício após o decurso de 60 dias da denúncia ou notificação devida e inarredável ao credor – solução de efetiva unilateralidade ("sempre que lhe convier"); o que difere do antigo modelo, do art. 1.500, pelo qual não bastava a manifestação formal da vontade do fiador para exonerar-se da fiança assinada sem tempo indeterminado, de vez que a liberação só operava com a concordância do credor (ato amigável) ou por via jurisdicional (sentença favorável), ou a partir da citação na ação pertinente que era instado o fiador a mover contra o locador.

Enfim, a atual regra (art. 835 do CC de 2002) simplificou ao operar os efeitos legais da conveniência do fiador notificante, dispensadas a concordância do locador ou a obtenção de sentença de exoneração – repita-se – em caso de fiança assinada "sem limitação de tempo", nas várias acepções desse conceito aberto no âmbito da locação imobiliária.

Se se tratar de fiança locatícia por prazo determinado que se tenha prorrogado por tempo indeterminado a solução é outra, desde que assumida a obrigação por cláusula contratual específica expressa de permanência da responsabilidade do fiador até a efetiva restituição do imóvel, conforme nova orientação que se firmou na 3ª Seção do STJ, refletida, por exemplo, nos EREsp 791.077-SP (rel. Min. Arnaldo Esteves Lima, j. 28.3.2007, v.u., ementa no *DJU* 28.5.2007, p. 286), nestes termos: " Civil – Locação – Embargos de divergência em recurso especial – Contrato de locação por tempo determinado – Fiança – Término do prazo originalmente pactuado – Exoneração – Impossibilidade – Responsabilidade dos fiadores até a efetiva entrega das chaves do imóvel – Embargos de divergência acolhidos. 1. A 3ª Seção do STJ, no julgamento dos EREsp n. 566.633-CE, firmou o entendimento de que, havendo, como no caso vertente, cláusula expressa no contrato de aluguel de que a responsabilidade dos fiadores perdurará até a efetiva entrega das chaves do imóvel objeto da locação, não há falar em desobrigação por parte destes em razão do término do prazo originalmente pactuado. 2. Embargos de divergência rejeitados".

O caso não é de interpretação extensiva, e sim de cumprimento da avença, como já havia ssinalado um outro acórdão da 6ª Turma do STJ (REsp 435.449-PR, rel. Min. Fernando Gonçalves, ementa no *DJU* 30.9.2002) – aliás, dentro do espírito do art. 39 da Lei Locatícia, que diz "salvo disposição contratual em contrário", todavia em conformidade com a regência principiológica do Código Civil sobre o instituto da fiança.

De modo que na fiança locatícia prevalece a obrigação do art. 39 da Lei 8.245/1991, porém permanece aberta a faculdade do exercício da exoneração prevista no art. 835 do CC de 2002.

38.3 Outros temas sobre fiança locatícia: vênia conjugal, nulidade e a evolução da Súmula 332 do STJ

Outros temas da codificação que prevalecem, no âmbito da locação, sobre a fiança merecem atenção, como o da falta de participação do cônjuge no ato constitutivo: "É nula por inteiro a fiança prestada sem outorga uxória ou marital; porém essa nulidade só pode ser demandada pelo cônjuge que não a subscreveu ou por seus herdeiros, [*art. 299 do CC de 1916; art. 1.650 do CC de 2002*] pois não pode invocar a nulidade do ato aquele que o praticou, valendo-se da própria ilicitude para desfazer o negócio" (REsp 808.965-SP, 5ª Turma, rel. Min. Arnaldo Esteves Lima, j. 3.4.2007, precedentes citados: REsp 631.262-MG, *DJU* 26.9.2005, e REsp 268.518-SP, *DJU* 19.2.2001).

Daí a Súmula 332 do STJ: "A anulação de fiança prestada sem outorga uxória implica a ineficácia total da garantia". Sucede que, agora, em novo e mais adequado enunciado, a mesma Súmula 332 passa a ter a seguinte redação: "A fiança prestada sem autorização de um dos cônjuge implica a ineficácia total da garantia".

A prestação regular de fiança, inclusive locatícia, por qualquer dos cônjuges – isto é, dos casados civilmente (ou casados no religioso, com efeitos civis, nos termos do art. 1.515 do CC de 2002) – obedece à exigência do art. 1.647, *caput* e inciso III, do CC de 2002, exceto no regime de separação absoluta, que é a autorização ou vênia do outro cônjuge, sob pena de invalidade, que legitima a rescisão do contrato de fiança tanto pelo marido quanto pela mulher ou os herdeiros do cônjuge prejudicado (art. 1.642, *caput* e inciso IV, art. 1.645 e art. 1.650, *caput*, do CC); sendo certo, ainda, que o terceiro prejudicado com a sentença anulatória favorável ao autor terá direito regressivo contra o cônjuge infrator ou seus herdeiros (art. 1.646).

Outra nulidade, do parágrafo único do art. 37 da Lei 8.245/1991, que veda mais de uma garantia num mesmo contrato de locação, atinge só as subseqüentes à primeira, que se preserva válida e exigível, como é de jurisprudência, pelo reconhecimento de que só as garantias excedentes à primeira violam a lei. Também não é apanhada pela regra que veda a duplicidade a fiança da fiança, porque é o *abono da solvência* do fiador por outrem; instituto que era contemplado como *subfiança* no art. 1.482 do CC de 1916 e que deixou de ter correspondência no Código Civil de 2002, mas nem por isso ficou proibido, como bem nota Gildo dos Santos,[1] por se tratar de *abono* ao fiador, e não ao locatário.

38.4 A fiança locatícia é título executivo extrajudicial?

A executividade da fiança pode, como título extrajudicial, em tese, decorrer do inciso II ou do inciso III do art. 585 ou, ainda, por inferência do art. 595, *caput* e seu parágrafo único, todos do CPC: documento

1. Gildo dos Santos, *Fiança*, São Paulo, Ed. RT, 2006, n. 8, "Modalidades", p. 49.

particular (genérico) assinado pelo fiador e duas testemunhas; ou pela abrangência da espécie fiança no trato legal do instituto da *caução* em garantia, que lhe deferem a doutrina e a jurisprudência. Mas, por ser acessória a fiança, sua executividade depende da força executiva do contrato principal – no caso, o contrato de locação formalizado também por escrito, até para o exercício da sub-rogação ou, ainda, do benefício de ordem que tenham lugar no mesmo procedimento na fase de embargos à execução (art. 595 e parágrafo único do CPC) do fiador em relação ao seu afiançado-executado.

A interrupção da prescrição trienal da pretensão a aluguéis produzida contra o devedor principal (locatário) alcança e prejudica o fiador (§ 3º do art. 204 do CC).

38.5 Penhorabilidade da moradia familiar do fiador locatício e a Emenda Constitucional 26/2000. Controvérsias que se sucedem

Finalmente, quanto à penhorabilidade do bem de família do terceiro fiador locatício[2] (art. 3º, VII, da Lei 8.009, de 29.3.1990) ou quanto à impenhorabilidade do bem de família do locatário afiançado, o tema é turbulento, com idas e vindas.

Na prevalência dessa distinção, o fiador locatício que tenha sofrido excussão do seu único bem familiar, penhorado em pagamento da dívida do locatário afiançado, não terá como excutir, regressivamente, por sub-rogação legal (aliás, por isso, direito adrede frustrado), o único bem familiar, impenhorável, do seu locatário afiançado. Nem poderá esse fiador executável exercer o direito de benefício de ordem do art. 595 do CPC quanto ao aludido bem familiar do locatário afiançado; mas poderia se fosse comum fiador civil de afiançado não-locatário, por dívida não-locatícia.

Para ilustrar, vem a propósito a solução dada no REsp 263.114-SP (STJ, 6ª Turma, rel. Min. Vicente Leal, j. 10.4.2001), conforme excertos extraídos da ementa no *DJU* de 28.5.2001: "(...). Sub-rogação do fiador que paga dívida oriunda de débitos locatícios – Impenhorabilidade do bem de família do locatário (...). Com o pagamento da dívida pelo fiador da relação locatícia, fica este sub-rogado em todas as ações, privilégios

2. Foi a Lei de Locações (n. 8.245/1991) que acrescentou ao art. 3º da Lei de Impenhorabilidade, de 1990, a exceção do inciso VII: "por obrigação decorrente de fiança concedida em contrato de locação".

e garantias que tinha o locador-credor em relação ao locatário-devedor, nos termos do CC, art. 988 (...). Se ao locador-credor não é possibilitado constringir judicialmente o imóvel do locatário, e a sub-rogação transmite os direitos e ações que possuía o credor, conseqüência lógica é que ao fiador tal privilégio não pode ser assegurado, de vez que não existia para o credor primitivo – Recurso especial conhecido e provido".

Eis que com o advento da Emenda (programática) Constitucional 26, de 14.2.2000, foi incluída a tutela do *direito de moradia* entre os direitos sociais, norma de direito público, que começava a ser interpretada com expansão para o direito privado, como "eficácia dos direitos fundamentais entre particulares" – isto é, como ônus também do particular, diverso de outros direitos sociais devidos pela "atividade prestacional social" do Estado, como saúde, trabalho, educação, previdência, segurança etc.

Pondere-se que a prestação de fiança locatícia é um ato consciente, unilateral, de regra tem caráter benéfico voluntário *intuitu personae*, o que atribui cunho restrito ao seu conteúdo (como conceituado no TJRJ, 5ª Câmara Cível, ACi 2006.001.03338, rel. Des. Milton Fernandes de Souza, j. 28.3.2006), de livre disposição no exercício da cidadania, pelo qual o fiador obriga-se a responder com todos os seus bens, na forma da lei.

Daí que a Emenda 26/2000 começou a receber interpretação que dava como não mais recepcionado pelo art. 6º da CF o inciso VII do art. 3º da Lei 8.009/1990, acrescido pelo art. 82 da Lei 8.245/1991, que ressalvava a penhorabilidade "por obrigação decorrente de fiança concedida em contrato de locação" – isto é, excluía a fiança locatícia da regra de impenhorabilidade.

Ficou conhecida, nesse sentido, pela sua repercussão, decisão monocrática do Min. Carlos Velloso, do STF, no RE 352.949-4-SP, de 25.4.2005, que invocava os princípios da isonomia e da hermenêutica para incluir na regra da impenhorabilidade, no plano civil-privado, o bem de família (imóvel residencial) do casal ou de entidade familiar do fiador em contrato de locação de imóvel, por se tratar de direito fundamental de segunda geração (social) o da moradia, que a todos obriga.

Entretanto, no próprio Pretório Excelso, menos de um ano depois, sobreveio fixação de posicionamento majoritário diverso, como consta das ponderações enunciadas no voto condutor, no REsp 407.688-SP (rel. Min. Cezar Peluso, íntegra no *Informativo* 416, de 22.2.2006), que não vê incompatibilidade entre a norma infraconstitucional da penhorabilidade do único bem residencial de família do fiador locatício e o disposto no art. 6º da CF, que, por força da redação introduzida pela Emenda Constitucional 26/2000, não teria recepcionado aquela que abriu exceção à impenhorabilidade.

Nos dois julgamentos ocorreu exame de matéria estritamente do ponto de vista constitucional sobre o direito social de moradia, sendo que no último prevaleceu o entendimento de que:

"A regra constitucional enuncia *direito social*, que, não obstante suscetível de qualificar-se como direito subjetivo, enquanto compõe o espaço existencial da pessoa humana, *independentemente da sua justiciabilidade e exeqüibilidade imediatas*, sua dimensão objetiva supõe provisão legal de *prestações aos cidadãos*, donde entrar na classe dos chamados *direitos a prestações, dependentes da atividade mediadora dos Poderes Públicos*. Isso significa que, em teoria, são várias, senão ilimitadas, as modalidades ou formas pelas quais o Estado pode, definindo-lhes o objeto ou o conteúdo das prestações possíveis, concretizar condições materiais de exercício do direito social à moradia. (...). Daí se vê que não repugna à ordem constitucional que o direito social de moradia pode, sem prejuízo doutras alternativas conformadoras, reputar-se, em certo sentido, implementado por norma jurídica que estimule ou favoreça o incremento de oferta de imóveis para fins de locação habitacional, mediante previsão de reforço das garantias contratuais dos locadores. (...). Ou, noutros termos, a norma deveras comporta redução teleológica que, para a acomodar à tutela constitucional do direito social de moradia, na dupla face de resguardo simultâneo a direito subjetivo do fiador ao bem de família e, por viés, a análogo direito do locatário à habitação, exclua do seu programa normativo, sem mudança alguma do texto legal, certa *hipótese de aplicação*, qualificada pela existência de outro ou outros meios capazes de assegurar o pagamento forçado de todo o crédito do locador. A essa construção, no plano dogmático, corresponde o conceito puro de *declaração de nulidade, sem redução de texto*. Mas não deixa de expressar também o *caráter negativo* da eficácia do direito social do fiador, visto como poder de defesa contra agressão a *posição jurídica* redutível ao seu âmbito de proteção. Mas não é caso dessa redução, porque aqui não se alega nem consta estejam disponíveis outras garantias ao crédito exeqüendo. (...). A expropriabilidade do bem do fiador tende, posto que por via oblíqua, também a proteger o direito social de moradia, protegendo direito inerente à condição de locador, não um qualquer direito de crédito. (...). Não admira, portanto, que, no registro e na modelação concreta do mesmo direito social, se preordene a norma subalterna a tutelar, mediante *estímulo do acesso à habitação arrendada* – para usar os termos da Constituição lusitana –, o direito de moradia de uma classe ampla de pessoas (interessadas na locação), em dano de outra de menor espectro (a dos fiadores proprietários de um só imóvel, enquanto bem de família, os quais não são obrigados a prestar fiança). Castrar essa técnica legislativa, que não preexclui ações estatais concorrentes doutra ordem, romperia o equilíbrio de mercado, despertando exigência sistemática de garantias mais custosas para as locações residenciais, com conseqüente desfalque do campo de abrangência do próprio direito constitucional à moradia.

"Do exposto, nego provimento ao recurso extraordinário" (fragmentos do voto do Min. Cézar Peluso).

Por tudo isto, "a frustração da garantia constitui ofensa ao princípio da boa-fé que deve alicerçar todo e qualquer contrato, inclusive a fiança para garantia da locação" – como bem advertiu o saudoso Mestre do direito imobiliário João Nascimento Franco, num dos seus últimos estudos.[3] Sem contar que o fiador pré-proprietário de mais de um imóvel no momento da assunção da fiança não está impedido de, no curso do contrato de garantia, alienar patrimônio e reduzir-se ao estado de sujeição à expropriabilidade negativa, cuja responsabilidade fica circunscrita aos termos dos arts. 826 e 836 do CC de 2002.

Essa é a posição atual. Resta aguardar como se orientarão, no futuro, em definitivo, as Cortes Excelsa e Superior.

38.6 O fiador e as cumulações conexas objetiva e subjetiva de pedidos em ação de despejo por falta de pagamento

Veja-se o item 33.7, *retro*.

38.7 Legitimidade passiva do fiador

Veja-se o item 20.1, *retro*.

3. João Nascimento Franco, "Penhora da residência do fiador", *Tribuna do Direito* julho/2005, p. 6.

39

Duas outras Modalidades de Garantia Locatícia: Caução e Seguro de Fiança

39.1 Considerações prévias. 39. 2 Caução idônea de aluguel. 39.3 Seguro de fiança locatícia.

39.1 Considerações prévias

Como a fiança fidejussória, as demais garantias locatícias também são cláusulas adjetas ou acessórias de assunção de responsabilidade pactuadas em face do locador, algumas, na prática, até mesmo contidas no instrumento principal de locação. Certo que todas devam ao menos ser ali referidas, prestadas por ocasião da contratação, pelo locatário ou por terceiros, na forma, nos limites e para os efeitos dos arts. 37 a 42 da Lei 8.245/1991; visam a proteger o direito do locador como credor contra o risco de descumprimento das obrigações, sobretudo financeiras, atribuídas ao locatário.

Por se tratar de obrigação acessória, a garantia locatícia é destinada a responder, de regra, supletivamente pelo pagamento do principal e encargos não adimplidos pelo devedor locatário, vigorante por toda a duração do trato locativo.

As garantias locatícias estão sujeitas a extinção por motivos previstos em lei; do que resulta a possibilidade de exigência de substituição (art. 40).

Ausente a garantia locatícia, qualquer que seja, cabe, alternativamente, ao locador exigir pagamento adiantado do aluguel – art. 42 da Lei 8.245/1991 – como forma imprópria e precária de garantia locatícia. Ou ainda valer-se do penhor legal. Quanto a este, veja-se o Capítulo 40, adiante.

39. 2 Caução idônea de aluguel

A caução, arrolada nos arts. 37 e 38 da Lei 8.245/1991 (em garantia do cumprimento das obrigações do locatário para com o locador), não exclui as espécies tradicionais do CC, art. 1.225, constituídas pelo registro próprio; e em si mesma a caução é uma garantia real mais tênue, pois satisfaz-se a Lei Locatícia com a simples averbação imobiliária, apenas para efeito de oponibilidade *erga omnes* sobre o imóvel e direitos sobre ele.

A caução é a garantia real, ampliada pela atual Lei de Locações, vinculativa de bens: móveis (direitos ou depósito de dinheiro em poupança), em sentido próprio; e também de bens imóveis, em sentido impróprio, afetados, até porque mediante averbação à margem da matrícula do imóvel, ao pagamento de aluguéis, encargos e prejuízos causados (art. 38, *caput* e seus três §§), a ser formalizada e ajustada com redução ou reforço pelos meios e com observância dos requisitos e formalidades ali indicados (LRP, averbação, art. 167, II, n. 8; e não registro, art. 167, I, que ensejaria direito de seqüela, sem impedimento à alienação). Sujeita-se, pois, a registro de publicidade competente para ser oponível a terceiros.

Inspira-se a caução do art. 38 da Lei de Locações no vetusto penhor legal (dos arts. 776, II, e ss. do CC de 1916, mantido com alterações nos arts. 1.467 e ss. do CC de 2002), com o qual não se confunde, sem excluí-lo quando cabível.

A caução, em qualquer das suas três modalidades, por natureza não transfere a titularidade do objeto, que não se incorpora ao patrimônio do locador, mas confere-lhe privilégio de preferência para excutir o crédito locatício sobre os demais outros de terceiros, até o término da locação, com quitação recíproca.

Por sua função estática e indisponível de segurança, não se presta a caução ao pagamento regular do aluguel, nem pode ser invocada como causa impeditiva da mora; pelo quê também não cabe ao caucionante utilizá-la para purgação da mora ou consignação em pagamento do aluguel no curso da locação.

Em que pese a proibição do pacto comissório no art. 1.428, *caput*, do CC de 2002, pelo parágrafo único, "após o vencimento, poderá o devedor dar a coisa [*objeto da garantia*] em pagamento da dívida" – o que enseja ao credor, ao término do contrato, seja qual for o fundamento da extinção da locação, lançar mão de pleno direito da caução para satisfação preferencial do seu crédito locatício pendente, até o limite legal, antes de se valer de eventual penhor legal dos arts. 1.467, II, e 1.469 e ss. do CC.

39.3 Seguro de fiança locatícia

Quanto ao seguro de fiança, não se trata de garantia sobre a garantia fidejussória que já tenha sido prestada por terceiro, como poderia parecer da literalidade do texto legal; mas é um seguro peculiar, com função análoga à de fiança, dentro dos padrões e pressupostos dos contratos de seguro em geral, cujo prêmio é pago pelo locatário – art. 23, XI, da Lei 8.245/1991 – à entidade seguradora. Compreende, pois, o mesmo sentido da fiança, mas de natureza própria, como específica modalidade de prestação (indenizatória) ao locador, instituída pela forma indicada por regulamentação governamental, garantindo, em princípio, a totalidade dos prejuízos do locador pelas obrigações do locatário inadimplidas até a restituição do imóvel, conforme teor da apólice, como resulta do texto do art. 41.

Nessa modalidade contratual, mais dificultosa e complexa, de garantia locatícia imobiliária aplicam-se, no que couber, as normas reguladoras dos dois institutos ao fim objetivo a que se destina o seguro de fiança previsto no art. 41.

O seguro de fiança pode ser contratado tanto pelo locador, na qualidade de segurado, quanto pelo locatário, na qualidade de afiançado garantido e/ou estipulante, mas com encargos (art. 23, XI, da Lei 8.245/1991) do prêmio quase sempre às expensas deste; e em nome e favor do locador a indenização, até o limite máximo da cobertura securitária pela totalidade das obrigações do locatário e prejuízos decorrentes dos respectivos riscos de sinistros previstos na apólice, durante o período de sua vigência; renovável *si et in quantum* durar a locação, inclusive por iniciativa *ad cautelam* do locador beneficiário, que recobrará o prêmio do locatário.

Havendo sinistro indenizado, tem lugar a sub-rogação pela seguradora nos direitos do locador, na forma das disposições legais, para os fins regressivos eventualmente cabíveis contra os obrigados, sobretudo quando os prejuízos causados pelo inadimplemento decorram de culpa ou dolo do locatário.

40
Penhor Legal

São credores pignoratícios, por natureza, potenciais, independentemente de convenção, os donos ou locadores do prédio urbano cedido em regime locatício, sobre os bens móveis que não sejam impenhoráveis que o locatário tiver guarnecendo o imóvel, pelos aluguéis correspondentes, podendo retê-los em garantia até o valor da dívida pendente (arts. 1.467, II, e 1.469 do CC de 2002) a ser satisfeita.

Tomado o penhor, requererá o locador-credor, ato contínuo, sua homologação judicial (art. 1.471 do CC de 2002), que a torne efetiva, na forma do art. 874 do CPC, pelo procedimento específico, até complexo, de jurisdição voluntária ali insculpido, com direito do locatário às defesas enumeradas no art. 875 do CPC.

Pelos termos dos arts. 37 e ss. da Lei de Locações, embora credor pignoratício nato, o locador não pode tomar cumulativamente em garantia os bens aludidos se outra garantia contratual locatícia idônea estiver em vigor; ou enquanto esta não se esgotar ou frustrar-se, isto é, atua com função residual supletiva de garantia.

Compatibilizando-se com o sistema de garantias locatícias, o art. 1.472 do CC traz uma inovação no sentido de que o locatário pode impedir a constituição do penhor legal mediante prestação de caução idônea, esta pelo rito procedimental cautelar previsto nos arts. 826 e ss. do CPC, que pressupõe a inexistência da caução locatícia contratual suficiente ou outra das garantias em vigor enumeradas no art. 37 da Lei de Locações.

41

Cessação da Locação de Prazo Determinado e Efeitos do Descumprimento da Obrigação de Restituir

41.1 Ainda sobre permanência indevida e aluguel-pena

Os arts. 571 a 575 do CC de 2002 cuidam de alguns aspectos dos contratos de locação por prazo determinado.

Na hipótese do art. 575 e seu parágrafo único, de não-atendimento pelo locatário à notificação para restituição do prédio, incide penalidade através do pagamento de aluguel que o locador arbitrar para o período de ocupação indevida após o vencimento do prazo determinado da locação, residencial ou não; cabendo ao juiz, se manifestamente abusivo o aluguel arbitrado, reduzi-lo, por critério de eqüidade, mas sempre tendo em conta seu caráter de penalidade pela não-restituição devida, e não se tratar de majoração do aluguel.

A Lei de Locações não prevê essa hipótese; por isso, tratando-se de caso omisso (art. 79), caracterizada a detenção da posse sem boa-fé, contra a lei, aí incide a normatividade explícita codificada, de penalização, tanto sobre locações residenciais quanto sobre não-residenciais, desde que com prazo determinado, em circunstâncias específicas.

Para imóvel não- residencial vale, por oposição, o teor do parágrafo único do art. 56 da Lei 8.245/1991 (ocorrência de prorrogação por vencimento do prazo determinado, "sem oposição do locador"); caso em que o aluguel ajustado é que subsiste. Mas não é o que ocorre quando haja oportuna e explícita oposição do locador à continuidade da locação, que cessa findo o prazo estipulado; no primeiro caso é aluguel puro e simples, no segundo é aluguel-pena, supletivamente regido pelo art. 575 do CC de 2002 (art. 1.196 do CC de 1916).

Nas locações residenciais por contrato escrito de prazo igual ou superior a 30 meses ocorre a mesma solução, como se infere dos termos do § 1o do art. 46.

Nas demais locações residenciais, verbais ou não, sem prazo ou prorrogadas, não incide a penalização contida na regra do art. 575 do CC de 2002, até porque é legal ou consentida a permanência da relação locatícia, com aluguel prefixado ou preexistente, enquanto o locador não exerça o direito de denúncia, nos termos do art. 47 – vale dizer, enquanto presente no locador o propósito de manter a locação pelas condições vigentes.

Note-se que o art. 575 do CC de 2002 trata da situação em que houve legítima cessação da relação locatícia por força da notificação ao locatário da oposição explícita e oportuna do locador à prorrogação da locação, isto é, para dar conseqüência efetiva à cessação de pleno direito da locação por tempo determinado quando findo o prazo estipulado e, mesmo assim, o locatário não restituir o imóvel; caso em que se lhe impõe o pagamento, enquanto tiver o imóvel em sua posse, do aluguel-pena que o locador arbitrar, sujeito a redução judicial se manifestamente excessivo, respondendo o locatário penalizado, desde então, pelos danos que o imóvel venha a sofrer, embora provenientes de caso fortuito, que em circunstâncias normais não lhe caberia suportar.

41.2 Limitação pelo juiz do aluguel-pena e o art. 575 do CC de 2002

Por último, registre-se a *Conclusão 180 da 3a Jornada de Direito Civil do STJ*: "A regra do CC, art. 575, parágrafo único, que autoriza limitação pelo juiz do aluguel-pena arbitrado pelo locador, aplica-se também ao aluguel arbitrado pelo comodante, autorizado pelo CC, art. 582, segunda parte".

Neste ponto cabe a observação, relevante, de que a jurisprudência que se cristalizou ao longo das sucessivas leis inquilinárias não recepcionou a antiga regra contida no art. 1.196 do CC de 1916, do arbitramento do aluguel pelo desatendimento do dever do locatário de restituição do imóvel finda a locação aprazada. Motivos compreensíveis, que já não subsistem, tais como pela generalidade da norma, que propiciava confusão sobre a natureza de sanção, da *mens legis*, quer pela percepção que fomentava propósito de aumento unilateral do aluguel pelo locador; quer também porque as leis inquilinárias eram leis especiais e supervenientes, que não regularam o tema, pelo caráter protetivo do destinatário da sanção codificada, então ultrapassada. Mas o *aluguel-pena* ainda é pouco conhecido e não previsto, de regra, nos contratos de locação.

Entretanto, inverte-se na atualidade o regramento jurídico pelo fator superveniência do Código Civil de 2002, a partir da constatação da lacuna sobre o tema na Lei 8.245/1991, em face de idêntica normatividade reproduzida agora no *caput* do art. 575, mas acrescida da especificidade no seu parágrafo único, que revela a verdadeira *mens legis*, a emprestar-lhe sentido explícito de penalidade (aluguel-pena), que tem aplicação para suprimento de omissão na Lei de Locações, nos termos do seu próprio art. 79.

Veja-se, sobre o tema, o item 26.3, *retro*.

42

"Built to Suit" Locacional ou Não. Versões Contratuais e Efeitos Jurídicos Distintos da "Construção para Servir"

42.1 Considerações iniciais. 42. 2 Jurisprudência escassa, mas orientadora. 42.3 Negócio jurídico complexo atípico. 42.4 Built to suit *locacional ou não.*

42.1 Considerações iniciais

O regime contratual do empreendimento de incorporação imobiliária característica denominado *built to suit* (ou *build to suit*) – conforme se lê em *consideranda* de modelos casuísticos de algumas dessas avenças complexas, atípicas, que há menos de duas décadas vêm sendo utilizadas entre nós – revela cuidar-se de nova modalidade de empreendedorismo que abrange construção imobiliária em terreno vazio ou para reconstrução etc., a cargo do futuro arrendador, por encomenda e especificações de obra sob medida, para utilização futura por via de subespécie de arrendamento mercantil, ou locação predial urbana tradicional, sob condição suspensiva, em regimes jurídicos distintos, no interesse de terceiro, isto é, de acordo com necessidades específicas de funcionalidade para desenvolvimento de atividades empresariais do solicitante, também futuro arrendatário predeterminado.

Pode intervir em determinado momento nessa contratação, como cessionária, uma companhia securitizadora de recebíveis imobiliários, lastreados em créditos de renda do imóvel, através de emissão e colocação no mercado de títulos de crédito, com transferência prévia do valor necessário ao custeio das obras de edificação; tudo com segurança para os investidores pelo instituto da afetação patrimonial, conforme a Lei do Sistema Financeiro Imobiliário/SFI (Lei 9.514, de 20.11.1997) e a Lei 10.931, de 2.8.2004.

Antes, registre-se a variação terminológica envolvida na expressão *built to suit*:

(a) (*To*) *build* = construir.

Built = construído.

Builder = construtor.

Building = construção.

Built-up area = zona urbana (construída) ou urbanizada

(b) *Suit* = fato, terno sob medida, pleito, convir, seguir o exemplo, fazer o mesmo, corresponder, condizer, satisfazer, encomenda.

Daí o sentido da expressão "pacto *built to suit*" (construído por encomenda sob medida), ou construção para arrendar a terceiro predeterminado.

42.2 Jurisprudência escassa, mas orientadora

São de nosso conhecimento pelo menos dois sugestivos acórdãos que se referem ao sistema, embora tangencialmente, diante das peculiaridades centrais das respectivas casuísticas em cujo texto vem ministrado o conceito geral.

O primeiro é o REsp 885.910-SP (STJ, 4a Turma, rela. Min. Nancy Andrighi, j. 15.4.2008, ementa no *DJU* 5.8.2008), sobre um caso de contratação de 1989, ali apresentado como: "Contrato de incorporação no modelo *build to suit* – Construção de imóvel sob medida para utilização e no interesse de terceiros predeterminados – Contrato posterior de empreitada – Obra que foge aos padrões determinados, de forma a ter sua utilidade reduzida – Reparação dos danos pleiteada (...) – Culpa caracterizada pela má execução do serviço – Condenação [*da empreiteira construtora em favor da empreendedora arrendante*] a reparar os gastos verificáveis para dar à obra a utilidade desejada, assim como para indenizar os prejuízos sofridos pela limitação do uso".

O outro acórdão é do TJSP, AI 893.786-0/7 (26a Câmara, Sumaré/SP, rel. Des. Viana Cotrim, j. 22.8.2005), sobre um pedido, da locatária, de ação revisional de aluguel, com base no art. 68 da Lei 8.245, de 18.10.1991, de contrato denominado, *verbis*, de "locação com condição suspensiva e outras avenças" que "não envolve o caso de uma locação pura e simples de determinado armazém comercial comum. Ao contrário, (...) trata-se, em princípio, de avença complexa que abrangeu, além da locação em si, outros fatores, no denominado conceito *built to suit* (...), onde se disse que se cuida de empreendimento construído de acordo com a necessidade específica do locatário, e sob sua encomenda, para o desenvolvimento de suas atividades (...) e que a presente locação é ajustada em caráter *intuitu personae*, uma vez que a locadora, através de interveniente construtora, executará a construção da edificação em regime *built to suit*, isto é, especialmente para atender às necessidades de uso da locatária e segundo suas especificações, visando aos aspectos de funcionalidade e desenvolvimento específico de suas atividades".

Dessa esclarecida apresentação comparativa inferem-se algumas realidades:

(a) Primeira, apenas de variação de nomenclatura (*build to suit* e *built to suit*: construir para servir, ou construído para servir).

(b) Segunda, de fundo, em que o complexo negócio jurídico empreendido pode ter regime de contrato atípico, atualmente previsto no art. 425 do CC de 2002, em que o arrendamento empresarial imobiliário voluntariamente escape à regência especial da Lei de Locações de imóveis urbanos e se encontre conexo e coligado a outras avenças e de fases distintas na estrutura mas com repercussão geral entre os propósitos comuns do todo negocial, por coordenação e unidade econômica entre os diferentes contratos.

(c) Terceira realidade, depara-se com a mesma estrutura complexa de grupo de contratos relacionais entre as mesmas partes e/ou com terceiros intervenientes, mas presente a inata locação de imóvel urbano para fins comerciais, com sua regência *ex lege* entre locador e locatário predeterminado, sob condição suspensiva, isto é, até operar-se a cessão do uso e gozo do imóvel a que se obrigara o primeiro, mediante certa retribuição pelo segundo (art. 565 do CC de 2002), que caracterize o início efetivo da relação locatícia preestabelecida, com todos os consectários do regime próprio da Lei 8.245/1991.

42.3 Negócio jurídico complexo atípico

A autonomia privada dos contratantes prevalece, de regra, nas relações estabelecidas em contratos atípicos mistos ou complexos coligados; é o caso do *build to suit* ("construir para servir"), neste observadas as normas gerais fixadas no CC, diz o seu art. 425, em harmonia com outras normas especiais compatíveis na interface dos vários negócios econômico-jurídicos conexos pactuados, tendo em vista a finalidade-meio ou secundária de cada um, e sobretudo a finalidade primária ou do direito principal determinante da vontade negocial conjugada e convergente ao empreendimento.

Por essa perspetiva, no *build to suit* destaca-se o interesse ou a iniciativa da pretendente, futura locatária ou arrendatária, de buscar junto a um empreendedor a solução técnica que corresponda à implementação de operação de atividades empresárias específicas concebidas, que demandariam investimentos em terreno e construção, ou, antes, em estudo de viabilidade e mesmo eventual elaboração de projeto em local predeterminado ou não, alheio ou próprio do empreendedor, construtor ou não.

Assim, de regra, o futuro locatário ou arrendatário, sem imobilizar capital, vincula-se à encomenda de empreendimento que, acabado, lhe sirva para ser tomado em locação predial ou outro arrendamento empresarial oneroso excluído do regime locacional urbano. E o empreendedor, vinculado como responsável pela obra e futuro locador ou arrendante, desenvolve a edificação pertinente às características encomendadas, com infinitas variantes específicas de cada contratação complexa, contando, como investidor, com o retorno calculado pelo fluxo da renda futura a ser auferida pela cessão do uso e gozo do novo imóvel implantado pelo sistema *built to suit* (já construído e servindo).

Nesse contrato já fica preestabelecida a forma do futuro arrendamento atípico empresarial ou da futura típica locação não-residencial, por isso subordinada sua eficácia a condição suspensiva; o primeiro, voluntária e livremente pactuado, repita-se, como negócio jurídico atípico, que até poderá configurar subespécie de arrendamento mercantil de imóvel, albergado, por exemplo, no gênero implícito de operação regida pela Lei 9.514, de 20.11.1997 (Lei do SFI) até mesmo com cláusulas sobre opção de compra etc.; o segundo deve enquadrar-se no regime clausurado de estrita locação de imóvel urbano não-residencial, para todos os efeitos jurídicos.

42.4 **Built to suit** ***locacional ou não***

Chega-se, assim, ao ponto fulcral destas considerações, no pertinente ao *build to suit* locacional, com destaque para a locação (de imóvel) não-residencial (locação típica empresarial), cujo contrato-fim ou sua destinação ao "comércio" (art. 51) deve subsumir-se ao regime estrito da Lei 8.245/1991, em todos os seus termos e efeitos jurídicos de direitos e ações, ressalvadas cláusulas especiais que não contrariem a ordem pública (art. 45), presentes as funções de interpretação (art. 113 do CC de 2002), integração e correção cabíveis ao poder jurisdicional e observadas as disposições sobre condição suspensiva do pacto locatício (arts. 121 e ss. do CC de 2002) preestabelecido.

Se a modalidade de arrendamento *built to suit* atípico, na perspectiva da autonomia privada e do valor social da livre iniciativa dos contratantes, é regida pelo direito comum, tanto através de normas de direito substancial e processual, tais como a ação de reintegração de posse, além de poder submeter-se ao regime de arbitragem quanto a outros aspectos, já para a modalidade locacional de *built to suit* (de locação predial urbana tradicional) aplica-se o regime especial compatível com os institutos da Lei de Locações, com suas ações no foro jurisdicional competente, inclusive, por exemplo, a de despejo, a de revisão de aluguel e a renovatória da locação, quando seja o caso e presentes os pressupostos correspondentes.

A todas as formas de *built to suit* (da locação típica ou do arrendamento atípico) aplica-se o disposto no parágrafo único do art. 473 do CC de 2002, no que couber, sobre os "investimentos consideráveis" feitos para a execução do empreendimento por qualquer das partes.

43

Das Nulidades de Cláusulas Contratuais e a Atividade Jurisdicional Interpretativa, Integrativa e Corretiva

43.1 Nulidade de cláusulas contratuais. 43.2 Atividade jurisdicional de controle.

43.1 Nulidade de cláusulas contratuais

Com a introdução normativa da função social do contrato, positivada no art. 421 do CC de 2002, acentua-se no âmbito do direito locatício o sentido impregnado de finalidades sociais e da atualização ética do Direito que ilumina todo o sistema contratual, notadamente tendo em conta a atividade jurisdicional interpretativa, integrativa e corretiva.

Embora sem caráter emergencial e de ordem pública, abrandados em relação aos estigmas das leis locatícias de outrora, principalmente em matéria de *inquilinato* residencial, de liberdade contratual mais reduzida, a atual Lei de Locações revela seu espírito e seus objetivos na sanção do art. 45, que mantém o sentido de proteção ao locatário ou sublocatário quando concretamente representem a parte mais fraca e estejam, pelas circunstâncias, inteiramente submetidos ao arbítrio do outro contratante.

Esse novo contexto também atrai a influência do art. 51 do CDC, que antes já dispunha como nulas de pleno direito cláusulas contratuais, sobretudo de adesão, de renúncia antecipada de direitos ou outras cláusulas contratuais consideradas abusivas, em detrimento do consumidor; nesse espectro se insere por semelhança o locatário, pela leitura do texto do art. 45 da sobrevinda Lei de Locações, de mesma índole protetiva inspirada pelo mesmo momento histórico de um ideário menos individualista e mais social. Nesse contexto impende integrar os arts. 113, 114 e 421 a 424 do CC de 2002, como normas cogentes aplicáveis que adicionam seu matiz ao sistema locacional geral.

Dito isso, no alcance de nulidade de cláusulas que visem a elidir os objetivos da lei, o contrato de locação, como meio de integração social, não pode frustrar as preocupações espraiadas em diversos segmentos da relação locatícia.

43.2 Atividade jurisdicional de controle

Fixe-se que o destinatário específico do sistema de controle dos negócios jurídicos estabelecido na norma do art. 45 da Lei 8.245/1991 é o juiz, que, conhecendo da questão submetida a seu julgamento, deve declarar a nulidade, inclusive de ofício, pondo em atividade suas funções interpretativa, integrativa e corretiva (arts. 113 e 114 do CC de 2002), presentes a imparcialidade e a prudência no medir com cuidado o equilíbrio contratual nas peculiaridades de cada caso concreto.

Além das casuísticas notórias de cláusulas destacadas exemplificativamente no texto do art. 45, compõem o rol aberto das nulidades não só outras extravagâncias da criatividade que ferem a eticidade, mas em especial as ocorrências penais tipificadas nos arts. 43 e 44 e seu parágrafo único da Lei 8.245/1991; esta última dá ensejo à pretensão de multa, com color de cláusula penal em favor do prejudicado, pela quebra da lealdade contratual e de outros deveres anexos que passaram a iluminar todo o sistema contratual, máxime o locacional imobiliário.

Nessa linha, vale como advertência recente pronunciamento do STJ, pela Min. Nancy Andrighi, no REsp 864.794-PR (4a Turma), em que, como Relatora, determinou, valendo-se da função corretiva do juiz, que a imobiliária administradora de uma locação pagasse (ela, e não o locador) ao locatário e ao fiador multa indenizatória por danos morais pela cobrança desrespeitosa, até com inclusão do nome destes nos cadastros de restrição ao crédito.

44

Erro Processual da Justiça e a Parte Prejudicada

44.1 A parte prejudicada, que não deu causa a erro praticado pelo tribunal na tramitação errada que se imprimiu ao processo, não deve sofrer as conseqüências desse ato nulo. 44.2 Apontamento de contrato de locação a protesto.

44.1 A parte prejudicada, que não deu causa a erro praticado pelo tribunal na tramitação errada que se imprimiu ao processo, não deve sofrer as conseqüências desse ato nulo

Sempre que ocorra nulidade absoluta por erro praticado pela administração da Justiça na tramitação do processo, pode e deve ser decretada *ex officio*, em qualquer fase processual, até porque a parte prejudicada, que não deu causa ao erro, não deve sofrer as conseqüências desse ato nulo.

Foi como decidiu a 3a Turma do STJ no ROMS 11.959-SP (rel. Min. Castro Filho, j. 19.9.2002, ementa no *DJU* 217, 11.11.2002, pp. 208-209).

No mesmo sentido orientou-se também a 4a Turma do STJ (rel. Min. Aldir Passarinho Jr.) em 8.5.2007, em caso de procedimento sumário, com litisconsórcio passivo, em que houve desistência da ação em relação a um dos co-réus, sem que os demais fossem intimados pessoalmente, na forma do parágrafo único do art. 298 do CPC. E, em conseqüência, decretou-se indevidamente a revelia dos já citados, que não apresentaram contestação ao feito nem se apresentaram à audiência, no aguardo da citação dos demais. Por isso, um dos prejudicados argüiu nulidade do decreto de revelia, por falta de oportuna intimação pessoal antes do referido decreto, que foi acolhida pelo STJ (REsp 932.435-RJ, ementa no *DJU* 18.6.2007, em que são invocados outros três precedentes da mesma Corte: REsp 28.502-SP, REsp 169.541-MG e REsp 727.065-RJ).

Essas orientações são pertinentes também aos processos referentes à locação, nas suas várias modalidades e ritos peculiares, envolvendo dificuldades até compreensíveis na atuação de julgadores e cartorários.

44.2 Apontamento de contrato de locação a protesto

O Código Civil de 2002 trata no Livro I da Parte Especial (Do Direito das Obrigações) dentre as várias espécies de contrato (Título VI), no Capítulo V, da locação de coisas, com abrangência, nos arts. 565 a 578, dos ramos de bens móveis e de bens imóveis.

Para os contratos de locação de bens imóveis o pacto bilateral escrito pode servir de título executivo quando o credor desde logo comprova o integral cumprimento de sua prestação, nos termos dos arts. 585, IV, e 615 do CPC, como, de resto, é posição consolidada por confirmação doutrinária e jurisprudencial. Sendo título executivo, comporta protesto, como espécie incluída no rol da previsão genérica dos títulos, a que se refere a Lei 9.492/1997 (Lei de Protesto).

Para os contratos de locação de bens móveis conhece-se decisão da Corregedoria-Geral da Justiça de São Paulo, de 8.4.2002, que, em grau de recurso, cassou julgamento de primeira instância do Juiz Corregedor dos Cartórios de Protesto da Capital que havia autorizado o apontamento e o protesto. O tema suscitou estudo posterior em parecer que foi aprovado pela Corregedoria-Geral da Justiça (PRCG-864/2004) no sentido de não considerar nulo e inviável o protesto de *contrato de locação de bens móveis, inclusive de veículos*, mas possível, desde que o instrumento seja moldado de acordo com o inciso II do art. 585 do CPC (do gênero "outros documentos de dívida"); documentos, estes (todos os títulos executivos, judiciais e extrajudiciais, previstos na legislação processual), protestáveis, portanto, como assinalou o eminente parecerista Juiz José Antônio de Paula Santos Neto, por disporem ou, melhor, quando disponham de liquidez, certeza e exigibilidade – nesse sentido o acórdão do STJ no REsp 170.446-SP (rel. Min. Ruy Rosado de Aguiar, ementa no *DJU* 14.9.1998, p. 82), indicado no aludido estudo –, quando o credor desde logo comprova o integral cumprimento de sua prestação.

* * *